哲学教科書シリーズ

知識の哲学

戸田山和久

産業図書

はじめに

本書で私は、「知識の哲学」、あるいは「認識論」と呼ばれる分野を扱う。認識論は、はるか昔から哲学の二本柱の一つだった。もう一つの柱は「形而上学」と言う。形而上学は、一言で言えば、「この世は究極的にはどんなふうにできているのか」を問う。時間や空間は存在するのか、数や普遍は存在するのか、ものが「同じもの」として時間を通して存在し続けるというのはどういうことか……。こういったことが形而上学のテーマだ。これに対して認識論は、世界がどんなものであれ、われわれは世界についてそもそも何かを知りうるのか、知りうるとしたらどのような範囲のことがらをどの程度知りうるのか、どのような方法を用いれば世界について知ることができるのか、何かを知っているということとただそれを信じていることはどこが違うのか、……こういった問題を探求する。

しかしこの本は、たんに歴史上のいろいろな哲学者が知識というものについてこれまでどんな説を唱えてきたかを順繰りに解説したものではない。その手の「教科書」はこれまでゲップが出るほどたくさん出版されてきたから、いまさらもう一冊付け加えることもないだろう。むしろ私が目指したのは、認識論を壊すことだ。

私はかつて、『論理学をつくる』という本を書いたことがある。それになぞらえて言えば、本書は『認識論をいったんこわして、もういちどつくる』本ということになる。ところで、なぜ認識論を壊さなければならないのだろう。それは、そろそろこれまで営まれてきた伝統的認識論の賞味期限は過ぎてしまったんじゃないのかと考えているからだ。本書で明らかにするつもりだが、伝統的認識論は、ある特定の知識生産のやり方に根ざした特定の課題によって生じたという意味で、どこまでも「時代に規定された」営みにほかならない。その課題がリアルな問題に感じられた時代は確かにあったろう。しかし、科学や情報技術の高度化によって、われわれが知識を獲得・処理・利用する仕方は大きく変化してしまった。これだけ知識のあり方そのものが変化してしまったのに、認識論だけそのままというわけにはいかないだろう。伝統的認識論のどこがまずいのかを示し、それを解体したのちに、新しい知識のあり方に即した新しい知識の哲学を構築すること。それが本書の目的だ。

というわけで、もちろんあくまでも教科書なので、重要な話題はできるかぎりカバーすることを心がけたけれども、本書は決して中立的な解説書とは言えない。というより、とんでもなく偏った立場からの教科書となったことをお断りしておこう。だから、本書で知識の哲学を勉強しようという学生のみなさんは、この点を頭の片隅に置いて本書を批判的に読んでいただきたい。つまり、自分の頭をフルに回転させながら、私の口車に乗らないように気をつけて読みすすめてほしい。また、本書を授業のテキストとして使っていただける奇特な教員の方がいらしたら、本書を徹底的に批判する対象として扱い、学生諸君に知識という現象についてはいくつもの捉え方が可能であること、哲学の楽しみは対立する考え方の間の徹底的な論戦にあることを伝えていただけるとうれしい。

本書の構成については、ここで細かく述べることはしない。三部構成になっているが、第II部と第III部の冒頭にそれぞれ、「これまでのまとめと今後の見通し」と題した短いレビューを置いた。まずはその個所を読んでもらえば、本書のおおよその展開がわかるだろう。

この本ができあがるまでには、たくさんの人々の影響とおかげを被っている。まず第一に、「認識論の死」などと騒いでいる私のような軽薄な者に教科書を書かせてみようという、英断というか無謀な賭というか判断ミスというか……を敢行して下さった、編集委員の加藤尚武さん、土屋俊さん、門脇俊介さん、産業図書の江面竹彦さんにはお礼の言葉もない。おそらくみなさんは、清水の舞台から飛び降りるつもりで私を指名して下さったのだろうけど、実のところ私としては清水の舞台から逆さ吊りにされた気分だった。そんなわけで、すっかり萎縮した私のつくった最初の構成案は、とてもおとなしいオーソドックスなものになった。しかし、土屋さんの「これじゃ戸田山さんらしくない。もっと大胆に行こう」という励ましに勇気づけられ、私は書きたいことを自由に書くことができた。その他にも、土屋さんからは、本書の構成や内容にかんして有益な助言をたくさんいただいた。

第二に、本書の内容には、多くの人々との議論によって教えられたこと、影響を受けて考え直したことなどがたくさん盛り込まれている。フランクな議論を通じていつも私を刺激してくれている「名古屋組」の哲学研究者のみなさんはもちろんのこと、とりわけ本書の執筆にかんしては、シンポジウムや研究報告書や飲み会などさまざまな機会に、私の性急で極端な自然主義志向を批判することによって、認識論の自然化と認識論的規範の関係について考え直すきっかけを与えて下さった、大阪市立大学の小林道夫さん、美濃正さん、名古屋大学での同僚、伊勢田哲治さんに感謝したい。いきなり感謝されて面食らうかもしれないけれど、お三方からの影響がなければ、本書はずっと乱暴で不完全なものになっていただろうと思う。

最後に、産業図書の鈴木正昭さんと西川宏さんには、お礼と言うよりはむしろお詫びをしなければならない。本書の執筆時期はたまたま私の人生で最も忙しかった時期と重なってしまった（「最も忙しかった時期」というのは、もうこれ以上忙しくなってくれるなという切なる願いが込められた表現)。というわけで、あたかも地獄の底から響いてくるかのような鈴木さんの〆切確認電話と、西川さんの迅速かつ丁寧な校正のお仕事がなければ、本書がそもそもできあがったかどうかすらたいへんに怪しい。有り難うございました。

二〇〇二年五月

戸田山和久

目次

第Ⅰ部　知識の哲学が生まれる現場（1）

第1章　なにが知識の哲学の課題だったのか

本章の目的は、伝統的でスタンダードな知識の哲学（認識論 epistemology とも言う）が、どういう問いに答えようとしてきたのかをはっきりさせることだ。

1　知識の古典的な定義

どのような哲学的問いもそうだと思うけれど、問いの発端はとても日常的な風景の中にころがっている。言われてみると確かに不思議だけど、その不思議さに気がつかなかった問い。そのような問いを、われわれの日常経験から拾い出してきて、それをきちんとした問いに仕立て上げていくことが、哲学の重要でしかも魅力的な仕事の一つだ。さて、われわれはどのような問いに取り組むことになるのだろう。

まず、子ども時代に戻って、次のような場面を想像することから始めよう。あなたと弟が学校から帰ってきたら、テーブルの上にきれいな包装紙に包まれた箱が置いてあった。二人は同時に「シュークリームだよ、きっと！」と叫ぶ。あれっ。気が合うわねえ。そう思ってあわてて箱を開けてみると、大当たり。カスタードクリームがいっぱいのシュークリームが二つ入っていた。わーい、と言って食べ始めたあなたに、弟が次のように尋ねる。「ねえ、おねーちゃん。どうしてシュークリームが入っているって思ったの？」あなたの答えは、「ううん。なんかそんな気がしただけ。それとも、そうだといいなと思ったからかな。だったら、あんたはどうしてシュークリームだって思ったのよ？」弟は、「だって、今朝、おかあさんがおやつにシュークリームを買っておくから帰ってきたらおねーちゃんと一緒に食べなさいって言ってたんだもん。」「なーんだ。あんた知ってたんじゃない！」

あなたも弟も、箱の中にシュークリームが入っていると強く思っていた。そして、実際にシュークリームが入っていたわけだから、二人の思っていたことは正しかった（真である、とも言う）。でも、弟は箱の中にシュークリームが入っていることを知っていたと言えるのに対し、あなたはそれを知っていたわけではない。あなたの場合は、何気なく思っていたこと、あるいは願望が幸運にもまぐれ当たりしただけだ。当たっていること、つまり真であるようなことを強く思っているだけでは知っていることにはならないらしい。では、二人の違いはどこにあるのだろう。あることを固く信じていて、そしてその信じていることが事実その通りだということに、いったい何が付け加わるとそのことを知っていると言えるのだろうか。

その答えはこういうことだ。弟には、シュークリームが入っていると確信するだけの理由があった。つまり、お母さんがシュークリームを買っておくと言ったということ、そしてお母さんはこうした類のことについては嘘をつくような人ではないということがそれだ。一方、あなたにはそのような確信するに足る理由がない。あなたは何となくそう思っただけだったのであり、そう思うべき理由があったわけではない。こうした違いに注目して、これからは、箱にシュークリームが入っているという弟の信念は正当化されている(justified)のに対し、あなたの同様の信念は正当化されていない、と言うことにしよう。

まとめてみよう。「知っている」とはどういうことかについて、以上の場面から取り出せそうな教訓は次の通りだ。

【知識の古典的な定義】 ある人(Aさんとしよう)がしかじかということを知っている、と言えるのは次の三つの条件を満たすときである。

(1) Aさんはしかじかと強く思っている(Aさんはしかじかと信じている)
(2) 実際にしかじかである(Aさんの信念は真である)
(3) Aさんにはしかじかと思うに足る理由がある(Aさんの信念は正当化されている)

カッコの中には、それぞれの項目を哲学特有の言い回しに翻訳したものを書いておいた。ここで使われている「信じている」とか「信念」といった言い回しは、ずいぶん大げさに思われるかもしれない。これは英語の believe や belief を訳したものだ。日本語では、「何があっても君を信じてついていこう」とか「信念の人」のように、これらの言葉にはたいへん強いニュアンスがある。でも本書を読むときはそうした強いニュアンスは忘れてほしい。たとえば、あなたがいま本を読みながら、ふと「あ〜腹減った」と思ったとする。このとき本書では、あなたは自分が空腹であると信じている、とか自分が空腹であるという内容の信念を持っている、と大げさに言うのである。

先ほどの例にもどると、弟は三つの条件をぜんぶ満たしていた。あなたは(1)と(2)の条件は満たしているが(3)の条件を満たさないので、知っていたとは言えない、とこういうわけだ。

何を隠そうこれこそが、古代ギリシアの昔からずっと受け入れられてきた知識の定義なのである。プラトンは『テアイテトス』という対話編でこれに似た定義を検討し、『メノン』という対話編ではその定義を正しいものとして受け入れている。これが紀元前四世紀のことだ。現代の哲学者も、少しずつ異なった言い回しを使っているが、この三条件からなる定義を知識の必要十分条件だと見なしている人が多い。たとえば、一九五六年に書かれた『知識の問題』という本の中で、イギリスの哲学者エイヤーは次のように知識を定義している。

Pということを S が知っているのは、

(1)　P が真であるということに S が確信を持っており

(2)　P が真であり

(3)　なおかつ、P が真だということに S が確信を持つのは当然である

という場合であり、その場合に限られる

この定義で「S」のところには人の名前、「P」のところには何らかの文がくる。先ほどの定義で、「思うに足る理由がある」のところが「そう思うのが当然だ」になっているだけで、ほとんど同じ定義だということがわかるだろう。こんな具合にいくらでも実例を挙げることができる。

というわけで、紀元前四世紀から二十世紀まで二三〇〇年以上も、知識は「正当化された真なる信念（justified true belief）」として捉えられてきた。第I部の目標は、この定義にはちょっとまずいところがあるためにうまくいかないということを示し、知識とは何かを捉え直すにはどうしたらよいかを考察し、できればこの古典的

な定義に取って代わる知識観を提示することだ。でも、まだ先を急いではいけない。批判するためにはまず敵をよく知らなくちゃ。そこで、この定義じたいについて、もう少し理解を深めておくべきこと、注意すべきことを指摘しておこう。

2 「知っている」のいろいろ

(1) まず、ここで定義された知識は、われわれが「知っている」という言葉を使うすべての場合をカバーしているわけではないことに注意しよう。定義は「しかじかということを知っている」とか「Pということを知っている」と言えるための条件を述べていた。この「しかじか」や「P」のところには、「箱の中にはシュークリームが入っている」とか「二酸化マンガンの粒を過酸化水素水に入れると酸素ガスが発生する」とか「ケイト・ハドソンはゴールディ・ホーンの娘である」といった文がくる。したがって、この定義が扱っている知識は、こうした文が表わしていることがら(命題 proposition と言われることが多い)を対象にした知識だ。そこで、こうした知識は命題知 (propositional knowledge) と呼ばれる。「P」は proposition の頭文字だったというわけだ。英語では、A knows that... という具合に、know の目的語が that 節になることから、この種の知識を know-that と言ったりもする。われわれが「物知り」とか「雑学王」とか「博覧強記の人」と呼んでいるのは、こうした know-that をたくさんもっている人のことだ。

しかし、日常生活で「知っている」という言葉が使われるのはこうした場合だけではない。少なくともあと三種類の「知っている」がある。

(2)　どうやってやるかの知：「自転車の乗り方を知っている」、「Mac Os X の再インストールの仕方を知っている」、「ブルース・ハーモニカでどうやってビブラートをかけるかを知っている」。こうした知識の特徴は、その知識がある種の能力を発揮することに表れるところにある。つまり、ハーモニカでビブラートをかける仕方を知っている人はビブラートをかけられるのであり、ハーモニカを渡して吹かせてもまるっきりビブラートがかからない人は、どんなにたくさん教則本を読んだとか音楽教室に通ったと言いはっても、それだけで、ビブラートのかけ方を知らないんだと言ってしまってよいわけだ。また、これらの知識の場合、そこで知られていることがらを言葉の形で述べることができるとは限らないことにも注意しよう。Mac Os X の再インストールの手順だったら言葉で説明できるだろうが、自転車の乗り方や、箸できぬごし豆腐を食べる仕方の内容を言葉だけで伝達するのは不可能だろう。こうした知識は know-how と呼ばれる。

(3)　何であるかの知 (know-what)：本書を読んでくれている人のほとんどはヴェジマイトを知らないだろう。でも、私は知っている。ヴェジマイトというのは、オーストラリア特産の健康食品だ。酵母エキスを濃縮したものらしく、スーパーやお土産屋でよく見かけた。こうした知識も命題知と関係はあるだろうがとりあえずは別物だ。「だだちゃ豆とは何かを知っている」、「アブラボウズとは何かを知っている」、「ロジックボードとは何かを知っている」……。こうした知識は、再認する能力に表れる。だだちゃ豆とは何かを知っている人は、八百屋の店先でだだちゃ豆を探し出すことができるし、だだちゃ豆が食卓に並んだときに「ほほう。だだちゃ豆ですか」と言える。

(4)　どのようであるかの知：私はヴェジマイトが何であるかを知っているので、オーストラリアに行ったとき、それを再認してお土産に買って帰ることができる。でも、残念ながら私はまだヴェジマイトを食べてみたことがない。まあ、特に食べたいとも思わないが。しかし、いつか食べるはめになったなら、「はあ、ヴェジマイトってこんな味なんですか。知らなかった」と言うだろうから、私は何かを新しく知ることになるはずだ。ここで新しく私に付け加わった知識は、ヴェジマイトを味わうことがどのようなことであるかについての知識だと言ってよいだろう。

「それがどのようであるかの知（know-what-it-is-like）」と呼ばれるこのような知識は、それを体験した人は直接的に知っているのだが、それを体験したことのない人とかそもそも体験できない人には決してアクセスすることができないという特質をもっている。目の見えない人は、赤いものを見るということがどのような体験であるのかを知ることはできないし、耳の聞こえない人には、オーボエの音色を聴くということがどのようなことであるか、そしてそれがイングリッシュ・ホルンの音色を聴くこととどのように違うのかを知ることはできない。さらに、われわれ人類には、コウモリのように超音波でものを「見る」という体験がどのようなことなのかを知ることは決してできない。

以上のように、知識と呼ばれる現象はとても広い範囲に及んでいる。これらのすべてに共通の特質があるかもしれないし、ないかもしれない。ない場合、これらは本質が異なる雑多な現象のあつまりなので、「知識」とひとくくりにするのはよろしくないということになるだろう。私はと言えば、(4)は(2)の一種、(3)は(4)と(1)の混ざったもので、(1)と(2)はまるで異なる、そしてすべてが知識と呼ばれているのは偶然ないし誤解の産物だと考えている。もちろんこれには異論があるだろう。ともかく最低限言えるのは、この四つを区別せずに論じるということだけは避けた方がよさそうということだ。本書では、特に断らない限り、(1)の命題知を主題として扱っていくことにする。

3　経験的知識とア・プリオリな知識

もう一つ、以上とは別の観点から知識を分類することができる。それはあることがらを知るに至る手だての違いによる分類だと言ってもよいだろう。われわれが知っている多くの命題知は、実際に見たり聞いたり実験して確かめたことによって得られたものである。たとえば、「名古屋の多くの喫茶店ではコーヒーにおつまみがついてくる」ということを私は知っているが、それは私が実際に何度も体験して知ったことだ（最初のときはかなり驚いた）。また、「ストロンチウムイオンの水溶液を針金につけて熱すると紅色の炎を出す」という、いわゆる炎色反応も、高校の化学の時間に実験して知った。このように実際に見ること、聞くこと、触ること、つまり観察すること、あるいは実験して結果を観察することをひっくるめて「経験」と言う。これも日常的な語法からちょっとずれているから要注意だ。そして、それを知るためには経験を必要とするような知識を経験的知識（empirical knowledge）と言う。

哲学は、これとはずいぶん異なった知識のグループがあると考えてきた。その知識の呼び名を「ア・プリオリな知識（a priori knowledge）」と言う。これはしばしば、「経験なしで（あるいは経験と独立に）知ることのできる知識」とか「理性のみで（つまり感覚器官などを使わずに）知ることのできる知識」といった具合に定義される。「ア・プリオリ」というのは、ラテン語で「先だって」という意味だ。ようするに、経験に先立って知られる、つまり実験や観察をしなくてもはなっからわかっている知識がア・プリオリな知識ということになる。とはいえ、これらの定義（のようなもの）はあまり助けにはならない。むしろ典型的な例を挙げた方がなる。

よいだろう。よく引き合いに出される例は、「独身者というのは結婚していない人のことだ」という命題知だ。「独身者は生活リズムが乱れがちである」だったら、経験的知識だろう。これを知るためには、アンケート調査をしたり、ともかくたくさんの独身者に実際に当たって何らかの観察をしなければならないからだ。でも、卒業研究にすべての独身者が結婚しているかいないかを調査してみたいと思います、と言い出す学生がいたら、私は絶対に思いとどまるように説得するだろう。「独身者というのは結婚していない人のことだ」というのは、独身者を調査したり観察したりして得られる知識ではない。これは経験から独立に知られているア・プリオリな知識なのだ。

ここまで述べてくると、次のような疑問をもつ人がいるかもしれない。でも、結局のところ、この知識だって、生まれつき知っているわけじゃなくって、子どものときに、「ねえ、お母さん。ドクシンシャってなあに？」「それはね、結婚してない人のことよ」という具合に、誰かから「聞く」とか、広辞苑をひいて定義を「見る」という経験を通じて得られたわけだから、経験的と言えるんじゃないかなあ？　その通り。だから先ほどの定義は役に立たないと言ったのである。

むしろ、知識がア・プリオリかどうかは、一人の人間の心にどのような経緯でそれが宿ったかにかかわる区別なのではなく、知識共同体としての人類全体がどんなふうにしてそれを知ったのかにかかわる区別だと言った方がよいかもしれない。にもかかわらず、そのア・プリオリな知識はひとりひとりの人間に宿っている。人類が全体としてどのように知りえたかという話を、一人の人間がどんなふうに知りうるかという話と無理矢理重ねようとすると、いろいろな混乱が起こる。哲学者は、一人の人間の心であるような、でも知識共同体としての人類全体でもあるような、えもいわれぬものとして「主観」というものを発明して、この種の議論を進めようとした。その結果、哲学はずいぶんと回り道をすることになってしまった。ともかく、もうちょっと正確を期した定義を行うつもりなら、たとえば次のように言えばよいだろう。

【ちょっとはましな定義】　あなたがしかじかということを知っている場合、次の思考実験をしてみよう。

(1)　その「しかじか」のところに現れる言葉の意味はすべてわかっているとする。

(2)　その上で、現実にはあなたはその知識を誰かに教わって得たのだとしても、かりに自力でその知識を獲得しなければならなかったと仮定してみよう。

(3)　その際に、あなたはその知識を得るために、現実世界の事物に働きかけて何らかの実験や観察を行う必要があるだろうか。

その必要があるならあなたのその知識は経験的知識であり、その必要がないならア・プリオリな知識である。

こうすれば、「独身者というのは結婚していない人のことだ」というのは、このことを確かめるための観察や実験を必要としないから、ア・プリオリな知識の一例だということになる。この知識がア・プリオリなのは、それが言葉の意味にかかわる知識だからだ。つまり、「独身者というのは結婚していない人のことだ」は、そこに現れる言葉の意味がわかりさえすれば自動的に正しいことがわかってしまう(こういう命題を分析的 analytic な命題と言う)。だから、観察や実験が必要にならないというわけだ。

ところが、どうやらア・プリオリな知識は分析的な命題に関するものだけではないらしい。このあたりから話がややこしくなってくる。伝統的に、分析的な知識と並んでア・プリオリな知識の見本とされてきたものには次のようなものがある。「どんな出来事にも原因がある」、「一つの同じ面が同時に赤であり緑であることはありえない」、「物体はみんな拡がりをもっている(つまり体積をもっている)」などなど。たとえば十八世紀ドイツの哲学者カントは、こうしたア・プリオリな知識がなぜありうるのかを説明しようとして、『純粋理性批判』

というとんでもなく分厚くて難しい本を書いてしまった。

でも何と言ってもア・プリオリな知識の一番の代表選手は、数学的な知識だ。たとえば、われわれは「1＋1＝2」であるとか、「どんな自然数に対しても、いつでもそれより大きな素数がある」、「三角形の三つの中線は一点で交わる」といったようなことがらを知っていると言えそうだ。でも、「自然数」、「大きい」、「素数」などの言葉の意味を知っただけでは、いくらでも大きな素数があるかどうかはわからない。そのことを知るためには証明を行うことが必要になる。しかし、この証明というやつが、ずいぶん観察や実験と異なるのである。だいいち、観察や実験と異なって、現実世界の事物を見たり、聞いたり、触ったりすることは証明に含まれない。「一つのおはじきと、もう一つのおはじきをあわせると二つのおはじきになります、みなさんよく見ましたか？」というのは、1＋1＝2であることを知るための実験・観察ではないし、その証明でもない。1＋1＝2はこうした観察から得られた知識ではない。なぜなら、もしこのように、現実世界の事物を合わせるとどうなるかをものすごく一般的に述べたものが「1＋1＝2」なのだとしたら、これは正しい命題ではなくなってしまうからだ。たとえば、一リットルの水と一リットルのエチルアルコールをまぜると、二リットルにはならない。エチルアルコール分子同士の隙間に水分子が入り込むので、二リットルよりもわずかに少なくなる。だからといって、この実験結果から1＋1＝2ではないことがわかりました、と考えるのはばかげているだろう。この実験からわかるのは、水とアルコールを混ぜるときの体積の予想には1＋1＝2という数学的知識を使えないということだ。1＋1＝2じたいは、こうした実験や観察とは別のルートで獲得された知識なのだ。

そうすると、ア・プリオリな数学的知識というものを認める人は、次の問題に答えなければならない。数学的知識が経験によってえられたものではないのだとしたら、いったいなぜ、どのようにしてわれわれは数学的知識を獲得できたのか。とりわけ、数学的知識を獲得するのには、証明することが必要であり有効であるように見えるが、それはいったいなぜなのか？　これは数学の哲学と呼ばれる分野の中心問題の一つになっている。この問題もなかなか面白い問題なのだが、とても本書では扱うことができない。それに、私じしんは数学の哲学上の立場として、「１＋１＝２」といった数学的「知識」と呼ばれるものは、ア・プリオリな知識どころか、そもそも知識と呼ぶことじたいが不適切ではないかと思っている。また一般に、いわゆるア・プリオリな知識には、それを知っていると言うことが、どことなく不自然で「知っている」という語の濫用ではないかと思わせるところがある。「十九世紀末のフランスの貴族は健康食品としてシラミを食べていたって知ってた？」という質問はおかしくないのに、「どんな出来事にも原因があるって知ってた？」という問いにはどこかひどく不健全なところがないだろうか。

というわけで、いわゆる「ア・プリオリな知識」については、そもそもそのような種類の知識があるのか、あるいは知識にそのようなカテゴリーを設けることに意味があるのか、あるとしたらどのような意味があるのか、というところまでさかのぼって考え直した方がよさそうだ。これまで幾人もの哲学者がア・プリオリな知識というカテゴリーがあると信じ、それがなぜ可能なのかを説明しようとして、哲学理論の一大伽藍を構築してきたからといって、本当にそうしたものがあることの証明にはならない。

以上のような考えから、本書では経験的知識に考察の範囲を限定することにする。さまざまな哲学的議論を通じて知識の概念がいかに広がったり狭まったりしても、経験的命題知が知識と呼ばれなくなることは想像しにくい。経験的命題知が知識と呼ばれなくなるとき、それはおそらく知識という概念をわれわれが使わなくなるときだろう。そのような意味で経験的命題知は知識の典型例だと考えられる。そして、経験的命題知の範囲に限っても、そこには考えるべき問題、解くべき謎、知識についての新しい見方を生み出すきっかけが、いやと言うほど含まれている。

4　認識論的正当化と真理という目的

さて、もういちど知識の古典的定義に戻って考えよう。ようするに、これは経験的命題知の必要十分条件を与えたものだ。この定義に出てくる様々な言葉のうち、最もわかりにくいのは、「正当化」あるいは「思うに足る理由」という表現、そして理由が「ある」という表現だろう。こうした言い回しを順に明確にしていこう。その結果、知識の哲学がとりくむべき課題と考えられていたものが取り出されてくる。

まずは、正当化「されている」とか、誰それには理由が「ある」というのがどういうことか、という点を先にはっきりさせておく。知識の定義は、ある特定の人があることを知っているということがいかなることかを述べたものだから、ここで正当化されたり、理由をもつとされているのはひとりひとりの人間だ。でも、あることを知っていると言えるために、そう信じるだけのどんな理由があるのかを実際に口に出して述べていなければならないとするのは、明らかに要求が高すぎる。もし、知識の定義がこんなものだったら、あなたが知っているほとんどのことは知識ではないことになってしまう。姉弟のケースでも、おねーちゃんがシュークリームに夢中になって、弟になぜそう思ったのかを聞かずじまいだったというシナリオもありえたはずだ。この場合、弟は、なぜ箱の中身がシュークリームだと考えたかの理由を一度も誰にも言わないことになる。そうであっても、彼は箱の中身を知っていたと考えるべきだろう。

というわけで、「正当化されている」とか「信じる理由をもっている」というのは、現に正当化を求められ理由を述べたかに関係なく、もし「どうしてそう思うわけ？」と聞かれたとしたら、「だって、……だから」とその信念を正当化する理由を挙げることができたはずだ、ということなのである。

次に、そもそもここで言う「正当化」とか「理由」とは何なのだろうか、という問題に移ろう。おねーちゃんのようにただ何となく思っただけでは、その信念は正当化されておらず、彼女はそう思うに足るだけの理由をもっていない、という点は問題なさそうだ。また姉の質問に対する弟の答えは、弟の信念を正当化する理由を与えている、だから弟は箱の中にシュークリームがあるとただ単に思っていたのではなく、それを知っていたと言ってよい。このことも問題ないだろう。では、弟の答えが、たとえば次のようなものだったらどうだっただろうか。

(1) だって、ゆうべの夢にピカチューが出てきて、明日おやつにシュークリームが食べられるよって言ってたんだもん。

(2) だって、今日の星占いに、おやつに大好きなものが食べられるって書いてあったんだもん。

こんな「理由」が挙げられても、われわれは弟が箱の中身を知っていたとは考えない。第一、これが「理由(reason)」と言えるかどうかもかなり怪しい。多くの哲学者は「しかじかのことをすべき理由」というものを、「しかじかのことをしちゃった原因 (cause)」と、とりあえずは区別するべきだと考えている。ピカチューのお告げは、たしかに幼い弟が箱にシュークリームが入っていると信じるようになった原因かもしれないが、そのように信ずべき理由とは言えないだろう。

「しかじかのことをすべき理由」というのは、何らかの意味で「そうすることが正しい・望ましいのだ」、「そうするべきなのだ」という具合に、行ったことを「やった方がよいこと」、「やるべきこと」、「やるのが理に適っていること」に格上げする働きがある（この働きのことを正当化と言うのである）。現代人のわれわれにとっては、夢のお告げも星占いも、その内容を信じることを、よいこと、すべきこと、理に適ったことにするわけではない。だから(1)と(2)は、弟がシュークリームが入っていると信じたことを正当化しない。だったら、次の答えはどうか。

(3)　だって、さっきおねーちゃんがトイレに行ってたときに箱を開けて中を覗いたんだもん。

(4)　だって、この包み紙は駅前のシュークリーム屋さんのだもん。

おそらく(3)ならパーフェクト。弟は箱の中身を知っていたと言ってよいだろう。箱の中を覗いたらシュークリームが見えたということは、中にシュークリームがあると思うのを理に適ったことにする。シュークリームが見えたのにシュークリームがあると思わないでおこう、というのはすべきことではないし、理に適ったことでもない。そういうふうに思う人は、向こうからライオンが駆け寄ってくるように見えても、そう思わないでおこう、というような人であって……、まず生き残れないだろう。この意味で、こうした人は合理的でない。(4)は(3)に比べるとやや弱いが、シュークリーム屋さんの包装紙に包まれた箱にシュークリーム以外のものが入っていると考えるよりは、シュークリームが入っていると考える方が理に適っているだろう。というわけで、(4)も合格としよう。

というわけで、これらの答えは、箱の中身がシュークリームだと思うことのよい理由を与えており、そう思うことを正当化していると言ってよい。だけど、困ってしまうのは次のようなケースだ。

「あのね。今朝おにいちゃんに会ったの。」

「えっ。家出して今どこにいるかわからない兄貴に会ったの、あんた。」

「それでね。おにいちゃんがね、『おまえとおねーちゃんにシュークリームを買ってきてやるから、学校から帰ってきたら喰いな』って言ったの。」

「あんた。兄貴の言ったことを信じたわけ？　あいつって嘘つきだよ。あんたもあたしも兄貴の嘘のおかげでひどい目にあったじゃない。忘れたってわけ？」

「忘れてないよ。でもね、おにいちゃんが家出したんだって、家族のみんなから嘘つきだって言われて嫌われていたからだと思うんだ。だから、ぼくぐらいは、おにいちゃんの言うことを信じてあげなくちゃいけないって、そう思ったの。帰ったら絶対おにいちゃんの買ってきたシュークリームがあるぞって信じようって。」（涙）

このケースで弟は、箱の中にシュークリームがあると思うことを、正しいこと、なすべきことにするだけの理由をもっていると言えるだろう。しかしだからといって、シュークリームが入っていることを知っていたとは言えない。この場合に、弟が挙げた理由は、シュークリームがあると信じることを道徳的にみて正しい行為、善良で徳のある人間であるためになすべきことにするような理由だ。だから、この理由は弟がそう信じたことを道徳的に正当化すると言ってよいだろう。しかし、こうした理由は、弟の信念を認識論的に正当化するものではない。つまり、家族の言葉を信じるべきだからという理由は、箱の中にシュークリームがあると思うことを知識に格上げするようなタイプの理由ではないというわけだ。

以上の考察から二つのとても重要なことがらがわかる。まず第一に、「思っていることが単に当たっている」ということを「知っている」に格上げできるような理由・正当化と、そうでない理由・正当化があるということ。前者を認識論的な理由・正当化と呼ぶことにしよう。ここで、さらに次のように問い進めよう。だったら、どのような種類の理由が知識を持つことに必要なのだろうか？　どのような仕方で正当化されれば、真なる信念は知識と呼んでよいのだろうか？　この問題は、ようするに認識論的な正当化とそうでない正当化との間にきちんと線を引くということであり、さらに言い換えれば、認識論的な正当化の中身をはっきりさせるということでもある。信念が認識論的に正当化されているということはどういうときか、どういう基準を満たしていれば認識論的に正当化されていると言ってよいか。これを一つ一つのケースを個別に判定するのではなく、できるかぎり一般的に、例に挙げた姉弟のような日常的な場合から、もっと高度な科学的知識までカバーできるような仕方で、明らかにすること。この問いこそが、認識論あるいは知識の哲学と呼ばれる分野が長年にわたって、ああでもないこうでもないと取り組んできた中心的な問いの一つだ。

【知識の哲学の課題‐1】　認識論的な正当化をそれ以外のものから区別し、認識論的正当化のための基準をたてる。

第二に、あることがらを信じることがたとえ道徳的に正当化されたとしても、そのことがらが真だと考える理由はまったく与えられないのはなぜか。これは、道徳的正当化が「あなたが善良で徳の高い人間として生きるためには（あるいは幸せな人生を送りたいなら）そうするべきだ」というような文脈で行為を正当化するものだからだ。ここで重要なのは、正当化は何らかの目的に相対的だということである。徳の高い人間として生きるという目的を追求する場面では、兄がシュークリームを買ってくると言うのを聞いたということは、箱にシュークリームが入っていると信じるべき理由になり、そう信じたことを道徳的に正当化する。

だったら、認識論的な正当化の場合、その「目的」とは何だろう。つまり、「あなたが○○したいのだったら、その文脈では、しかじかはかくかくと信じることのよい理由を与える」と言うときの、「○○」には何が来るのだろう。答えは、「この世についての真理に至りたいなら」である。ようするに、われわれは、自分たちの信念が全体としてだいたい世界のありさまをおよそ間違えずに捉えたいなら」、わかりやすく言えば「この世のありさまをおおよそ正しく捉えたものになるように、信念に認識論的な正当化を求めるというわけだ。

言い換えれば、認識論的な正当化は真理への接近という目的のための手段になっているということだ。この点に関して、ローレンス・ボンジャーはとてもうまいことを言っている。彼は、どういう仕方でだか真理がいつも直接に、問題なくアクセスできるようなものになっていて、その結果どんな場合にもわれわれは正しいことがらを信じることができるようになっているなら、(認識論的)正当化という概念にはほとんど重要性がなかっただろうと述べている。つまり、世界の真理をあらかじめすべてお見通しの神様には認識論はいらないということだ。これに対し、現実のわれわれ人間は、ひどく認識能力が限られている。だいいち、せいぜい八〇年しか生きられないし、宇宙の片隅の地球から離れることもできない。電磁波のうちごくわずかな波長領域しか見ることができないし、透視能力もないから箱の中や壁の向こうを見ることができない。予知能力もないし、記憶力ですらずいぶん限りがある。こんな限られた認識能力しかない人間が、直接見ることのできない場所や行ったこともない宇宙の果てや自分の生まれる前や死んだ後の現実世界のありさまについて何かを知ることができるのは、知識に正当化を求めるからだ。つまり、直接アクセスできないことがらについても、これとこれとこれと……これだけ証拠があったらあなたはそれを知っていると言ってよいでしょう、あなたの知識主張は正当化されますよ、という基準があるために、われわれは自分の限られた認識能力が直接及ばない範囲についても何かを知っていると言えるようになるというわけだ。

5　知識の哲学のもうひとつの課題

このことは次のことを意味している。知識の哲学の課題は認識論的正当化の基準をはっきりさせることにあるが、その基準は適当に選ぶわけにはいかない。その基準に従うことが、真理へ近づくことを保証してくれるような、そんな基準でなくてはならない。つまり、どのような基準をたてるかは、その基準をたてる目的に制約され、その目的にどれくらい役立つかによってチェックされなくてはならないということだ。

わかりやすいアナロジーで説明しよう。いま飲料用の井戸水に対して安全基準をたてようとしているとする。たとえば、大腸菌が検出されてはならないとか、トリハロメタンの含有量は何ＰＰＭ以下でなくてはならないとか。こうした基準をたてる目的は何か。健康に害のない飲料水をある程度の量供給することだ。そうすると、たてられた安全基準がこの目的に照らして妥当なものかをチェックする必要がでてくる。健康に大変に有害な物質についての基準で漏れているものはないだろうか、病原菌が含まれているかどうかの目安として大腸菌を選んだことは適切だろうか……。逆に基準があまりにきびしすぎて基準に合格する井戸水が全くなくなってしまっても目的に反する。どのくらいの大腸菌だったら検出されても健康に害がないとすべきか……。こうして、個々の井戸水のサンプルが基準に照らして判定されるのと同時に、その判定に使っている基準じたいもその目的に照らして有効なものであるかどうかをチェックされることになる。

認識論的正当化の基準は、真理への接近という目的を持っている。だとするなら、知識の哲学は単に認識論的な正当化の中身をはっきりさせて、かくかくしかじかの基準が認識論的正当化の基準ですよと示せば終わり、というわけにはいかない。そこで提案された基準が、真理への接近にとって役立つものであること、つまりその基準に従って知識に正当化を求めていくと、われわれが信じていることの全体はだんだんと真理に近づいていくということを示し、だからこの基準を使っていて大丈夫だということを示さなくてはならない。これがボンジャーの言う、認識論的正当化基準のメタ正当化(metajustification)、正当化に使う基準それじたいの正当化という課題だ。

【知識の哲学の課題-2】　課題-1により取り出された認識論的正当化のための基準が、真理への接近という目的に照らして適切なものであることを示す。

ボンジャーは、こっちの課題は知識の哲学が自分勝手で恣意的な営みになってしまわないために必要不可欠なものであるにもかかわらず、第一の課題に比べてずっと難しいために、現代の哲学者は取り組もうとしないと嘆いている。私に言わせれば、この課題は難しいどころではない。そのままの形ではこの課題に答えることは不可能なのではないかとさえ思う。なぜなら、ここでメタ正当化を要求されているのが、知識そのものの基準だからだ。井戸水の安全基準のメタ正当化のためには、細菌学、毒物学、有機化学などなどの分野に属するたくさんの科学的知識を前提できる。大腸菌はかくかくしかじかの性質を持った細菌だから、赤痢菌、ブドウ状球菌などの他の病原性細菌がいるかいないかの判断材料として使うのが適切だ、というのは細菌学の知識を前提してはじめて言えることだ。

でも認識論的正当化基準のメタ正当化の場合は、正当化せよと言われているのが、まさに信念が知識とされるために満たすべき基準なのである。この基準がうまくいくことを示すために、何らかの知識を使うとしよう。しかし、その「知識」も現在の正当化基準により知識の称号を与えられたものだとしたら……？　ここではこの問題にこれ以上深入りすることは控えよう。私は本書で、われわれには第二の課題（メタ正当化）をそのままの形で果たすことはできないし、その必要もないこと、うんと弱められた形でのメタ正当化で十分であること、この課題を捨てても知識の哲学には重要な課題がまだたくさんあることを示していこうと思う。

問題

(1)　日常生活において、相手の知識主張（「私は……を知っている」という主張）に正当化を求めるのはどのような場合だろうか。また正当化を求めないのはどのような場合だろうか。

(2)　メアリは何を知らないか

「それがどのようであるかの知」に訴えて、物理主義（この世界についての情報はすべて究極的には物理的対象についての物理的情報だけであって、それ以外の情報はないという考え方）を論駁しようとする、次のような議論がある。この議論は正しいか、論評せよ。

メアリは天才的科学者なのだが、生まれてからずっと白と黒以外の色のない部屋に閉じこめられて暮らした。メアリは特殊なめがねをかけさせられていて、それを通すと自分の体も白黒にしか見えない。この部屋でメアリは、すべての自然科学を勉強した。光のこと、視覚のこと、色の知覚のことも学んだ。つまり、色を見るということについて物理的に解明できるすべての知識を彼女は身につけたのだ。木の葉が緑の光を反射すること、緑の光がどのくらいの波長をもっていて、それが目にはいるとどうなるか、その結果脳で何が起こるかもすべて知っている。さて、このメアリが部屋の外にはじめて出る日がやってきた。部屋の外に出てめがねを外す、そこに緑豊かな木々が生い茂っていた。メアリは、つぶやく「ああ、これが緑色を見る、ということだったのね。」

さて、前提により、メアリはこの世界についてのすべての物理的事実を知っていた。しかし、部屋の外に出たときにメアリは少なくとも一つ新しいことを知った。ということは、物理的でない事実がこの世界には少なくとも一つある。この世界には物理的でない事実がある。

第2章　知識に基礎づけが必要だと思いたくなるわけ

本章では、認識論的な正当化の構造と基準を明らかにするという課題に答えるための、わりと古くからある試みを紹介して検討しよう。これは基礎づけ主義（foundationalism）と呼ばれる考え方で、認識論の歴史と同じくらい古くからある典型的な考え方だ。

1　たいていの認識論的正当化は一種の推論である

まず、ちょっと遠回りになるけれども、基礎づけ主義をとりたくなる気持ちをよく理解しておく必要がある。第1章のシュークリームのケースを振り返ってみよう。箱の中にシュークリームがあることを知っているということの正当化・理由づけとして、弟はお母さんがそう言っていたことと、お母さんは嘘をつかないことを挙げていた。つまり、「お母さんがシュークリームがあると言っていた」と「お母さんは嘘をつかない」という二つの命題を前提すれば、箱にシュークリームが入っているということが言えると主張していたわけだ。このように、たいていの場合、命題Pを信じることの認識論的な正当化は、Pを信じる理由として挙げられたいくつかの別の命題からPが何らかの意味で「出てくる」ことを示すことによって行われる。

一般に、いくつかの命題（前提）からもう一つの命題（結論）を引き出すことを推論（inference）と言う。推論には何種類もある。そのうち、性質が最もよくわかっているのは演繹的推論（deductive inference）だ。たとえば、「すべての鳥は卵から生まれた」と「トゥウィーティーは鳥である」という二つの命題を前提として、「トゥウィーティーは卵から生まれた」という命題を引き出すことができる。あるいは、「田中と太田のどちらかが犯人だ」と「田中は犯人ではない」の二つから、「犯人は太田だ」が出てくる。こうした演繹的推論の特徴は次の点にある。

(1)　真理保存性：正しい演繹的推論では、前提がすべて真だったら、そこから引き出された結論も必ず真になる。演繹的推論は真理保存的（truth-conservative）である。

(2)　単調性：正しい演繹的推論が与えられたとして、それにさらに前提を付け加えてみよう。「田中と太田のどちらかが犯人だ」と「田中は犯人ではない」にさらに前提として「田中は太田が嫌いだ」を追加してみよう。このとき、最初の二つだけからでも「犯人は太田だ」が出てくるんだから、この二つにどれだけ前提を付け加えてもその結論は依然として出続けるはずだ。こうした演繹的推論の性質を単調性（monotonicity）と言う。

(3)　情報量：演繹的推論のいちばん目につく特徴は、前提に含まれていた情報を超えるような情報を結論として引き出すことができないという点にある。つまり、「犯人は太田だ」という情報はすでに暗黙のうちに「田中と太田のどちらかが犯人だ」と「田中は犯人ではない」という二つの前提に含まれていたのであり、演繹的推論はもともと前提に含まれていた情報をあらためて明示的に取り出すだけなのである。

演繹的推論は情報量を増やせない。このことのおかげで演繹は認識論的正当化の際に用いられる推論としてはいささか頼りないものになってしまう。前章で確認したように、認識論的正当化は不十分な認識能力しかない人間が手探りで徐々に知識を拡張していくための手段であるとするなら、これまでに知った命題から、その命題にすでに含まれている情報を超える情報を引き出せないような演繹的推論では、知識の拡張にはぜんぜん役立たないからだ。

というわけで、推論による認識論的正当化には、情報量を増やすような別のタイプの推論も用いられなくてはならない。そうした推論の第一候補は、帰納的推論（inductive inference）と言われる。たとえば、「これまでに観察したスワンはみんな白かった」という前提から、「だからスワンはすべて白いのだ」ということを導くような推論がそれだ。前提はこれまでに観察したスワンだけについて述べているのに対し、結論は、まだ観察していないスワンやこれから生まれてくるスワン、一度も観察されずに死んでしまったスワンについても述べている。だから、情報量という点ではずっと結論の方がリッチだ。

さらに、帰納的推論はこれ以外の点でも演繹的推論と好対照をなしている。

(1)　真理保存性：帰納的推論では、前提が真であっても、そこから引き出された結論が必ず真になるとは限らない。せいぜい確からしさが高まる程度だ。たとえば、これまでに北半球でだけスワンを観察して、それがすべて白かったので、スワンってのはみんな白いんだなと結論しても、南半球に出かけて観察しはじめると、そこには黒いスワンがいる。こうして、すべてのスワンは白いという結論は偽になってしまう。こんなふうに帰納的推論は真理保存的ではない。

(2)　単調性：以上の点を言い換えれば、帰納的推論については単調性が成り立たないということだ。「これまでに観察したすべてのスワンが白かった。だからスワンはすべて白い」がかりに正しい帰納的推論として受け入れられていたとしても、それに「南半球のスワンは黒い」という前提を付け加えると、もはやこの結論は出せなくなってしまう。帰納的推論は単調ではない。

困ってしまうのは、演繹的推論に比べて帰納的推論の性質はずっとわけがわからないということだ。たとえば、「すべての××は○○である。したがって、この××も○○である」という演繹は、××や○○のところにどのような言葉がこようとも正しい。ところが、「これまでに観察した××はすべて○○。したがってすべての××は○○」という帰納的推論は○○のところにくる言葉によっては、はじめっからまったく成り立たないものになってしまう。××に「スワン」、○○に「白い」を代入したときには、この帰納的推論を行ってもよさそうだ（南半球の黒いスワンが発見されたときには結論は間違っていることになるが、まだそうしたスワンの存在に気がついていない段階では、この帰納的推論を行うことにはそれなりの合理性がある）。しかし、○○に「観察された」という述語を代入してみよう。「これまでに観察したスワンはすべて観察された。したがってすべてのスワンは観察された」となり、明らかにおかしな推論になってしまう。ある帰納的推論をやってよいかどうかは演繹よりもずっとデリケートな事情に左右されるらしい。

帰納的推論の他に認識論的正当化に使えそうな推論はあるだろうか。もう一つの候補は、「アブダクション（abduction）」とか「最良の説明への推論（inference to the best explanation）」と呼ばれるものだ。たとえば、うちの息子は最近、鏡の前でめかしこむようになり、ひまさえあればMDに自分が選曲した音楽を録音している。電話がかかってくるとまず自分がとってヒソヒソと話している。土日になるといそいそと出かけてなかなか帰ってこない。こうした行動は、息子にカノジョができたと考えるとすべて説明がつく。そこで両親としては、どうやらカノジョがいるらしい、と結論する。言い換えれば、息子にカノジョができたと考えることは、息子の行動の変化を最もよく説明してくれる、というわけだ。

このように、アブダクションは、いくつかの命題からそれらの命題すべてをうまく説明してくれる命題を導き出す推論だ。おそらく、科学者は仮説を立てるときにどこかでこのような推論を行っているだろう。でも、この種の推論の特質も、どういうときにそれを信頼してよいのか、信頼してよいとしたらなぜなのか、といったことについてはまだよくわかっていない。

ともかく、たいていの場合、認識論的正当化は推論という形で行われるのだから、認識論的正当化の基準を立てようとする場合には、どのような推論が正当化のために使うことができるのか、それぞれの推論をどのような場合に行ってよいか、その際にその推論は結論の確からしさをどの程度高めるのかということについて、きちんとした理論的説明をしなければならない。これはこれで、とてもたいへんな問題だ。このことは、哲学では一つの課題を果たそうとすると、次から次へとさらに困難な課題を引き受けなくてはならなくなるということのよい例になっている。

2　遡行問題と基礎づけ主義

さて、シュークリームのケースにもどろう。すでに確認できたのは次のことだ。箱の中にシュークリームがあることを信じるべき理由として、お母さんがそう言っていたことと、お母さんは嘘をつかないことを挙げる。このことは、この二つを前提すれば箱の中にシュークリームがあることが結論として引き出せると主張することに他ならない。でも、ただ単にある前提からある結論が推論できると主張するだけでは正当化とは言えないのではないだろうか。まず第一に、弟は自分が理由として挙げたこれら二つのことも同じように強く信じているのでなくてはならない。それだけではなく第二に、弟はこれら二つのことがらについても、それを信じるだけの理由をもっていなくてはならないはずだ。かりに弟が、お母さんは嘘をつかないと何の理由もなく信じているだけだったり、希望的観測でそう信じているだけだったなら、その信念を使って正当化しようとした、箱の中にシュークリームがあるという信念も正当化されないだろう。弟は、たとえばお母さんが約束を守ったという経験を何度も積んだといった何らかの根拠によって、お母さんは嘘をつかないという信念を正当化されたものとしてもっているのでなくてはならない、ということだ。

少し抽象的にまとめてみよう。ある信念Aの正当化に別の信念Bを引き合いに出した場合、そのBがAを正当化できるためには、Bがすでに正当化されていなければならない。つまり、信念が他の信念を正当化する力は、正当化する側の信念がすでに正当化されていることに由来する。正当化はこんな具合に、信念から信念へとバトンタッチされるようにして伝わっていく。

さてそうすると、〈シュークリーム信念〉を正当化する〈お母さん嘘つかない信念〉も、さらにいくつかの別の信念によって正当化され、それらの信念もまたさらに別の信念によって正当化され、またさらに……、ということになっていることになる。ん？でも、これじゃキリがないんじゃない？　そのとおり。だから、次のように考える人たちが現れる。この人たちのことを基礎づけ主義者（foundationalist）と言う。

(a)　ある信念が別の信念によって正当化され、その信念がまた別の信念によって正当化され、というプロセスはどこまでも遡っていけるようなものであってはならない。その遡行の過程はどこかで打ち止めになっていなければならない。だから、他の信念を正当化する力を持つが、それじたいは他の信念によって正当化される必要がないという具合に特別な認識論的地位をもっている信念がいくつかあって、それがその人の信念全体を支えているに違いない。

(b)　したがって、正当化された信念は二つの種類に分かれている。一つは、別のもっと基礎的な信念によっ

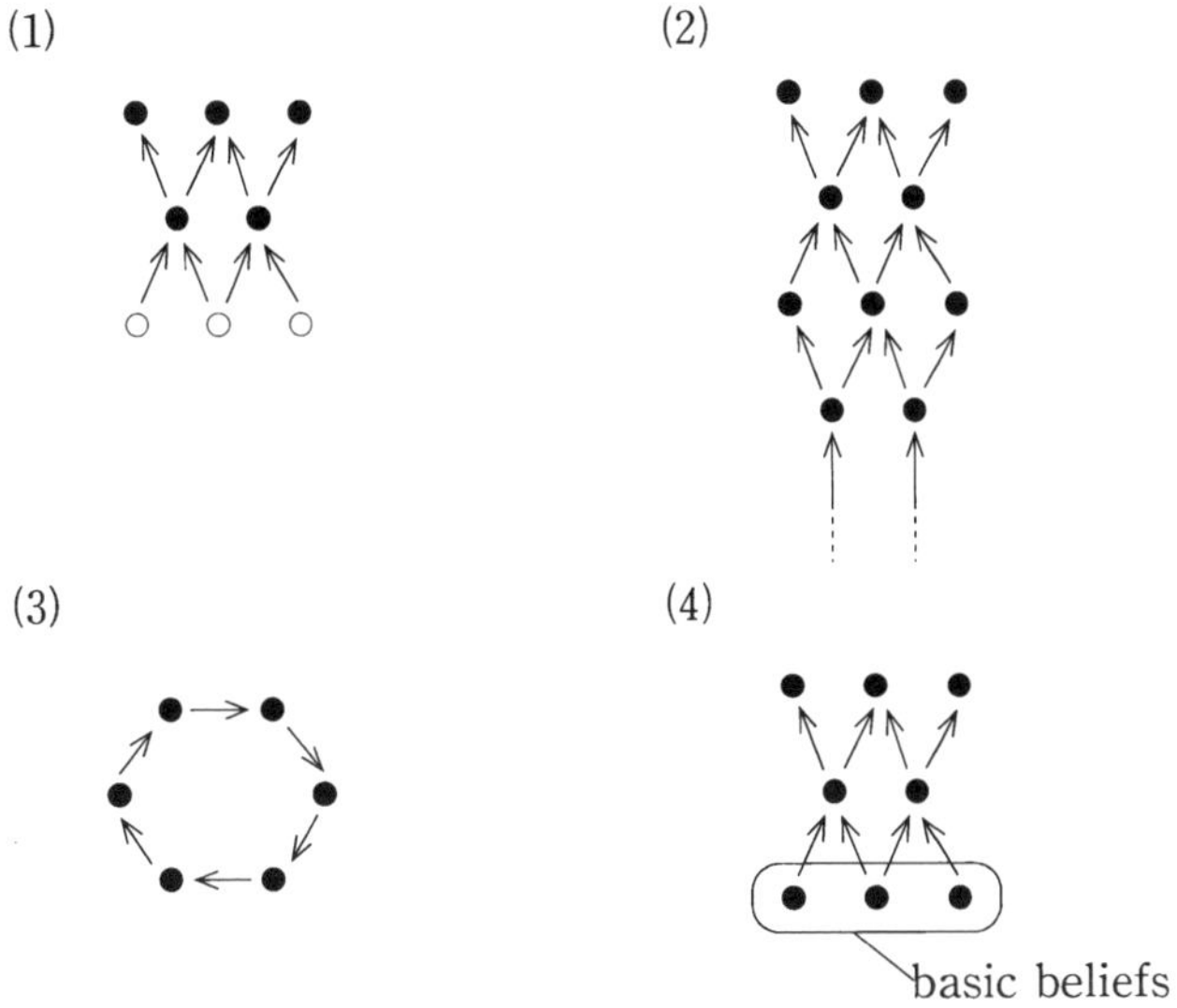

て推論的に正当化される信念（非基礎的信念 non-basic belief）、もうひとつは、他の信念によって正当化される必要がなく、自分で自分を正当化するとか、他の信念に依存せずに何らかの仕方で直接に正当化されているような信念（基礎的信念 basic belief）だ。

(c)　すべての知識のもつ正当化の最終的な源は、こうした基礎的信念にある。この意味でわれわれの知識は、いくつかの認識論的に特権的な地位をもつ信念によって基礎づけられている。

どのような種類の信念がここで言う「基礎的信念」であるのかということについては、基礎づけ主義者によって意見が異なる。でも、何らかの基礎的信念によって、正当化を遡っていくプロセスを打ちきることができると考えるなら、その人は基礎づけ主義者だ。

基礎づけ主義者が答えようとしている問題、つまり正当化を遡る過程をどのようにして終わらせることができるのかという問題は、遡行問題（regress problem）と呼ばれている。次に、遡行問題についてもう少し詳しく解説して、基礎づけ主義の特徴を取り出すことにする。まず、次の問いを考えてみよう。正当化された信念はその正当化を別の正当化された信念から得ているとするなら、ある人の頭の中にある正当化された信念の全体はいったいどんな具合になっているのだろうか。考えられる可能性を四つの図に示してみた。小さな円はそれぞれの信念を示し、黒く塗られたものは正当化されていることを、白抜きのものは正当化されていないことを示している。矢印は、その根もとにある信念が、その先端にある信念を推論的に正当化していることを示している。(4)が基礎づけ主義者おすすめの選択肢だ。そこで、(1)から(3)の選択肢ではどうしてマズイのかということを順に見ていくことにしよう。

(1)のモデルによると、われわれの信念のすべては、最終的には正当化されず無根拠にただ信じられているだけの信念（最下段の白丸）によって支えられていることになる。このモデルはそもそも問題外だろう。まず、このモデルでは、正当化されていない信念から推論される信念（下から二段目の黒丸）が、どういうわけだか突如として正当化されていることになっている。どうして、正当化されていない信念から推論された信念が正当化されたことになるのかについての説明がなければ、このモデルは不可能な事態を描いてみただけのインチキということになるだろう。われわれの推論による正当化についての考えによれば、こうしたモデルではむしろ、この図に現れるどの信念も正当化されていないと考えるべきだ。もちろん、われわれの信じていることはすべて正当化されていない、つまりわれわれは何一つ知らないのだ、という考え方もないわけではない。こういう主張は懐疑論(skepticism)と言われる。世の中にはこういう極端なことを言うのが哲学だと思っている人もいるが、私はそういうのは一種の思考停止だと考えている。懐疑論については第II部でしっかりと扱うことにする。

(2)のモデルは、信念Aの正当化は信念Bに由来し、信念Bの正当化は信念Cに由来し……、とどこまでいっても終わらない、というすでに述べた懸念に相当する。これはいわゆる無限後退（infinite regress）と呼ばれるものの一例だ。無限後退はうっかりするとわれわれの思考のいろいろな局面に顔を出し、やたらと嫌われているけれど、正当化が問題になっているいまの場合でも、やっぱり困りものであることには違いない。

なぜ正当化の連鎖が無限に続くとマズイのだろう。ちょっと考えただけだと、次のような意見が出てきそうだ。「いま、信念Aを信念Bによって正当化しようとしているとしよう。でも、そのためには前もって信念Bを正当化しておかなくてはならない。そのためにはさらに前もって信念Cを正当化しておかねば。……これではいつまでたっても正当化を始められないではないか（あるいは同じことだが、正当化の作業が終わらないではないか）。」確かに、このように時間の中でわれわれが実際に行う手続きにかんして無限後退があると、その手続きを開始することができないことになる。でも、正当化されているとか信じる理由をもっているということは、現に正当化という行為を行ったかどうかには関係ない。このことはすでに第1章で注意しておいた。Aを信じている人に、なぜそれを信じているのと聞いたときには、なぜってBと信じているからさ、と答えられる。そして、なぜBを信じているの？と聞かれたら、Cだと信じているからと答えられる。……という具合に、この無限の連鎖に出てくるどの信念についても、なぜそれを信じるのと聞かれたらそのつど答えられる、そういう潜在能力を持っているということで十分なのだった。だとするならば、正当化の作業がいつまでたっても始まらないとか、いつまでたっても終わらないといった言い方は無限後退のマズイところをうまく言い当てていないということがわかる。

ちょっと脱線するが、このことはいわゆるゼノンのパラドクスのおかしさがどこにあるかという話と関係している。一〇〇メートルのトラックを走ることを考える。一〇〇メートル先のゴールに到達するには、まずスタートから五〇メートルの地点に到達しなければならない。そのためには二五メートル地点に到達しなければならない。そのためには一二・五メートル地点に到達しなければならず、そのためには……。これではいつまでたっても運動が始まらないではないか。こんな具合に、パラドクスが紹介されることがある。でもこれはパラドクスのおかしさをきちんと伝えていない。よーいどん、と言えば、運動は始まってしまう。いつまでも始められないというのはウソなのだ。

このパラドクスのパラドクスである理由は別のところにある。つまり、このように刻んで考えると、一〇〇メートル走りきるために、「五〇メートル地点に到達する、一二五メートル地点に到達する、一二・五メートル地点に到達する……」という無限にたくさんの仕事を成し遂げなければならないように思われる。そして「無限にたくさんの仕事を成し遂げる」ということについては、われわれは矛盾なしにうまく考えられないかもしれないという疑いが濃厚だ。たとえば、ランプをまず一秒間点灯させ、次に〇・五秒間消す。次に〇・二五秒点灯させ、〇・一二五秒間消す。次に……と繰り返すと、二秒後には無限にたくさんのオン・オフ作業を成し遂げたことになるが、さて二秒後にはランプは点いているだろうか消えているだろうか？　あたりまえの仕事の中に、無限にたくさんの仕事が含まれてしまうように思われる、そしてそのことをわれわれは上手に考えられるという保証がない。これがパラドクスの本体だ。

ここから得られる教訓は次のことだ。無限後退になんだかおかしなところがあるとき、われわれはつい、そのおかしなところを「いつまでたっても終わらない」とか「始まらない」といった時間軸に沿った言い方で表現してしまう。しかし、これは言われている無限後退のパラドキシカルなところをうまくとらえているとは限らない。正当化の連鎖についての無限後退にもこのことがあてはまる。だとすると、正当化の連鎖が無限に長くなってしまうことのどこにマズイところがあるのだろう。たしかに、Aという信念を正当化された信念としてもっているために、信念の持ち主が現に正当化を行う必要はない。だから、無限に続く正当化の作業に乗り出す必要はないのだが、それにしても、もし信念Aの正当化の連鎖が無限に続くのなら、その人はAと同時に信念B、C、D、……という無限にたくさんの信念を信じていなければならないことにはなるだろう。そして、われわれ人間の有限な脳が、無限にたくさんの信念、つまり無限にたくさんの情報をいっぺんに保持しているというのはちょっとありそうもない。

これが、正当化の連鎖が無限後退に陥ることはよろしくないとされるときによく持ち出される理由だ。でも、この考え方ってものすごく乱暴だと思う。こうした考え方の背景には、しかじかということを信じているとき、われわれの脳の中にその「しかじか」に相当する命題や文が何らかの仕方で実現されているに違いないという思いこみがある。もしそうだったら、確かに無限にたくさんのメンタルな「文」を格納しておくことは有限な脳には無理だということになるだろう。でも、信念についてのこうした考え方は、確かに有力な考え方だが、唯一の考え方ではない。信念というものは、それじたいていねいに分析されるべき、そうとうに厄介な相手だということを忘れないでおこう。この点については第10章以降で再び触れることにする。

(3)のモデルはどうか。これは信念Aを信念Bが正当化し、信念Bを信念Cが正当化し、CをDが、DをEが正当化し、そのEがAによって正当化されるという具合に、正当化の連鎖が循環しているケースである。今回も、たんに循環しているというだけで即ダメであると決めつけるのは早計だ。循環を含んでいてもどこにもマズイところがないような現象はいくらでもある。たとえば、自然界、とくに生物の体の中で起こる化学反応では、一連の連鎖的な反応の最終産物が、その連鎖における最初の反応を触媒したり、その原料になっていたりするような反応系によくお目にかかる。こうした循環にはどこにもおかしなところはない。

しかし、この連鎖が正当化という関係の連鎖である場合は事情が異なる。たとえば、BがAを正当化し、CがBを正当化し……とたどっていくと、結局、AじしんがAを正当化していることになる。したがってこのモデルでは、なぜAと信じるの?という具合に正当化を次々求めていくと、いつかは「だってAと信じているか

らさ」という答えが返ってくる。たとえば、

「なんでそんな本に書いてあることを信じるんだい？」

「だって、この本は教祖様が書かれたものだから真実なんだもん。」

「なんで教祖様が書いた本は真実と言えるんだい？」

「だって、教祖様は最終解脱者だからさ。」

「どうして、教祖様が最終解脱者だって思うの？」

「だって、この本にそう書いてあるからだよ。」


ここには矛盾やパラドクスが生じているわけではない。むしろ逆で、この信者くんの「正当化」は当たり前すぎて何もやったことにならないということが問題なのだ。「Aを信じるのはAを信じているからだ」という具合に、ある信念を正当化するのにその信念じしんを引き合いに出すことになるようなモデルは、正当化という作業を空虚なものにしてしまう。だから、このモデルをとるわけにはいかない。

というわけで、どうも(1)から(3)のモデルは分が悪いことがわかった。ここで基礎づけ主義者は、われわれは残った可能性の(4)を採用するべきだと主張する。これは、正当化の連鎖をたどっていくと、他の信念によって推論的に正当化されるのではないが、しかし、それ以外の何らかの仕方で他の信念に依存せずに正当化されている信念（これが基礎的信念と呼ばれるのだった）に最終的には到達して、遡行はストップするというモデルだ。図の最下段の黒丸が基礎的信念を示している。たしかに、このモデルは正当化の遡行プロセスを(3)のように論点先取に陥ることなく断ち切ってくれる都合のよいモデルだ。しかし、ただ基礎的信念があるから遡行問題は解決するぞと言っているだけではあまりに無責任だ。基礎づけ主義者は次の二つの問いに答えなくてはならない。つまり、基礎的信念とは具体的にどういう信念なのか。そして、そんな信念はありうるのか。これに

答えられないと、四つのモデルがすべてダメになり、信念の認識論的な正当化も知識もありえないという最悪の結果になってしまう。つまり、基礎づけ主義がうまくいくかどうかは、彼らのモデルが要求するような基礎的信念がうまく見つかればの話である。果たしてそんなにうまくいくのだろうか？

3　古典的基礎づけ主義は結局うまくいかない

基礎づけ主義者が見つけなくてはならない基礎的信念とはどのようなものだったかをおさらいしよう。それは、まず(1)正当化の遡行をうち切るためのものだから、他の信念によって推論的に正当化されるものではない。さらに、でも(2)他の信念の正当化の基礎になるものだから、自分は正当化されていなければならない。したがって、(3)推論的な仕方以外の正当化をもっていなければならない。

古いタイプの基礎づけ主義者は次のように考えた。他の信念から推論されてはじめて正当化されるのではなく、他の信念によらずに自分だけで正当化されている信念を見つければよいわけだ。だったら、自分で自分の正しさを打ち立ててしまうような信念(自明 self-evident な信念)、絶対確実で不可謬で疑いようも間違えようもない信念を見つけてくればいいんじゃないだろうか。これが、古典的基礎づけ主義(classical foundationalism)とか強い基礎づけ主義（strong foundationalism）と呼ばれるものだ。

【古典的基礎づけ主義】　基礎的信念は、不可謬（絶対確実、自明、不可疑）である。

ここで使われている「不可謬」、「絶対確実」、「自明」、「不可疑」などの言葉は、人により異なった意味でけっこう曖昧に使われてきた。だから、ここでは基礎的信念が不可謬であるというのはどういうことかを、古典的基礎づけ主義が基礎的信念に期待した役割から導き出すことで満足しておこう。古典的基礎づけ主義者が手に入れたいのは、次のような信念だ。人がPという内容の信念を持ったら、実際にもPであること、つまりPが真であることが自動的に保証されてしまうような信念。これが不可謬、つまり間違えることのありえない信念だ。もし、このような信念があれば、その信念はそれを抱いただけで、それが正しいことが保証されるわけだから、その信念を持つことは他の信念によらずに正当化されていることになる。

具体的に基礎づけ主義的な哲学者たちがどのような信念を基礎的信念と考えてきたか、いくつかのタイプに分類してみよう。

(1)　数学的、論理的信念。たとえば「1＋1＝2」とか「AならばA」といった信念
(2)　「何かを思っているような私がいる」あるいは「いま私は何かを信じている」という信念
(3)　「いま私には赤いものが見えている」とか「いま私は熱さを感じている」という信念

(1)はよくわかる。「AならばA」という論理的真理（トートロジーとも言う）は絶対に真であり、偽になることがありえない。だからそれを信じたが最後、絶対にその信念は間違いではありえないことが保証されている。したがって、「AならばA」という信念は不可謬の信念と言えるだろう。(3)はどうか。テーブルの上にリンゴらしき赤い塊が見えた。このとき、私の「テーブルの上にリンゴがある」という信念は不可謬というわけにはいかない。リンゴに思えた赤い何かは、本当は絵の具を拭ったティッシュペーパーかもしれないし、それどころかテーブルの上には何もなく、赤く見えたのは実は私の眼底出血の血液だったのかもしれない。それどころかまったくの幻覚だったのかも。でも、その正体は何であれ、私に赤いものが見えたなら見えたのである。だから、「テーブルの上にリンゴがある」は間違いうるが、「いま私には赤いものが見えている」は間違いっこない。というわけで、たしかに(3)も不可謬な信念の有力候補の一つだ。

これらに対して、(2)はもう少し手が込んでいる。いま、私は「いま私は何かをを信じている」と信じたとしよう。私が「いま私は何かをを信じている」と信じた以上、私は信念を抱いたのであり、そうすると自動的にこの信念の内容である「いま私は何かをを信じている」は真になってしまう。こうして、この信念は絶対に間違えるということがありえないことがわかる。わかりにくい人のために、別の仕方で説明してみよう。私は「いま私は何かをを信じている」と信じているとして、その信念が間違っているということがありうるか？　間違っているなら、「いま私は何かをを信じている」ということが偽なのであって、私は何も信じておらず、したがって間違ったことも信じていないはずだ。こんなことを信じるような機会があるかということは別として、これはかなり強力な候補だということがわかるだろう。なにしろそれを信じることが、その信念を正しくしてしまうような、そういう信念なのだから。

しかしながら、残念なことに古典的基礎づけ主義は結局のところうまくいかなかった。詳しくは第II部でもういちど扱うつもりだが、ここではそのうまくいかなかったわけをごく簡単に述べておこう。まず、これらの候補が本当に不可謬なのかという問題がある。もっとも怪しいのは(3)のタイプだ。次のような事例が報告されている。アメリカの大学には、学生がいくつかのフラタニティという親睦組織をつくって共同生活をしているところがある。このフラタニティへの入団式では、かなりたちの悪い冗談が横行しているらしい。あるフラタニティでは次のような儀式があるそうだ。まず、新入生に「きみたちには我らがフラタニティの頭文字の焼き印を押させてもらう」と宣言する。暖炉には真っ赤になった焼きごてが見える。団長がその焼きごてを手に取り、新入生にお尻を出せと命じ、彼らの尻に焼きごてを当てる。新入生は焼けつく熱さと痛みを感じたと言うのだが、実は、彼らの尻に押し当てられたのはこっそりすりかえられた氷で冷やした焼きごてだったのだ（よい子のみなさんはマネしないように）。つまり、新入生は自分たちが感じた感覚について間違えたのである。自分が感じている感覚についての信念だって不可謬とは限らないかもしれない。

とは言うものの、(1)や(2)のタイプの信念は、以上のような仕方ではその不可謬性にまったをかけることはできないだろう。しかし、だからといって古典的基礎づけ主義が安泰だというわけではない。古典的基礎づけ主義がうまくいくためには、不可謬な信念が見つかりさえすればよいというものではなかったことに注意しよう。その不可謬な信念が同時に基礎的信念でなければならない。つまり、その信念は他のすべての信念を正当化するために使うことができなくてはならないのだ。古典的基礎づけ主義がうまくいかなかったわけは、一言で言えば、一方で、われわれが正当化されたものとして信じている膨大な信念をすべて直接・間接に正当化できる程度に情報量が豊かで、他方で、いま述べたような意味で不可謬であるような信念がついに見つからなかったということに尽きる。

いちばん極端なのは、「AならばA」のような論理的真理だ。こうした論理的真理、トートロジーは情報量がまったくない。トートロジーはたしかに必然的真理だ。偽になることはありえない。しかし、どのような場合でも真になるということはそんなに貴重なことなのだろうか？　次のような例を考えてみよう。他殺体が見つかり、刑事の捜査の結果、浜田と松本の二人の容疑者が浮かんだ。ここで、刑事に次の四種類の証言を与えてみたとしてみよう。

(1)　浜田じゃなければ松本が犯人だ
(2)　浜田は犯人だ
(3)　浜田だけが犯人で松本はシロだ
(4)　浜田が犯人なら浜田が犯人だ

実際には浜田一人が真犯人であるとしておこう。そうすると、四つの情報はすべて真だから、その点では差がない。これらのうち、(4)が情報の価値という点で最低であるのは言うまでもないだろう。それはまさに(4)がトートロジーであって、どんな場合でも真になるからである。どういうことか。

だれが犯人であるかについては、次の四つの可能性があったはずだ。

(a)　浜田も松本も犯人

(b)　浜田は犯人だが松本は犯人でない

(c)　浜田は犯人ではなく松本が犯人

(d)　浜田も松本も犯人でない

これらの四つの可能性のいずれかが現実だ。さて、(1)から(4)の証言は四つの可能性のうちどれが現実であるかについて語っているものと理解できる。たとえば証言(2)はaかbのいずれかが現実だと言っている。つまり、現実がどうかについて情報を与えている。その情報の量は証言が排除している可能性が多ければ多いほど大きいと言えるだろう。というわけで、この四つの証言のうち最も情報量が豊かなのは、a、c、dの三つの可能性を排除している(3)だ。こうした情報のおかげで、刑事は彼の他の信念(「浜田の預金口座には最近多額の入金があったはずだ」というような)を正当化することができる。

これに対し(4)は、現実がa、b、c、dのいずれかだと言っているにすぎない。これは、考えられるすべての可能性を尽くし、何も排除しない。ということは、現実がどのようであるかについて何も語っていないということだ。(4)は現実についていかなる情報ももたらさないのである。このため、刑事は(4)の証言が不可謬であっても(と言うか、まさに不可謬であるからこそ)、それをいかなる信念の正当化にも使うことができない。(4)の証言を信じるようになったことで、より確からしくなる他の信念なんてありはしない。トートロジーが現実のあり方によって覆されることがない不可謬の真理なのは、それがそもそも反証されるようなことがらを何も語っていないからだ。つまり、トートロジーは無内容で情報量０だと言える。

以上の考察からわかるのは、不可謬性と情報量の豊かさはトレードオフの関係にあるかもしれないということだ。トートロジーの場合にはそのことが極端に現れていたが、(2)のような他のケースについてもこのことは当てはまるのではないかと思う。他の信念を正当化するだけの情報量があるなら、不可謬性が疑わしくなるし、不可謬性をとことん追求するとどんどんそれは形式的で無内容なものに近づき、他の信念の正当化に役立たなくなってしまう。古典的基礎づけ主義者が探し求めていた不可謬の基礎的信念がなかなか見つからないのは、究極的にはこうした理由による。

4　穏健な基礎づけ主義にも問題がある

古典的基礎づけ主義が主張していたような強い基礎づけはどう考えても無理そうだ。そこで、出発点に戻って考え直してみると、正当化の遡行プロセスをどこかで打ち止めにするためには、不可謬の信念などという大げさなものを探し求める必要はなかったということに気づく。打ち止めに必要だったのは、(1)他の信念によって推論的に正当化されることはなく、しかも(2)推論的な仕方以外の正当化を、他の信念を正当化できる程度にはもっているような信念だ。この要件さえ満たしていれば基礎的信念として十分役立つのであって、それが不可謬である必要はない。ときには間違いうるものであってもよいから、この(1)、(2)の条件を満たす基礎的信念があるとする考え方を穏健な基礎づけ主義（moderate foundationalism）と言う。

【穏健な基礎づけ主義】　基礎的信念は、不可謬である必要はない。他の信念による推論的な正当化以外の仕方で、他の信念を正当化できる程度に正当化されているような信念が、正当化の遡行プロセスをうち切って他の信念を基礎づける。

古典的基礎づけ主義は明らかにやりすぎだったというわけだ。でも、古典的基礎づけ主義がよりによって不可謬の基礎的信念を見つけるなどという無理難題を引き受けようとしたのはいったいなぜだろう。遡行問題を解決するためだけだったら穏健な基礎づけ主義で十分だ。ということは、古典的基礎づけ主義は、遡行問題の解決に加えて、別の目的を持っていたのかもしれない、と言うより、遡行問題の解決に何か他の目的をだぶらせていたのかもしれない。この点については第II部で再びとりあげることにしよう。

基礎づけ主義は、われわれの信念全体が正当化の関係にかんしてどのような構造をもっているだろうかということについては、かなり直観にかなったモデルを提供している。このことは確かだ。でも、基礎的信念って何なのよ、そんなものはありうるの？という肝心の問いには急に歯切れが悪くなる。ボンジャーは、穏健な基礎づけ主義が想定している基礎的な信念なんてありえないという、次のような議論を提案している。

前提(1)　基礎的な経験的信念があるとしよう。つまり、それじたい正当化されており、その正当化は他の経験的信念によらないような経験的信念があるとしよう。

これは、ようするに基礎的信念の定義に他ならないから、これを拒否したら基礎づけ主義者は基礎づけ主義者ではなくなってしまう。

前提(2)　信念が認識論的に正当化されているためには、それが真であるとすべき何らかの理由がなければならない。

これは信念が基礎的であろうが非基礎的であろうが成り立つ。なぜなら、真であると考えるべき理由があるということは、正当化されているということのほとんど定義に他ならないからだ。さて、第1章の姉弟を見ればわかるように、同じ内容の信念でも、人によって正当化されて抱かれていたり、正当化なしに抱かれていたりする。つまり、信念が正当化されているかどうかは個人に相対的なのだろう。そこで、次のように考えられる。

前提(3)　信念が特定の個人Aさんにとって正当化されているためには、Aさんはその信念が真であるとすべき理由を何らかの仕方で心の中にもっていなければならない。

弟は、シュークリームが入っているという信念を真とすべき理由を心の中にもっていたが、おねーちゃんは、その理由を心の中にもっていなかったということだ。「理由を信じている」と言わずに「理由を心の中にもっている」という持って回った言い方になっているのは、(3)でいう信念の中に基礎的信念も含めて考えたいからだ。基礎的信念の場合は、その定義によって、それが真であるとすべき理由は信念という形で存在しているわけではない。でも、ある人が理由を心の中に持つために、その人がその理由を信じているという以外の仕方はあるのだろうか？　そこで、次のように考えられる。

前提(4)　ある信念Bを真であるとすべき理由をAさんが心の中にもつためには、Aさんは信念Bが真だという結論をみちびくための前提を正当化された形で信じる以外にはない。

そして、さらに次を認めるとしよう。

前提(5)　(4)で言う「前提」は、そのすべてがア・プリオリな命題であってはならない。さもないと、ア・プリオリな前提だけから経験的な信念Bが真だという結論が出てくることになる。だから、すくなともこの前提のうち一つは経験的でなくてはならない。

以上の五つの前提をすべて認めれば、次のことが言える。基礎的な経験的信念が存在すると仮定し、それを信念Cとしよう。Cを正当化された形で信じるには、それが真であると信じるべき理由を正当化された形で信じる以外にはない。そして、その理由の信念のうちにはすくなくとも一つ経験的信念があるのだから、はじめ基礎的な信念と思われたCの正当化にはすくなくとも一つの別の経験的信念が必要になる。これは、Cが基礎的信念であることに矛盾する。したがって、基礎的な経験的信念があるという仮定が間違いだった。基礎的な信念などというものは存在しない。

あらら。基礎的信念なんて存在しないという結論が出てしまった。基礎づけ主義者はどうしたらよいのだろう。次の章では、この批判をうけて基礎づけ主義者がとることのできる抜け道を検討し、その中で基礎づけ主義がだんだんと変貌していく様子を追跡しよう。

問題

(1)　信念の正当化以外に、循環的になってはならないような事例はあるだろうか。考えてみよう。
(2)　古典的基礎づけ主義と穏健な基礎づけ主義の最も重要な違いはどこにあるか、説明しよう。
(3)　1＋1＝2といった数学的信念が不可謬であると言われるのはどうしてだろうか。考えてみよう。

第3章　基礎づけ主義から外在主義へ

1　内在主義と所与の神話

　第2章の最後に、基礎づけ主義者が想定しているような基礎的信念は存在しないというボンジャーの議論を紹介した。ボンジャーは徹底して基礎づけ主義を批判している哲学者として有名だ。ボンジャーの反論に何とかして抵抗したいと思っている基礎づけ主義者がいるとしよう。彼にはどのような選択肢が残されているだろうか。実は、この選択肢もボンジャーが用意してくれている。彼は、基礎づけ主義者がとりうる逃げ道を二つも用意した上で、そのどちらもダメであると批判するという念の入れようだ。

　前章で見たように、ボンジャーの議論は五つの前提を置いていた。そのどれもが基礎的信念はありえないという彼の結論を導くのに必要だから、基礎づけ主義者としては、それらのうちのどれかを拒否すればよいはずだ。しかし、前提(1)は、ほとんど基礎的な信念の定義を言い直したものに他ならない。また、前提(2)は正当化とは何であるかの定義にほぼ相当する。そして、前提(5)は経験的知識の定義からすぐに言えることがらだから、基礎づけ主義者はこれらを否定することはまずできない。そこで、基礎づけ主義者には、前提(3)か前提(4)が間違っていると主張する路線を試みる以外の選択肢はないことがわかる。

では、(3)や(4)が間違っているとするというのはどういうことだろうか。せんじつめるならボンジャーの議論は、「(3)あなたがある正当化された信念を信じているなら、その正当化理由を心に抱いていなければいけないはずでしょ。で、(4)あなたが信念の正当化理由を心に抱こうとしたら、その信念が真だという結論を出すための前提をこれまた正当化されたものとして信じる以外にはないでしょ。だったら、どんな信念も、それを正当化されたものとして信じるためには、少なくとも一つ、別の正当化された信念を信じていなければならないことになるわけよ。だったら、いわゆる基礎的信念なんてないんじゃないの?」という議論だった。

この(3)も(4)も、考えてみればけっこう怪しい前提だ。だから、基礎づけ主義者には、はいそうですかと受け入れる義理はない。まず、(3)を受け入れるが(4)は拒否するという方針を追求してみよう。(3)を受け入れるので、この場合、信念の正当化理由を人は何らかの仕方で心の中にもたねばならないということは認めるわけだ。その上で、この「心の中でのもち方」については、(4)が言っていることを否定する。つまり、信念の正当化理由を心に抱くためには、それを信念という形で持つ必要は必ずしもない、と言い張ればよいわけだ。

では、信念という形でなかったとしたならいったいどのような仕方で?　典型的な答えは次のようなものだ。

【非信念論的で内在主義的な基礎づけ主義】

(a)　基礎的信念の正当化理由は信念というかたちで心の中にあるのではない。

(b)　基礎的信念の正当化理由は信念よりももっと原初的な何らかの認知状態というかたちで心に抱かれている。

(c)　その認知状態は信念ではないのでそれ以上の正当化を必要としない。

(d)　しかし、その認知状態は信念に正当化を与える能力は持っている。

というわけで、基礎的信念はたしかに信念としては最も基礎的で、図では信念の階層の最下段にあるのだが、それのさらに下にはもっと基礎的な、信念ではないためにそれ以上の正当化を必要としない何らかの認知状態があって、その認知状態が基礎的信念を正当化している、というわけだ。

でも、はたしてこんな都合のよいものがあるのだろうか。この「もっと原初的な認知状態」の候補としてあげられてきたのは、「直接的な気づき（direct awareness）」、あるいは「直観（intuition）」と呼ばれる認知状態だ。そして、こうした認知状態の対象はしばしば「所与（the given）」と呼ばれてきた。つまり、基礎的な経験的信念を正当化する認知状態は、たんに与えられるのであってそれ以上の正当化を必要としないというわけだ。こうした直接的な気づきや直観に訴えて基礎づけ主義を守ろうとする哲学者はたくさんいる。二十世紀に限っても、論理実証主義者の一部、たとえばモーリッツ・シュリック、そしてアンソニー・クイントン、C・I・ルイス、ポール・モーザー、ロデリック・チザムなどの名前が挙がる。

こうした選択肢がうまくいくかどうかを検討する前に、こうした選択肢へ踏み出した基礎づけ主義は、第2章で紹介したもともとの基礎づけ主義とずいぶん異なったものになってしまっていることを確認しておこう。もともとの基礎づけ主義は、遡行問題のストレートな解決策として提案されたものだ。だから、遡行問題が生じてきた文脈を共有している。つまり、われわれの正当化された信念の全体が、推論的正当化の関係にかんしてどのような構造をしているかを考えましょうという問題設定にたっているわけだ。というわけで、もともとの基礎づけ主義は、ある信念が正当化されているかどうかを、もっぱら他の信念との関係で考えようとしていたと言える。このように信念が正当化されているかどうかは他の信念との推論的な関係だけで決まると考える立場を、信念論的(doxastic)な立場と言う。ところが、ここでとりあげている立場は、基礎的信念が正当化されているかどうかが、信念以外のもの、つまり直接的な気づきとか直観といった認知状態に訴えて決まるとしている。だから、もともとの基礎づけ主義とは異なって、非信念的(nondoxastic)立場にたつ基礎づけ主義になってしまったわけだ。

しかし、このニュータイプの基礎づけ主義が、もともとの基礎づけ主義から引き継いでいる重要な点もある。ここで導入した考え方は、たしかに非信念的なものではあるけれど、それが正当化について語る際に引き合いに出す「信念以外のもの」は、依然として認知状態ではある、つまりいずれにせよわれわれの心の中にある何らかの状態だ。このように、信念が正当化されているかどうかがわれわれの心の中の認知状態だけによって決まるという考え方を内在主義(internalism)と言う。信念は内的認知状態の一種だから、信念論的な立場はすべて内在主義的だ。そして、いま問題にしようとしている立場には、「非信念論的で内在主義的な基礎づけ主義」というレッテルを貼ることができるだろう。

で、肝心の問題に移ろう。非信念論的で内在主義的な基礎づけ主義を主張する人たちの議論はうまくいっているのだろうか。つまり彼らは、自分たちの主張が成り立つためにどうしても必要な、(a)から(d)の条件を満たす「何らかの認知状態」を見つけだすことに成功したのだろうか。どうも成果はかんばしくないようだ。ここでは、内在主義的な基礎づけ主義をとる論者の一人一人の議論を取り上げて検討する余裕はないから、どうして彼らの試みがうまくいかないのかについて、非常に一般的で大ざっぱな原因を指摘しておくことにする。

本書ではずっと、経験的知識を主題にしている。つまり、最終的には見たり聞いたり触ったりして得ることのできる知識が問題とされているわけだ。というわけで、彼らが導入する直接的な気づきや直観という認知状態も、感覚経験にかんするものに限られてくるのは当然の成り行きだろう。こうした認知状態として導入されるもっとも典型的なものは、感覚経験の内容を直接に把握しているような認知状態だ。その内容は「私には赤いトマトのようなものが見えている」とか「私は左足の親指にズキズキする痛みを感じている」といったような一人称・現在形での報告、あるいは「いま、ここに赤」とか「いま、そこに痛み」といったような報告に相当するものだろう。こうした認知状態の対象、つまり所与は、しばしば感覚所与とかセンス・データ（sense-data）と言われる。古典的基礎づけ主義者は、こうした報告は絶対に間違いようがないと考えて困ったことになったが、いまわれわれは穏健な基礎づけ主義が守れるかどうかを検討しているので、こうした報告がときとして間違うことがあってもよいということは認めておこう。そうすると問題は、こうした認知状態が、(c)正当化を必要としない、(d)信念に正当化を与えることができる、という二つの条件を満たすことができ、正当化された信念のネットワークの基礎になれるかということだ。

　ところが、これが難しい。まず、ある認知状態が信念に正当化を与えることができるためには、どのような条件を満たしていなければならないかを考えよう。信念は命題で表されるような内容をもっている。たとえば「テーブルの上にトマトがある」という内容の信念を正当化するものは、他の信念であれ信念以外の認知状態であれ、世界が実際にその信念の通りになっていて、テーブルの上にトマトがあるということを真とすべき理由を与えるものだから、正当化される信念の内容に論理的に関係した何らかの内容をもっていなければならないはずだ。さもなければ、この認知状態は信念Aを正当化するけれど信念Bを正当化しないとか、信念Aはこの認知状態によって正当化されるが、こっちの認知状態によっては正当化されない、といったことがなぜ生じるのかまったく理解できなくなってしまう。

　二つの信念が同じ信念であるか違う信念であるかは、その信念の内容によって決まるのだから、それを正当化する認知状態も、それがもつ内容のせいで特定の信念を正当化できたりできなかったりするはずだ。そこで、内在主義的基礎づけ主義者が導入する「信念以外の認知状態」も命題で表されるような内容をもつものとしよう。しかし、認知状態がそのような内容を持つということはつねに、世界は実際にはその内容の通りではないかもしれないという可能性を許してしまう。そうすると、その認知状態じたいが正当化を要求することになる。しかじかの内容の認知状態をもつべきだとするための正当化が必要になるわけだ。正当化は心の中だけで決まるという内在主義者にとっては、この認知状態の正当化は別の内容を持つ他の認知状態によると考えるしかないだろう。というわけで、基礎的信念を正当化するものとして信念以外の認知状態を導入したところで、それが内容を持つものだとするならば、ふたたび正当化の遡行問題が生じてしまう。まとめると、信念に正当化を与えることができるような認知状態は何であれ、それじしん内容を持たなければならず、内容を持つならば正当化が必要になる。こうして(d)の条件を満たそうとして導入された認知状態は、(c)の条件を満たせなくなってしまう。

(c)の条件を満たそうとするとどうなるだろうか。直観や直接の気づきという認知状態が、内容を含み、したがってしかじかはかくかくだという判断に近いものだとすると、それじたいの正当化が必要になりそうだ。だから、正当化を免れたものであるためには、その認知状態は命題の形で表現できるような認知内容を持たず、外界からの入力をただ受け取っただけの状態（これを「感覚印象をもつ」、などと言ったりする）のようなものと考えるのが妥当だろう。内容を持たないから間違えるということがありえない、というわけだ。しかしそうすると、こんどはどうしてそのような状態が特定の信念を正当化できるのか、まるでわからないということになってしまう。

こうして、内在主義的な基礎づけ主義者はディレンマに陥ることになる。直観や直接の気づきという認知状態が、命題的内容をもち判断的なものだとすると、たしかに他の認知状態を正当化することはできるが、自分じしんも正当化を必要とする。逆に、そうした認知状態が命題的内容を持たず非判断的なものだとすると、こんどは正当化を必要としなくなるが、その代わりに他の認知状態を正当化することもできなくなってしまう。

所与という考え方は、すでに一九六三年にウィルフリッド・セラーズによって「所与の神話(myth of the given)」と批判されている。セラーズは、所与というもの（つまり内在主義的な基礎づけ主義が要求するような認知状態）は次の二つをまぜこぜにしてでっち上げられた幻にすぎないとした。(1)特定の対象からやってくる光や音を感覚すること、つまり感覚印象を持つこと、(2)どう見えるかについての命題的内容をもつ知識を非推論的な仕方で持つこと。たしかに、(1)には間違いということがなく直接的だが、これはまだ認識の話に届いていない。知覚を通して知識を持つためには、たしかに感覚印象をもつことが必要だが、これだけではまだ何かを知ったことにはならないというわけだ。これに対し、(2)はもはやれっきとした信念であって、言語や概念に媒介されており、したがって誤りうる。

所与の神話は哲学者の悪い癖を明らかにしてくれる。ここでわれわれは、心の能力や状態について話をしている。心にどのような能力や状態が備わっているかは認知科学や心理学の研究を通じて決まる話なのに、哲学者は議論の都合上必要になると、そうしたものがあったらいいな、なければならない、いや、あるにちがいない、と、自分の説に都合のよい能力や心的状態を作り出してしまう。他の信念を正当化できるのに自分は正当化を必要としない認知状態というのもその一つだったということだ。

2　外在主義的な基礎づけと信頼性主義

内在主義があるということは、外在主義もあるのだろうか。そのとおり。外在主義は、ある人の信念が正当化されているかどうかに、その人の心の中の認知状態以外の要因が関係していてもかまわないという考え方だ。そして、基礎づけ主義をボンジャーの反論から救い出す二つめのやり方を追求していくと、自然に外在主義的な立場にたどり着く。前節では前提(3)を受け入れて前提(4)を拒否したが、逆に前提(3)を拒否することで基礎づけ主義をまもるというのがそれだ。

このやり方を採用するとどうなるか、見てみることにしよう。(3)は、ある人が正当化された信念を信じているなら、その人はその信念の正当化理由も何らかの形で心に抱いていなければいけない、というものだった。これを拒否するということは、正当化された信念を信じている人は、必ずしもその信念を正当化する理由を心の中にもっている必要はないと考えるということだ。つまり、正当化理由は心の中になくたってかまわない。そこで、次のように考えることになる。Aさんの基礎的信念が真だろうと考えるべき理由はちゃんとある。あるのだが、Aさんじしんはその理由に、信じたり、直観したりという仕方で認知的にアクセスできなくてもよい。では、この場合にAさんの基礎的信念の正当化はどこからくると考えればよいだろう。Aさんの信念と世界の間にそれなりの関係が成り立っていればよいのではないだろうか。外界とのしかるべき関係という、Aさんの心の状態以外の要因に訴えることになるために、こうした立場は外在主義的だと言われる。まとめておこう。

【外在主義的な基礎づけ主義】

(1)　Aさんのもつ基礎的信念が正当化されているとは、その信念が外界との適切な関係を持っているということである。
(2)　その関係がその基礎的信念を受け入れるべき理由をなす。
(3)　その関係が成立しているかどうかについて、Aさんは認知的なアクセスをもっている必要はない。

外在主義は信念の正当化に信念の持ち主の信念以外のものが関わってくるという考えなので、非信念論的立場の一種でもある。私じしんは外在主義的な立場にシンパシーを抱いている。というより、本書を通読してもらえばわかるように、外在主義を徹底することによって知識の哲学全体の問題設定をひっくりかえしてしまえ、と思っている。というわけで、どうしても外在主義に点数が甘くなってしまうのだが、ここではできるかぎり客観的に紹介することにつとめよう。そこで、以下では典型的な外在主義的基礎づけ主義の一例を紹介し、次に外在主義的な立場をとる利点と動機を明らかにしよう。

「信念と外界の適切な関係」の中身をどう考えるかは、外在主義者によってさまざまに異なる。その関係が成り立っていると信念が真である可能性が高まるために、その信念を受け入れる理由になってくれる、こういう性質を持っている関係なら何でもよい。代表的な外在主義者であるアームストロングは、この「信念と外界の適切な関係」を法則的なつながりがあることと考えた。つまり、Aさんがしかじかであると信じていることと、世の中が実際にしかじかになっていることとの間に法則的な関連 (lawlike connection) があれば、その信念には正当化があるとするわけだ。

この考え方をきちんと理解するには、法則的関連とはどういうことなのかを明らかにしておく必要がある。二種類のことがらAとBに法則的関連があると言えるためには、まず最低限、Aであるようなときにはいつも

Bである、という規則性（regularity）が成立していなくてはならない。しかし、こうした規則性だけではまだ法則的関連に届かない。たとえば、次の二つのケースを比べてみよう。(1)これまでに結核菌に感染した人はみんなツベルクリン反応が陽性だった。このように、結核菌への感染とツベルクリン陽性反応の間には規則性が成り立っている。(2)ある小学校の歴代の生徒会長はずっと、花輪、蛭子、藤木、永沢……と二文字の名前をもっていたとしよう。ここには、生徒会長であることと姓が二文字であることの間に規則性が成り立っている。

さて、(1)は法則的関連と言ってよいが、(2)は法則的関連の事例とは言えない。どこに違いがあるのだろう。違いは次の点に現れる。山田くんはじっさいには結核菌に感染していないために、ツベルクリン反応は陰性だ。しかし、もし彼がかりに感染していたとしたなら陽性になっていただろう。これに対し、(2)のケースでは次のようになる。「城ヶ崎さんはじっさいにはその小学校の生徒会長ではない。しかし、もしかりに彼女が生徒会長に当選していたなら、彼女の姓は二文字になっていただろう」とはとても言えない。単なる規則性は、このような「事実に反する想定」を支える力がないのに対し、法則的関連はそうした反事実的想定を支えることができる。

このことに深く関連しているのは、法則的関連があれば、われわれは未来のこと、未調査のことにかんして予言ができるが、単なる規則性からは予言が引き出せないということだ。たとえば、まだ検査をしたことのない小杉くんについても、もし結核菌に感染しているなら陽性反応が出るだろうと予言できるのに対し、次の生徒会長も二文字の名字の持ち主になるだろうという予言はできない。

ツベルクリンのケースで、二つのことがらの間に法則的関連があったのは、一方が他方の原因だからである。結核菌に感染したことが原因となって、ツベルクリンのワクチンが注射されたときに抗原抗体反応によって紅く腫れ上がるという結果がもたらされる。このように因果関係は、法則的関連の典型例だ。しかし、法則的関連の概念の方がもう少し広い。法則的に関連している二つのことがらの間にじかに因果関係が成り立っていなくてもよいからだ。たとえば、月が満月であることと潮の満ち引きが大潮であることの間には法則的関連がある。しかし、この二つの間にはどちらかがどちらかの原因であるというような関係はない。それでも両者に法則的関連があるのは、どちらもが、月と太陽と地球が一直線上に並んでいるという天体配置の結果だからだ。このように、同じ原因の結果同士も法則的関連の事例となる。さて、法則的関連とは何かがわかったら、アームストロングの説に戻ろう。

アームストロングは自分の考え方を温度計を例にとって解説している。故障していない温度計については、温度計の読みと周囲の気温との間に法則的関連がある。周囲の気温が摂氏一〇度であれば一〇の目盛りを指し、三〇の目盛りを指していれば周囲の気温はだいたい摂氏三〇度くらいである。しかも、いま現に一〇の目盛りを指しており、気温は一〇度だとしても、もしかりに二〇の目盛りを指していたら気温は約二〇度だったろう、ということも言える。こうした法則的関連があるから、温度計は周囲の温度を知るための信頼の置ける道具になっているわけだ。これと同様に、ある人が内容Pの基礎的信念をもつことと、外界でじっさいにPが成り立っていることとの間に法則的関連がありさえすれば、この人が何を信じているかを見ると世界がどうなってるかがわかるはずだ。法則的関連という条件を満たす信念は、温度計と同じように、世界のようすを知るための信頼の置ける道具だと言えるだろう。Pという内容の基礎的信念が正当化されているのは、その信念とPを真にするような世界のありさまとが法則的に関連しているときである、というのがアームストロングの考え方だ。

同じことをちょっと違った角度から述べ直してみよう。信念が形成される仕方にはいろいろある。知覚、記憶、正しい推論、内省、思いつき、推測、希望的観測（wishful thinking）、自己欺瞞、軽率な一般化、間違った推論、錯覚、幻覚……。これらの信念形成過程の中には、信じられていることと世界のありさまの間に法則的関連が成り立つことが保証されているようなものもあれば、そうでないものもある。たいていの場合に法則的連関が成り立ってくれるような信念形成過程を「信頼の置けるプロセス」、そうでない信念形成の仕方を「信頼の置けないプロセス」と呼ぼう。そうすると、アームストロングの考えを次のように述べることもできる。信念が正当化されているとは、それがここで定義した意味で信頼の置けるプロセスによって形成されたということだ。このため、ここで紹介したアームストロング風バージョンの外在主義は信頼性主義(reliabilism)とも呼ばれている。まとめておこう。

【信頼性主義】　Aさんがしかじかということを知っている、と言えるのは次の三つの条件を満たすときである。

(1)　Aさんはしかじかと信じている
(2)　Aさんの信念は真である
(3)　Aさんの信念は信頼の置けるプロセスによって形成された

3　外在主義をとりたくなる動機とゲティア問題

信頼性主義の(3)の条件について忘れてはならないのは、Aさんの信念が正当化されたものであり、したがって知識であるためには、事実としてAさんの信念が何らかの信頼の置けるプロセスで形成されたのであればよく、Aさんじしんがそのプロセスに気づいているとか、そのプロセスを引き合いに出して自分の信念を言葉で正当化できるといったことは要求されていないということだ。ということは、Aさんがあることを信じていて、それが真であり、しかも正当化されているのに、Aさんじしんには自分が正当化されていることを知らないということがあってもよい、ということになる。そうすると、信念の正当化には他の信念どころかいっさいの認知状態も関係なかったわけだ。こうして、外在主義（信頼性主義）に立てば、遡行問題はあっさり片づいてしまう。これが外在主義の最大の利点だ。

こうした外在主義の帰結は、そんなにおかしなことではない。というのも、われわれは確かにあることを知っているのに、自分がなぜそれを知っているのかはわからないということがあるように思われるからだ。たとえば、私は今日が水曜日だということを知っている。しかし、どうしてそれを知ったのかは思い出せない。出がけにカレンダーを見たからか？　駅前の喫茶店が定休日であるのに気づいたからか？　きのう、「今日は火曜日だ」と思っていたことを思い出したからか？　……思い出せない。だからといって、今日は水曜日だという私の信念がまぐれあたりだということになるだろうか。あるいは、行きつけの喫茶店のマスターに、「うちの洗面所にかかっている絵はだれの絵だか知ってる？」と聞かれたとしよう。私は知っている。それはアンディ・ウォーホールのシルクスクリーンだ。でも、私はどうしてそれを知っているのだろう？　普段は気にもとめていない。いったい何度目の来店のときにそれを初めて見たのだろう。思い出せない。でも、過去のどこかで私の知覚システムがその情報を拾い上げて、私の脳の中にそれが蓄積され、いまのマスターの質問に刺激されて再び取り出されてきたのだろう。このメカニズムが事実として信頼に足るものであるかぎり、私は知っていると言ってよいではないだろうか。信頼性主義はこうした直観をうまく捉えている。

しかし、現代の知識の哲学で外在主義的な考え方が強い影響力を持つようになったのは、何と言ってもそれがゲティア問題（Gettier problem）と呼ばれる問題をうまく解決してくれるように思われたからだ。遡行問題とゲティア問題に一定の解決を与えてくれること、これが外在主義的な立場をとる二つの大きな動機となっている。そこで本章の最後に、ゲティア問題とは何か、そしてその解決に外在主義がどのように役立つかを見ておくことにしよう。

ゲティア問題というのは、エドマンド・ゲティアが一九六三年に書いた論文の中で提起された問題のことだ。遡行問題が、知識の古典的な定義と、正当化を信念間の論理的つながりの話として信念論的・内的に捉えようとする立場、といった非常にオーソドックスな文脈の中で生じてきた問題なのに対して、ゲティア問題は、ひょっとしたらその知識の古典的な定義こそが間違いかもしれないという、もっとラディカルな問いかけを含んだ問題だった。そして、ゲティア問題はじっさいに知識の哲学のあり方を根本的に変えてしまうほどの影響力を持った。ところが、そのゲティアの論文はたった二ページ半の長さしかない。いくら論文は長ければよいってものじゃないとしても、これは本当に極端なケースだろう。

ゲティアの論文の主旨はとても単純で、二〇〇〇年以上も通用してきた「正当化された真なる信念」という知識の古典的定義には、反例（counterexample）がある、というものだ。反例というのは、知識の古典的定義にある三つの条件をすべて満たしているのに、とても知識とは呼べないような例のことを意味している。反例があるということは、知識の古典的定義は知識をうまく定義できていないということで、ようするに失敗だったということだ。

まず、ゲティアは二つばかり注意を促す。まず、知識の古典的定義の条件(3)「Aさんの信念は正当化されている」は、Aさんが信じていることがらが偽であっても成り立つことがある。そうでないと、条件(2)は条件(3)の中に含まれてしまう。ようするに、Aさんにとっては、それだけ証拠があれば誰だってしかじかと思うべきだよなあという意味で、しかじかと思う十分な理由があったのだけれど、蓋を開けてみたらその信念は間違いだったということがありうる(意外な真実というやつ)。もう一つの注意は次の点だ。AさんがPということを信じており、その信念は正当化されているとする。また、AさんはPからQを演繹し、その結果Qも信じているとする。以上のとき、AさんにはQを信じるべき理由がある。つまりQであるというAさんの信念は正当化されている。これは、ある正当化された信念によって別の信念を正当化する典型的なケースであって、これをみとめなければ第2章の議論はすべてナンセンスになってしまうだろう。そのくらい、正当化についての基本的な事実だ。

ゲティアは、以上の二つの注意を認めれば、古典的定義の反例をつくることができると主張する。じっさいに彼が提案した二つの反例を次に見てみよう。

【反例1】　ある就職先に、スミスとジョーンズの二人が応募している。スミスは次の命題を真だと考えるべき理由をもっているとしよう。

(a)　採用されるのはジョーンズであり、なおかつジョーンズのポケットには一〇枚の硬貨が入っている。

なぜスミスは(a)が真だと考えるようになったかというと、その会社の社長が「採用されるのはジョーンズだ」と明言したのを聞いたからであり、さらにスミスはついさっきジョーンズのポケットに入っている硬貨をジョーンズと一緒に数えたからである。さて、スミスは(a)から演繹的推論で次の(b)を導き、それを信じるようになった。

(b)　採用される男のポケットには一〇枚の硬貨が入っている。

ところがスミスは気づいていないが、その就職先に採用が決まっているのはジョーンズではなくスミスの方であり、さらに、これもまたスミスは気づいていないけれど、スミスのポケットにもたまたま一〇枚の硬貨が入っていたのだった。

これがなぜ反例になるのかを確認しよう。まず、スミスは(b)を信じている。そして(b)は真である。そして、さらにスミスは(b)を信じる点で正当化されている。なぜか。スミスは(a)を信じていて、そしてその信念は、社長の発言とジョーンズのポケットのチェックというちゃんとした証拠に基づくものだから、正当化されている。また、スミスじしんが(a)から(b)を正しい演繹的推論で導き出し、その結果として(b)を信じるようになったのだから、五八〜五九ページの二番目の注意事項を認めるならば、(b)というスミスの信念も正当化されている。

以上の考察により、スミスの信念(b)は、真であり、正当化されている。したがって、知識の古典的定義によれば、スミスは採用される男のポケットには一〇枚の硬貨が入っていることを知っていたことになる。しかし、とてもそうは言えないだろう。(b)が真なのは、スミスが採用され、スミスのポケットに一〇枚の硬貨が入っているからだ。スミスが、じぶんの方が職にありつけそうだという証拠をつかみ、そしてじぶんのポケットの中を数えることによって、(b)を信じるようになったのならともかく、スミスが集めた証拠はすべて彼が間違って採用されると思いこんだ相手のジョーンズについての証拠にすぎない。したがって、われわれはとてもスミスが(b)ということを知っていたと言う気にならない。にもかかわらず、スミスのこの信念は知識の古典的定義をすべて満たしている。

【反例2】　スミスの覚えている限り、ジョーンズはこれまでずっと車を所有していて、しかもそれはいつもフォードだったし、先ほどスミスがジョーンズにドライブに誘われたときもジョーンズはフォードを運転していた。これだけの強力な証拠があれば、スミスの次の信念は正当化されていると言ってよいはずだ。

(c)　ジョーンズはフォードを所有している。

さて、スミスにはもう一人の友だちブラウンがいる。スミスはブラウンの現在の居所がまったく見当つかない。しかし、スミスは何となくブラウンがボストンかバルセロナかブレストリトフスク（どこ？）にいるような気がして、次の三つの命題を考えた。

(d)　ジョーンズはフォードを所有している、またはブラウンはボストンにいる。

(e)　ジョーンズはフォードを所有している、またはブラウンはバルセロナにいる。

(f)　ジョーンズはフォードを所有している、またはブラウンはブレストリトフスクにいる。

スミスは、この命題のどれもが(c)から演繹される、つまり論理的に出てくることを知っているので、(c)を根拠にして、(d)(e)(f)を信じるようになった。

ところが、ジョーンズは現在はフォードを所有しているのではなかった。彼はレンタカーに乗っていたのである。そして、まったくの偶然だが、ブラウンはじっさいバルセロナにいる。スミスは(e)を信じている。そして(e)は真である。なぜなら「または」の後ろが成り立っているからだ。そして、反例1と同様の考察により、スミスは(d)(e)(f)のそれぞれを信じる点でも正当化されている。したがって、スミスの信念(e)は、知識の古典的な定義をすべて満たしている。けれども、スミスは(e)ということを知っているとはとても言えないだろう。

4　ゲティア問題への対応

ゲティアの反例は、古典的定義にはどこかしら欠陥があるということを示している。つまり、古典的定義では直観的に見てどうしても知識と思えないものが知識とされてしまう。この反例に対する哲学者たちの初期の対応は、古典的定義の第三条件にちょっと手を加えるか、あるいは、さらに第四の条件を加えることによって、ゲティア・タイプの反例を知識から追い出そうとすることだった。そのうち、次第にラディカルな対応が試みられるようになり、古典的定義そのものを捨てるべきだという提案もなされるようになった。このどちらの対応にも外在主義が深くかかわっている。そこで、まず本章で、初期の穏健な対応と外在主義の関係を整理し、次章でもっとラディカルな対応の事例を紹介して検討することにする。

ゲティアの反例を知識から締め出そうとすると、外在主義的な観点を古典的定義に導入することが有効であることがわかる。このことを二つの例を使って示そう。

(1)　知識の因果説

ゲティア問題に対処しようとする比較的初期の試みの一つに、一九六七年にアルヴィン・ゴールドマンが提唱した知識の因果説（causal theory of knowledge）と呼ばれるものがある。これは、信念の正当化はその信念がどのように引き起こされたかによって決まると考える。こうして、知識の古典的定義に次の条件を付け加えることになる。

(4)　Aさんのという信念は、世界に生じているPという事態が原因となって引き起こされたものである。

信念が正当化されているかどうかに、Aさんの内的状態以外のもの、つまり世界に生じている事態、およびその事態と信念との因果関係がかかわってくるとする点でこの見解は外在主義の典型と言える。

重要なのは、これによってどのようにゲティアの反例に対処できるかだ。反例1では、スミスは採用される男のポケットには一〇枚の硬貨が入っていると信じていた。しかし、この信念はその内容に対応する事態、つまりスミスが採用されることになっておりスミスのポケットに一〇枚のコインがあるという事態によって引き起こされたものではない。ジョーンズにかかわる事態によって引き起こされた信念から、推論過程を経て形成されたものにすぎない。したがって、新たに付け加えた因果条件を満たしていないため知識とは呼べないことになる。反例2がどうなるかは読者にお任せしよう。

知識の因果説は、知覚による知識を考える場面ではとても当たり前で自然な考え方だ。私がテーブルの上にトマトが乗っているのを見て、テーブルの上にトマトが乗っていると信じるような場合、テーブル上のトマトが原因となって、私の網膜や視神経、そして大脳の視覚野の変化が順々に引き起こされ、最終的に私の信念が引き起こされる。ここにはごく自然な因果のつながりがある。こうした自然な因果のつながりが信念が知識であるために必要だというのが知識の因果説なのである。

知識の因果説はこのようにある種の知識についてはとても自然なのだが、すべての知識について当てはまるオールマイティの理論とは言えない。たとえば、数学的知識にはまったく使えない。「1＋1＝2」という知識の原因は1＋1＝2という事態だ、と言われても、1という数と2という数を含む事態から私の信念に至る因果連鎖というものは考えられない。数はこの自然の世界の中にトマトのように存在しているわけではないからだ。また、ごく近い未来についてわれわれは知識を持てるように思われる。たとえば、一〇階建てのビルの屋上から男が飛び降りるのを見た私は、あの人は助からないなと思う。案の定、彼は五分後にその場で亡くなった。このとき、私はその男が死ぬことが分かっていた（つまり知っていた）と言ってよいだろう。でも、その知識は彼が死んだという事態によって引き起こされたものではない。死んだのは私がその信念を形成してから五分後だったのだから。

知識の因果説にとってのもう一つの困難は、因果関係に訴えて何らかの概念を分析しようとする「○○の因果説」すべてについてまわる厄介な問題だ。それを逸脱因果（deviant causation）と言う。次の事例を見てほしい。

【事例】　俺の部屋に相棒のヴィンセントがヤクを運んで来ることになっている。警察も俺を狙っているので、俺はヴィンセントと打ち合わせをして、奴が扉をノックするときに「コンココンコン」と叩くようにと言った。俺は奴を待ちに待った。ようやく扉をノックする音がした。俺は安心のあまり、ノックの取り決めのことは忘れ、外にヴィンセントがいると信じて扉を開けてしまった。ラッキーなことに扉の外に立っていたのはヴィンセントだった。ヤバかったぜ。

外にヴィンセントがいるという信念は、確かに外にヴィンセントがいて、扉をノックしたという事態によって引き起こされている。そして、その信念はじっさいに真だ。でも「俺」は外にヴィンセントがいるのを知っていたとは言えないだろう。ただ単に因果の鎖でつながっていさえすればよいというものではなく、それは適切な因果連鎖でなくてはならない。でも、どういう因果関係が適切なのか？　これをはっきりさせることはとても難しい。

(2)　反事実的な分析

一方、ゲティア問題に対して一九七一年にフレッド・ドレツキが提案した解決は、次の要件を付け加えるというものだった。

(4)　Ａさんが P ということを信じるためにもっている理由 R が、次の条件を満たす。すなわち、もし現実の事態が P でなかったなら、Ａさんは R をもたなかっただろう。

ゲティアの反例はこの要件を満たさないことが明らかだ。スミスの信念を正当化していた理由は、社長の発言とジョーンズのポケットをチェックした結果だった。スミスが採用されなかったりスミスのポケットに一〇枚の硬貨がなかったりして、スミスの信念の内容が真ではなかったような場合でも、スミスは依然としてこれらの理由を心に抱いただろう。したがって、ゲティアの反例はドレツキの要件を満たしていないために、知識とは言えない。

これは因果説のようには直接に外的な要因に言及していないのでわかりにくいが、やはり外在主義の一種であり、とりわけ信頼性主義とほとんど紙一重の提案だ。なぜなら、現実の事態がPでなかったならAさんはRをもたなかっただろう、という反事実的想定は現に成り立っていればよいのであって、それをAさんが知っていたり、正当化された形で信じていることまでは要求されていないからである。また、先ほどの法則的関連の説明からも明らかなように、現実の事態がPでなかったならAさんはRをもたなかっただろうということは、現実がPであることと、Aさんが正当化理由Rをもつことの間に何らかの法則的関連があるということとほとんど違いがない。

問題

(1)　これまでに、古典的基礎づけ主義、穏健な基礎づけ主義、内在主義、信念論的な立場、非信念論的な立場、外在主義、信頼性主義、とたくさんの「主義」が登場した。そこで、これらの相互関係を整理し、図示してみよう。

(2)　知識の因果説によってゲティアの反例2がどのように扱えるかを考えてみよう。同様に、ドレツキの分析によってゲティアの反例2はどのように扱えるかを考えてみよう。

第4章　知っているかどうかということは心の中だけで決まることなのだろうか

1　内在主義者が外在主義者を批判する

前章では外在主義の一種として信頼性主義を紹介した。ちょっとおさらいしておこう。信頼性主義は、信頼の置けるプロセスによって形成されたということが、信念が正当化されたもの、つまり知識であるための必要条件だとする考え方だ。信頼性主義が外在主義的だとされるのは、ある人の信念が正当化されているためには、その人の信念が事実として何らかの信頼できるプロセスで生じていさえすればよいのであって、その人自身がそうしたプロセスを認知している必要はないとするからである。内在主義者の神経を逆なでするのは、まさにこの点だ。知識をたんに適切な仕方で引き起こされた信念と同一視してしまう外在主義は、知識の最も大切な要素を無視していると内在主義者は感じる。その知識の一番大切な要素って何？と尋ねると、内在主義者は規範性(normativity)だと答える。規範性とは何かを説明するのは難しいが、おおよそ次のように言えるだろう。

或ることがらを論じるときに、「じっさいしかじかだもん」という事実的なことがらだけでなく、「しかじかの方がよい」とか「しかじかするべきだ」という価値判断的なことがらに訴える必要があるとき、そのことがらは規範性を含んでいると言われる。さて、内在主義者によれば、正当化は規範性と切っても切れない関係にある。第1章で確認したように、認識論的な正当化は、そのように信じるべき理由を与えることだ。ここの「べき」に正当化のもつ規範性が現れている。われわれは、たんに正しいことを信じさえすればよいのではなく、正しいことを信じるべきものとして信じていなければならない。たとえ信じていることのすべてが正しい人がいるとしても、それがすべて外から吹き込まれて何となく信じているだけだったらダメだ。なぜそれを信じるべきなのかをきちんとわかっているのでなくては知識とは言えない。このように内在主義者は考えるわけだ。

これに対し、信頼性主義だってある種の仕方で知識のもつ規範性を取り入れていると考えることもできるだろう。信頼性主義は、信念形成プロセスに信頼してよいものといけないものの区別をするわけだから、規範性を完全に捨て去っているわけではない。両者が食い違うのは、その規範性の現れ方だ。内在主義者はそうした規範性に知識を持つ本人が心理的にアクセスできること、つまり自分がそのように信じるべき理由を求めに応じて与えられることを要求する。これに対し信頼性主義者は、信念を生み出した因果的プロセスが或る標準的で都合のよいパターンに合致しているかどうかという点に規範性を求めようとする。というわけで、内在主義と信頼性主義の立場の違いは、正当化という規範的要素が認識者本人にアクセス可能であることを知識に欠かせない条件と見るかどうかというところに煮詰めることができる。

こうして内在主義者は、正当化理由のアクセス可能性を必要ないと考えるのはわれわれの知識の概念を捉え損なっているとして、外在主義者を批判することになるわけだ。この批判を行なうにあたって、内在主義者たちは、外在主義的な知識の定義によれば知識とみなさざるをえないのに、われわれの直観ではまったく知識と呼べそうもない反例を提出するという方針をとった。たとえばキース・レーラーは、アームストロングの温度計の比喩を直接の標的にして次のような反例を案出している。

【反例】「人間温度計くん」という人（サイボーグ？）を考えよう。正確な温度センサーと超小型コンピュータからなる装置をある人の脳に埋め込む。この装置は、外界の温度を正確に捉えて、その温度情報をデジタル化して、彼の脳に送り込む。脳はその情報に基づいて、「いま気温は摂氏二五度だ」というような信念をつくりだす。この装置は非常に信頼性の高いものだとしよう。つまり、外界の温度と、それに基づいて人間温度計くんが形成する信念との間には法則的なつながりがある。したがって、この装置は信頼性主義者の言う信頼の置ける信念形成プロセスと言えるだろう。

さて、以上の装置を埋め込む手術は人間温度計くんの知らない間に行われたものとしよう。彼は自分がどうして気温のことばかり考えるのかちょっと当惑するのだが、自分の頭に思い浮かぶ気温についての信念が当たっているかどうかを他の温度計を見て確かめたりはしない。無反省にその信念を受け入れているだけだ。

人間温度計くんの信念形成プロセスは信頼の置けるものなので、信頼性主義者によれば、彼の気温についての信念は正当化されていることになる。で、実際に気温が一〇度なら、彼は気温が一〇度だと信じるし、その信念は正しい。しかし、その場合にも、彼は気温が一〇度であることを知っているというのはおかしいだろう。確かに彼が気温についての信念を形成する仕組みは信頼の置ける因果プロセスなのだけれど、彼が自分でその仕組みを知った上で、「これこれの仕掛けが私の頭に埋め込まれているからこの信念は正しいのだ」と正当化理由を自分で述べることができない限り、つまり自分の信念形成プロセスの信頼性を正当化された形で信じていない限り、人間温度計くんは気温を知っているとは言えない。正当化のためには、たんに情報の正確さを保つ信念形成過程があるというだけでは足りない。その情報が正確で信頼できるということを何らかの形で知っていなければならない。……これが内在主義者から信頼性主義者のような外在主義者に対してなされる典型的な批判だ。

2　ラディカルな外在主義

さて、こうした批判に対し、外在主義者からはどのような返答ができるだろうか。二つの路線が考えられる。

(1)　穏健な路線：信頼性主義による信念の正当化条件「信頼の置ける信念形成プロセス」を手直しして、これらの反例を排除できるようにする。とりわけ、内在主義者の直観をなるべく取り込むようにして、正当化理由に認識者自身がアクセスできるという内在主義者の要求を、信頼の置ける信念形成プロセスの一部として位置づける。

(2)　ラディカルな路線：外在主義的に信念の正当化条件を与えるのはあきらめ、そもそも信念が知識であるために正当化は必要ないのだとする。その上で、外在主義的な知識の定義を与える。

穏健な路線を歩み始めると、外在主義には勝ち目はないだろうと思われる。内在主義者の繰り出してくる反例を排除するために、次々と信頼の置ける信念形成プロセスの要件に内在主義的な要素を盛り込んでいくと、外在主義はどんどん内在主義に近づき、終いには区別がつかなくなってしまう。私は、これとは別の道を選びたい。つまり、外在主義をより徹底するラディカルな方向だ。そのために、外在主義のどこが魅力的だったのかを振り返ってみよう。外在主義を正当化の遡行問題やゲティアの反例に直面した哲学者のとる苦し紛れの逃げ道だと考えてはいけないと私は思っている。こうした哲学内部に生じたプロっぽい問題以前に、外在主義的な立場は知識についてのとても自然な見方なのだ。どういうことか。われわれは、自分が知っていることがらについて、なぜ、どのように自分はそれを知ったのかをどんなに頑張っても述べることができないことがある。知覚による知識がその典型だろう。ちゃんと視力を矯正して、白色光のもとで、疲れていないときに、目の前のテーブルに置いてあるトマトを見たら赤かった。こうして、テーブルに赤いトマトがあるということを私は知る。どうしてそう思うのと聞かれれば、だってこの目で見たんだもの、と答えるだろう。しかしさらに、どうして目で見ただけで信じるのと聞かれたら私は答えに詰まってしまう。この問いに答えるにはおそらく、知覚の仕組みや脳による視覚的情報処理の仕組みを総動員して、しかじかの条件の下では人間は外界の事物の色についておおむね正しく認識することができるのだと説明することになるだろう。これは、ほとんどの人にはできない相談だ。でも、ほとんどの場合、われわれは見ただけで、外界の様子について知識を獲得するのだと言ってよいのではないか？

あるいは、動物の知識を考えてみよう。もちろん動物は、正当化のための言語運用能力や思考能力がないために、求められても知識の正当化を行うことはできない。私はこうした動物に対しても、「知識」という概念は文字どおりに適用できるものでなければならないと思っている。それどころか、動物に対しては、「知っている」という言葉を使う方がずっと自然で、たんに「思っている」とか、ましてや「信じている」という言葉を動物に対して用いるのは非常におかしいと思う。アリの巣穴に木の枝を差し込むチンパンジーは、そうすることによってアリが捕獲できることを信じているのではなく、（たとえば仲間に教わって）知っていると言うべきだ。こうした言い方を擬人化した言い方と考えるのではなく、むしろこちらを知識の典型と考えてみたらどうだろう。内在主義者は、こうした動物たちはせいぜい信念をもつだけで、仲間に求められれば正当化を行うことのできる思考・推論能力やそれを支える言語などの社会的制度が与えられて初めて知識をもちうる存在になる、と考えるだろう。しかしこれは、非常に偏った人間中心主義的知識観にすぎないかもしれない。

とは言うものの、人間は、動物よりもっと複雑で抽象的な知識、科学的知識や社会現象についての知識をもつ。こうした知識については、いくつかの考えられる選択肢から熟慮の末にこれを選ぼうというようなことが起こってくる。こうした場面では当然のように正当化が求められる。こうしたこともまた確かだ。こうした正当化作業や議論を通じて、人間は知識を拡大してきたということは否定できない。これが内在主義者が手放そうとしない直観だ。

このように、外在主義者の直観は知識とは何かを説明するのに適しており、内在主義者の直観は正当化とは何かを説明するのに適している。そこで、ラディカルな外在主義は次のような仕方で両者の対立を乗り越えようとする。まず、知識が知識であるために、正当化じたいが必要ないと考えてしまおう。正当化は知識の構成要件ではない。そして、まったく外在主義的に知識の定義を与えてしまう。そうすると、正当化はどうなるのだろう。確かに、人間が知識を拡大するにあたって、知識に正当化を求めることが大きな役割を果たしてきたことは外在主義者だって認めざるをえない。そこでラディカルな外在主義は、知識じたいには外在的な説明を与えておき、正当化を求めることが知識を獲得する道具として時として有効なのはなぜかを別に説明するという路線を選択する。

こうした外在主義がなぜラディカルなのかと言うと、それが知識の古典的な定義を完全に捨て去ってしまうからだ。アルヴィン・ゴールドマン、アーネスト・ソウサ、マーシャル・スウェインらの信頼性主義者は、信頼できるプロセスの存在が信念の正当化のための条件だと考えている。この点で、彼らは内在主義者と同様に、知識には正当化が必要だと考えているわけで、古典的な知識の定義の枠組みを踏まえた議論をしていることになる。この意味で信頼性主義はたしかに外在主義ではあるけれど、穏健な外在主義だと言うことができるだろう。これに対し、フレッド・ドレツキ、ロバート・ノージックといったラディカルな外在主義者は、内在主義と外在主義の対立が成り立つためのそもそもの共通理解のはずだった、知識には正当化が不可欠だとする古典的定義を疑ってかかるところからスタートしている。そこで、次の節ではラディカルな外在主義の一つのケースとしてドレツキの知識論を取り上げ、それがどのように伝統的な知識の哲学の問題設定や概念装置を解体しているかを見ることにしよう。

3　情報の流れとしての知識

ドレツキは一九八一年に出版した『知識と情報の流れ』という本で、徹底的に外在的な情報理論的知識論を展開した。そこで彼は知識を「情報によって生み出された信念」と定義している。

【知識の定義】　Aさんが P ということを知っている、というのは、Aさんの P という信念が P という情報によって因果的に引き起こされた、ということである。

いきなり「情報」などという道具立てが飛び出してきて面食らうけれども、あわてずに徐々に理解を深めていこう。この定義でまず引っかかるのは、「P という情報」という箇所だ。情報がしかじかの内容をもっているということはどのようにしてきまるのだろうか。というわけで、ドレツキは知識の定義に先立って、情報の意味論を前提しておく必要がある。彼はこうした意味論を情報理論の生みの親シャノンの情報理論を下敷きにして構築しようとする。しかし、情報理論はそのままでは情報の意味論とは見なせない。なぜなら、第一に、通信の理論に起源をもつシャノンの情報理論は、情報の内容は無視してもっぱらその量、特に情報を伝える経路の効率性を扱う理論なので、そこで扱われる情報量も個々の情報のもつ情報量ではなく、その経路を介して伝わる情報量の平均値にすぎないからだ。だったら、ドレツキはどのようにして情報理論から意味論のための道具立てをひきだしてくるのだろう。そのためにはまず、情報の平均量ではなく、ひとつの信号によって個別に伝えられる情報の量を問題にする必要がある。次の事例を考察しよう。

【事例1】　八人の社員のうちから一人の代表を決め、部長にその名前を報告せねばならないとしよう。適当な抽選法により終太郎が選ばれた。終太郎が選ばれたので、報告役のさくらは彼の名を部長に伝えた。

八人のうちから終太郎が選ばれたという出来事をS_1とする。出来事S_1によって、ある情報（この場合は終太郎が選ばれたという情報）が生み出される。情報理論では、生成した情報量を可能性の減少の度合いと考える。だから、第2章で見たように現実がどうであるかの可能性をいっこうに絞らないトートロジーは情報量が0になるわけだ。一般的には次のように定義される。出来事Sの確率を$P(S)$としたときに、出来事Sが起こることによって生じた情報量を$I(S)=-\log P(S)$とする。事例1では、$I(S_1)=-\log\frac{1}{8}=3$だから、出来事$S_1$によって生じた情報の量は3となる。これを言い換えれば、八つの等確率の可能性からひとつの可能性（終太郎）に絞るには、二者択一を三回行わねばならないということでもある。八人のうちから終太郎かしのぶのどちらかが選ばれたという出来事をS_2とすると、$P(S_2)$は$1/4$だから、この出来事S_2によって生じた情報量は$I(S_2)=-\log\frac{1}{4}=2$となる。終太郎一人に絞られている出来事$S_1$より、たしかに生成した情報量は少なくなっている。

さて今度は、さくらが部長に「終太郎」と報告したという出来事をR_1としよう。で、八人の名前が報告される可能性があったのに、一人の名前に絞られたわけだから、やはり$I(R_1)=3$となる。ここで出来事R_1を情報を生み出すものではなく、出来事S_1によって生み出された情報を伝えるものと考えてみよう。報告という出来事

R_1が生じたことにより、部長は抽選結果について何らかの情報をうけとる。つまり、出来事S_1と出来事R_1の間には「情報の流れ(flow of information)」が存在するというわけだ。ここにみられる特徴的な考え方は、(1)この世界で生じる出来事は情報の担い手である、(2)その情報は出来事から出来事へと流れる、という具合にまとめられる。

ところで、出来事S_1で生み出された情報がいつもすべて出来事R_1に流れるとは限らない。たとえば、さくらは誰が選ばれたのかを忘れてしまい、あてずっぽうに思いついた名前を叫んだが、それがたまたま「終太郎」だった、ということがあるかもしれない。これを事例2としよう。この場合、さくらが忘れずに伝えた事例1と同様に、$I(S_1)=3$かつ$I(R_1)=3$だけれども、出来事S_1から出来事R_1への情報の流れはまったくないと考えるのが妥当だろう。そこで、どれくらいの情報が出来事の間に流れたかを表す量として、$I(S_1\rightarrow R_1)$を考える。明らかに、最初の事例では$I(S_1\rightarrow R_1)=3$なのに、事例2では$I(S_1\rightarrow R_1)=0$だ。

この違いは、途中で失われた情報量の違いによるはずだ。そこでドレツキは、S_1で生じたがR_1に伝わらなかった情報量を、$E(R_1)=-\sum_i P(S_i/R_1)\cdot\log P(S_i/R_1)$と定義する(これをドレツキは「曖昧さequivocation」と呼んでいる)。この式に現われる$P(S_i/R_1)$は、R_1が起きたという情報が与えられたときに、だったらS_1が起きた確率はこれだけですね、という確率(条件付き確率と言う)を表している。この定義は数学の嫌いな人を恐れさせるだろうが、注目すべきことはただひとつなので心配には及ばない。それはつまり、$P(S_i/R_1)=1$となるようなS_iが存在すれば曖昧さは0になるということだ。条件付き確率$P(S_1/R_1)$が1であれば、出来事R_1が起こったという情報が与えられたときに、出来事S_1は確実に起きていたのだと言えるわけだから、S_1で生じた情報は失われることなくR_1に伝わったと言ってよい。言い換えれば、R_1はS_1で生じた情報を残らず伝えているということになる。

そこで、ドレツキはこの条件付き確率を用いて、「情報の内容」を次のように定義する。

【情報内容の定義】　出来事 G(r) が F(s) という情報を担っているというのは、$P(F(s)/G(r))=1$ ということである。

G(r) は、r が G であるという出来事を意味している。たとえば、「r」が「さくら」、「G」が「終太郎の名前を報告する」とすると、「G(r)」は「さくらが終太郎の名前を報告する」という出来事のことになる。ようするにこの定義は、G(r) が生じているという条件の下では必ず F(s) も生じているとき、出来事 G(r) は「s が F ですよ」という情報を伝える信号となっていると考えようということだ。事例1では、《さくらが部長に「終太郎」と言った》という条件の下での終太郎が選ばれた確率は1に等しい。したがってさくらの報告は終太郎が選ばれたという情報を伝えている。これに対し、事例2のようにさくらがランダムに終太郎の名を挙げた場合、《さくらが「終太郎」と言った》という条件の下での終太郎が選ばれた条件付き確率は1/8でしかない。したがってこの場合、さくらの「報告」は終太郎が選ばれたという内容をもたない。なるほどこのようにすれば、確率という量的な道具立てを用いても、情報内容をうまく捉えることができそうだ。

この情報内容の定義で注目すべきなのは次の点だ。(1)情報の担い手つまり信号となるためには、それが言語的なもの、あるいは絵や写真のようにそもそも何かを表すという機能を持っているもの(これを表象 representation と言う)である必要はない。(2)条件付き確率の使用が示唆しているように、情報の内容は受け手による解釈や解読からは独立に、情報源と信号という二つの出来事間の客観的関係によって決まっている。

七三ページで紹介したドレツキ流知識の定義に戻ることにしよう。この定義で次に問題になるとすれば、「P という情報によって因果的に引き起こされた」という箇所だろう。そもそも、情報が信念の形成という心の中の出来事の原因となるというのはどういうことだろう。そこで、彼は次のような定義を置く。

【情報の因果的パワーについての定義】　いま、信号rがF(s)という情報を担っており、それはrがGであるということによって担われているとする。このとき、情報F(s)が出来事Eを引き起こすというのは、rがGであるということがEを引き起こすということである。

4　ドレツキの知識の理論を評価する

さて、以上の三つの定義でドレツキによる知識の理論の骨組みは紹介できた。これまでに取り上げた様々な立場とずいぶん様子が異なるのでとまどった人もいるだろう。そこで次に、ドレツキの知識論は知識の理論としてどの程度いい線いっているのかを検討しておこう。

(1)　まぐれ当たりの信念と知識がきちんと区別されているか：これは合格。ドレツキの定義では、シュークリーム事件の姉のようなまぐれあたりの信念は次のようにして知識から排除されている。事例2では、部長は終太郎が選ばれたと信じ、事実その信念は真だけれど、さくらのでまかせによってそのように信じた以上、まぐれ当たりでしかない。この場合、さくらの「報告」が伝える情報は終太郎が選ばれたという内容をもたないため、その「報告」によって引き起こされた部長の信念は終太郎が選ばれたという知識ではありえない。

(2)　ゲティア的反例にうまく対処しているか：情報という道具立てを導入することは、「すべて」ではないが多くのゲティア的反例に有効だ。一例を挙げておこう。

【事例3】　夏の高校野球決勝戦の当日。諸星あたるはテレビを見ている。テレビには今まさに友引高校が優勝したところが映っており、それを見たあたるは今年の優勝校は友引高校だと信じた。しかし、あたるが見ていたのは今年の甲子園の中継ではなく、実は去年の決勝戦を録画したビデオ映像だったのである。ところがなんたる偶然、そのとき甲子園では実際に友引高校が二年連続で優勝していた。さて、あたるの信念は真であり、しかも彼にはそれを信じるべきちゃんとした理由がある（優勝シーンをテレビで見たということ）。しかし、あたるは今年の優勝校が友引高校だということを知っているとは言えない。

あたるが見たテレビの映像は、今年の決勝戦についてのいかなる情報も伝えてはいない。したがって、今年の優勝者が友引高校だというあたるの信念は、今年の優勝校が友引高校だという情報によって引き起こされたものではない。だから知識ではありえないことになる。

(3)　逸脱因果にうまく対処できているか：こうみると、ドレツキの定義は知識の因果説の変種にすぎないと思われてしまいそうだ。しかし、情報の因果的パワーに関する定義を見れば分かるように、ドレツキは、たんに情報F(s)を担っている信号rによってEが生み出されたというだけでは、情報F(s)がEを引き起こしたとは言わない。信号rが情報F(s)を担うために必要なまさにその属性GによってEが生み出されることが要求されている。このため、信念が情報によって引き起こされるべしという知識の定義は、どんな引き起こし方でもよいというわけではなく、信念が引き起こされる仕方について一定の条件を満たすことを求めてもいることになるわけだ。このことの利点は、六四ページで紹介した知識の因果説についてまわる困難、つまり逸脱因果を含む反例の典型例を処理できるということにある。あの事例に登場した「俺」の信念は真であり、しかも仲間のヴィンセントが叩いたノックの音により形成されたものであるから、因果連鎖もある。しかし「俺」は外にヴィンセントがいることを知っていたことにはならない。なぜなら、「俺」の信念はたしかに、外にヴィンセントがいるという情報を担っているノックという出来事（信号r）によって生み出されたものだけれど、信号rが情報F(s)を担うために必要な属性（二人で取り決めた特定のリズムパターンをもっていること）によって形成されたわけではないからだ。このように、情報の流れは因果連鎖を含んでいるうえに、単なる因果連鎖にはないある種の適切性ないし信頼性も確保している。

ここまではよい。ドレツキの情報論的な知識論はかなりイケそうだ。しかしながら、彼の定義もあらゆる知識の定義にお定まりのコース、つまり反例による洗礼をうけることになった。そのうち、ドレツキの立場にとって最も難しい課題となるタイプのものだけを取り上げておこう。すでに述べたように、ドレツキの考える情報とは、われわれ人間が読みとったり解釈してはじめて生じるものではなく、自然界の中を出来事から出来事へと勝手に流れているものだ。こうした情報がたまたまある形で人間の心の中に流れ込んできたときに、それが知識と言われる。ところが、その情報内容が受け手がすでにもっている知識状態にある程度相対的になることはどうしても避けられない。次の事例を見よう。

【事例4】　いま、四つの茶碗A、B、C、Dを伏せて置き、そのうちのどれかひとつにコインを隠し、それを当てるというゲームを考えよう。コインはDに入っているものとする。さて、いま茶碗Cを開けてみてそこにはコインが入っていないことを確認した。この出来事をG(r)、コインがDに入っているということをF(s)としよう。明らかに、すでに茶碗A、Bにはコインがないことを知っている人にとっては出来事G(r)は、情報F(s)を伝えるものとなる。しかし、この背景的知識を欠く者にとっては、出来事G(r)は、情報F(s)を伝えるものとはならない。

他に何を知っているかによって、或る出来事がその人に伝える情報の内容は異なってしまう、ということだ。これに気づいたドレツキは情報の内容の定義を次のように修正する。

【情報内容の定義修正版】　出来事G(r)がF(s)という情報を担っているというのは、$P(F(s)/G(r)\&k)=1$となるということである。ただし、kは情報の受け手が持つ背景的知識を表し、$P(F(s)/k)<1$とす

る。

この事例では、追加した項kは茶碗A、Bにはコインがないという知識のことになる。背景的知識kを欠く場合、$P(\mathrm{F(s)}/\mathrm{G(r)})=\frac{1}{3}$となるゆえ、茶碗Cにコインが入っていなかったという出来事G(r)は情報F(s)を伝えない。しかし、kの存在下では$P(\mathrm{F(s)}/\mathrm{G(r)}\&\mathrm{k})=1$であるから、G(r)は、情報F(s)を伝えるものとなる。

しかし、果してドレツキはこんな手直しをしちゃっていいのだろうか。われわれが事例4を扱おうとするとき、ごく自然に行き着く考え方は次のようなものだろう。茶碗Cを開けたとき受け手が獲得する情報は、単に「コインはA、B、Dのいずれかの下にある」というものであり、すでにコインがA、Bの下にはないと知っている人は、この知識と自分が得た情報とから、推論によってコインがDの下にあるという情報を取り出すことができる。一方、その知識を持っていない人はその推論が行えないから、コインがDの下にあるという情報を取り出すことができない。でも、そもそもドレツキにはこうした考え方を採用することができないはずなのだ。このように考えると、情報はその受け手による解釈過程をへてはじめて内容をもつということを認めることになる。だから、出来事から出来事への情報の流れは解読者を必要としない客観的な現象だと考えるドレツキの基本的な立場が怪しくなってしまう。そこで、彼は、茶碗Cを開けたらコインがなかったという出来事は、それ自体として客観的に、しかし受け手の知識状態とは相対的に、「コインはDの下にある」という内容を持っているのだと考えなければならない。そうすると、ドレツキは次のようなかなり難しい課題を引き受けなければならない。出来事から出来事へ或る内容をもった情報が流れる。これは客観的な事実だ。しかし、どのような情報が流れるかは二つの出来事を単独で取り出してきたのでは決められない。その二つの出来事を取り巻くいろいろな状況に左右されそうだ。これを情報内容の状況依存性と呼ぼう。その状況の一つに、受け手が他に何を知っているかが含まれてしまう。どのような周囲の状況があったときに出来事間に客観的にどのような情報が流れるかを扱う一般理論をたてることが、ドレツキに課された宿題だ。

ここでの問題は、情報内容の状況依存性はドレツキが予想していた以上に広い範囲に及んでいるらしいということと、そのように根深い状況依存性を扱う道具として条件付き確率で大丈夫かなあという疑いがあるということだ。このことがいくつかの反例によって明らかになってきた。以下はギルバート・ハーマンによる反例をアレンジしたものだ。

【事例5】　八人の社員の中から一人の代表を決め、部長に報告せねばならない。抽選により白井コースケが選ばれた。ところで、社員間で相談して、さくらは彼の名前を口頭で報告するかわりに代表者の名前を書いた手紙を持ってゆくことになった。しかも、各社員にはそれぞれ異なった色の封筒を割り当て、誰の名前を報告するかに応じてその者に割り当てられた色の封筒を使うことにしたとしよう。さて、コースケにはピンク色が割り当てられていたので、部長への報告にはピンクの封筒が使われた。部長はこの封筒の色に関する取り決めは知らなかったとしよう。ところが、目の前におかれた封筒の色を見てコースケ愛用の悪趣味なピンクのネクタイとの連想がはたらき代表者はコースケだと信じるようになった。

これは逸脱因果に基づく反例の一種と言える。でも、事例4とは異なって、コースケが選ばれたという情報を担うために不可欠な信号の属性、つまり封筒がピンク色であるということによって部長の信念が引き起こされている。したがって、ドレツキの定義によれば、部長はコースケが選ばれていることを知っていることになってしまう。しかし、それは直観に反する。封筒の色に関するとりきめを知らないため、部長にはピンクの封筒から適切な情報を読みとるための背景的知識が欠けているはずだ。このように、出来事の担う情報内容を受け手のもつ背景的知識に対し相対化する必要のあることが分かったので、ドレツキは情報内容の定義に修正を加えたのだった。にもかかわらず、この反例はかなり厄介なものになる。というのも、この反例では、封筒の色についての取り決めがなされたという事実だけによって、《ピンクの封筒が使われたという条件の下でのコースケが選ばれた条件付き確率》$P(F(s)/G(r))$ は、すでに背景的知識に関係なく1になってしまうからだ。そのため、選ばれたのはコースケだと部長が信じるようになったのは、コースケが選ばれたという情報を担うために不可欠な属性（封筒のピンク色）によってであるということを考え合わせると、部長にはコースケが選ばれたという情報がきっちり流れ込んでおり、それによって信念が形成されたことになってしまう。このように、流れる情報内容を背景的知識に相対化すると言っても、なかなか一筋縄ではいかないようだ。

さらに次の事例は、この相対化が、ドレツキが予想し、背景的知識kの導入により処理しようとしていた以上に広範囲におよぶものだということを示している。

【事例6】　ラムはプラネタリウムにいる。このプラネタリウムには窓がついていて、晴れた夜にはそれが開いて外の本物の星が機械によって投影された星と混ざって見えるというロマンチックな趣向だ。ラムは見学に来たが眠ってしまった。目覚めたとき、彼女は自分がプラネタリウムにいることをすっかり忘れて、ある明るい星を見てそれが実物であると信じた。そして、現にその星は投影ではなく窓を通してみた実物の星だった。しかし、ラムがそのことを知っているとは言えないだろう。

これもドレツキの定義をそのまま適用すると知識になってしまう例だ。そこでドレツキは「まともな代替的可能性（genuine alternative possibilities）」という概念を導入する。プラネタリウム内では見たものが投影である可能性はまともな代替的可能性だ。したがって、ラムのケースではこの代替的可能性を考慮に入れる必要があり、《明るい光の点が見えたという条件の下でそれが本物の星である確率》は、1にならない。これに対し、野原で星を見ているときは、それが投影である可能性はまともな代替的可能性ではない。このように、代替的可能性としてどのような範囲を考えればよいかということは、ラムの知識状態だけではなく、ラムがどこにいるか、またプラネタリウムがどのようなものであり、それに窓が付いているとしてもそれが開いているか閉じているか、といった認識主体をとりまく状況全体によって決まる。以上のことは、情報内容は受け手の知識状態だけに対して相対化すればよいというものではないということを示している。

この種の反例はあまりに不自然でうんざりだ、そもそもこのような周辺的な事例が知識かどうかという直観の方だって曖昧なものであり、それこそ知識の定義に応じてどちらかに決めてしまえばよい筋合いのものだろう。だから長々と考察するには値しないのではないか。このように考える読者もいるだろう。そういう人には次の事例を考えてもらうことにしよう。

【事例7】　しのぶはアメリカの田舎をドライブしている。様々な色の別荘風の建築が見える。しかし、実はこの建築のほとんどはハリウッドの大道具掛が組みたてた偽物なのだった。しのぶはこれに気づいていない。しかし、赤い色の別荘だけはすべてもとからそこに立っていた本物である。

さて、しのぶが任意の建物xを見て（その出来事をGとする）、xは別荘である（F(x)とする）と信じたとしよう。この状況では、Gはxは別荘であるという情報を担っていない。というのは、ここでは見たものが大道具である可能性はまともな代替的可能性だから、出来事GのもとでのF(x)の条件付き確率は1ではないからだ。というわけで、このような偽物だらけの状況下では、別荘風の建物らしきものが見えたからといって、たまたまそれが本当の別荘であったとしても、それが別荘であることを知っているとは言えないだろう。ところで、この状況でしのぶが見ていたのは赤い建物であるとしてみよう。この状況では、赤い建物を見たという出来事の下での、それが赤い（本物の）別荘である確率は1だから、赤い建物を見たという出来事はxが赤い別荘であるという情報を担っていることになる。この情報によってしのぶが形成した「xは赤い別荘である」という信念はドレツキの定義によれば知識である。つまり、しのぶはxは赤い別荘であるということを知っている。そうすると、しのぶはxが赤い別荘であることは知っているが、別荘であることは知らないということになる。これはとんでもなくへんてこな事態だと言わねばならない。

この反例が非常に巧みなのは、他の反例がどれも日常的な直観に照らして知識と言いにくい事例を指摘するため、日常的な知識の捉え方のほうを改訂するという最後の手段を残してしまうのに対し、このパズルはそのような居直りを許さないか、極めて困難にする点にある。

5　われわれがドレツキから学ぶべきこと

以上の反例が示唆しているのは、条件付き確率という道具はドレツキの目指す情報論的な知識論を展開するのにはかなり不十分なものだということだろう。したがって、われわれがドレツキから学ぶべきなのは、理論展開の細部ではなく、むしろ理論を支える世界の見方だ。つまり、《世界の客観的構成要素としての情報》と《情報の流れとしての自然現象》という考え方である。

こうした世界の見方のもとでは、この世に起こるさまざまな現象はすべて情報の担い手として見えてくる。しかもそれは、特定の解読者に解読してもらうことを必要としない。ドレツキは、情報の発信者、解読者という心をもった主体の存在を前提せず、出来事をじかに情報の担い手と考え、出来事の継起を情報の流れとして捉える。太平洋上のある場所で台風が発生したという出来事は、それじたいで、その場所の気圧が異常に低いという情報を担っている。このことはまったく客観的な現象だ。この情報はさまざまな他の出来事へと流れ込む。付近の鳥が逃げ出すという出来事に流れ込み、人々が漁船をしっかり結びつけるという出来事へと流れ込み、それからさらに、他の人々が非常食を点検するという出来事へと流れ込む。自然界ではこのように出来事から出来事へとたえず情報が流れている。

ドレツキの知識論の最大のアイディアは、知識という現象をこうした自然界での情報の流れの中にその一コマとして位置づけようとした点にある。自然界を流れる情報の特殊なあり方の一つが知識と呼ばれているというわけだ。言われてみれば当たり前なのだが、知識の哲学の文脈ではこのことのもつ意味に気づいた人はほとんどいなかった。そこで、こうした見方の変更が知識の哲学の課題とやり方にどのような変化をもたらすかを次にまとめておこう。

(1)　まず第一に、こうした立場は知識という現象をこの世界に生起するより広い自然現象の中に置いて考えることを促す。知識が情報の流れの一コマなら、それは生物が行っている他の情報処理とどこが共通していてどこが違うのか。たとえば、生物には遺伝子のＤＮＡ分子に「暗号化」された情報を「解読」して特定のタンパク質を合成するしくみがある。あるいは、免疫系は一度出会った抗原を「記憶」して、次に同じ抗原が体内に入ってきたときにそれを「認識」して攻撃する。こうした言い方は、人間の知識や認識に関係する言い回しを、心をもたない物質の振る舞いに転用した擬人化にすぎないのだろうか。それとも生物の行っている情報処理という点で知識という現象と共通する点があるのだろうか。もちろん、共通する点があるとしても一方で重要な違いがあるだろう。知識という形での情報処理を遺伝や免疫での情報処理と区別する一番重要な特徴は何だろうか。こうした問いは、知識についての哲学的問いを、知識の正当化基準は何かを明らかにしその基準にメタ正当化を与えることに限定してしまう伝統的認識論には問うことができないものだ。

(2)　伝統的な認識論は信念と知識の関係についておおむね次のようなイメージで考えている。われわれはまず、さまざまな仕方でさまざまな信念を抱く。このうち、真であり正当化されたものが知識に格上げされる。

つまり、伝統的認識論は、「知識」という呼称を、ある条件を満たす信念に対して与えられる尊称と考えた上で、たんなる信念がどのような条件を満たせば知識に昇格するのかを探ろうとする。しかし、ラディカルな外在主義はこうしたイメージを逆転させる。自然界でそれなりに適応して生きている動物は、おおむね外界の情報をきちんと取り入れてそれを使うことができるようなシステムをそなえているはずだ。この現象を知識と呼んではいけないなどということがあるものか、ということはすでに述べた。むしろ、ことがらは逆だろう。つまり、間違ったことを信じるためにこそ、かなり高度な概念形成と抽象化の能力が要求される。人間は高度の情報処理能力と心の柔軟性を身につけたために、ひきかえに、地球は空洞で北極の穴からＵＦＯが出入りしているとか、一九九九年に空から恐怖の大王が降りてきて人類が滅亡するといったトンデモない間違いを信じることが可能になった、と言うべきだ。知識は動物も持てるけれど、間違えるのは人間の特権だと言ってよいかもしれない。だとするならば、信念がさらにいかなる条件を満たせば知識という尊称を獲得するのか、つまり、信念に何を足せば知識になるかではなく、人間にも動物にも備わっている知識獲得のメカニズムがいかに誤作動すると間違った信念が生み出されるのかを調べるべきだ。

(3)　ラディカルな外在主義の立場では、正当化は知識の構成要件ではない。でも、われわれは現に知識に正当化をもとめている。このことをどのように位置づけたらよいのだろうか。内在主義者は、「ＡさんがＰということを知っているなら、Ａさんは自分がＰということを知っていることも知っている」という原理が知識には重要だと考えている。多くの内在主義者は、自分たちがこの原理を重視することで答えようとしているのは、知識はなぜ単なる真なる信念にはない格別の価値を持つのかという問いであり、外在主義者はこの問いを無視していると批判する。内在主義者によれば、知識が有用なのは、その正当化にわれわれがアクセス可能だからだ。つまり、自分の信念が知識でもあるという事実に認識者自身がアクセスできることによって初めて、われわれわれの知識はさまざまな状況に対して繰り返しあてはめて用いることができ、人に伝えることもできる方法になる。自分が知っているのか、ただ信じているだけかがわかることによって、その知識や信念を区別して適用することができるようになり、より複雑で変化に富んだ状況に柔軟に対応して生きていくことが可能になる、というわけだ。

たしかに、アクセス可能な形で正当化を持てる認識主体の知識は、それができない主体に比べて高度な適応能力をもたらすということには異論はない。理解できないのは、だからといってなぜそのアクセス可能性を知識の不可欠の構成要件としなければならないのかということだ。正当化へのアクセス可能性は、知識がより融通が利き、多様な状況でより適切な仕方で使えるものであるために考えられるいくつかの条件のひとつにすぎない。簡単に言えば、正当化は、知識が使い勝手のよい「より良い知識」であるための要件だと考えることができる。動物の知識には正当化へのアクセスが欠けているので、動物はその知識を限られた状況で限られた仕方でしか使うことができないし、状況の変化に応じて使い方をちょっと変えるということもできない。でも、それが外界の情報によってノーマルな仕方で生じたものである限り、それは知識と言ってかまわないはずだ。

というわけで、ラディカルな外在主義の立場に立つと、知識とは何か、知識における正当化の役割、さらに知識の哲学が考えるべき問いは何かということまでがずいぶんと大きく変わって見えてくる。しかしそれにしても、なぜ正当化の問題が認識論の最も重要な問いだと考えられたのだろう。そして、内在主義者のように、その問いが認識者の心の中を探ることによって答えられなくてはいけないと考えられたのはなぜだろう。これには、さまざまな歴史的偶然がかかわっていると思われる。それを明らかにするのが次の第II部の課題だ。

問題

(1)　レーラーの反例に現れた人間温度計くんはやっぱりどこかしらヘンだ。彼が「この人は知っている」と言いたくなる典型的なケースからずれているように思われるのはなぜか。このことは、外在主義者だって説明しなければならないだろう。そこで、外在主義者が人間温度計くんの反例に答えるとしたらどのような議論をすればよいかを考えてみよう。（ヒント：この反例では、人間温度計くんは気温についての自分の信念をまったく使っていない。彼が自分の気温についての信念をいつも何かに使うようになって、それに基づいて行動するようになったとき、どういうことが言えるかを考えてみよう。）

(2)　知識の古典的定義では知識になるが、ドレツキの定義では知識にならないようなゲティア的反例を自分でもつくってみよう。それができたら、「俺」とヴィンセントの事例のように、直観的には知識とは思われず、しかもたんなる知識の因果説では知識になってしまうがドレツキの定義なら知識から排除できるような事例をつくってみよう。

第II部　知識の哲学が生まれる現場 (2)

これまでのまとめと今後の見通し

第1章で、伝統的に知識の哲学は二つの課題をもつと考えられてきたことを述べた。一つは知識の必要条件とされる正当化の基準をはっきりさせること、もう一つは、その基準を用いることによってわれわれはちゃんと真理に近づけるということを示す、いわゆる「メタ正当化」だ。第2章と第3章では、このうち第一の課題について、正当化の遡行問題を手がかりに、認識者が正当化を心に何らかの形で抱いていなければならない、つまり正当化はアクセス可能でなければならないとする内在主義と、それを否定する外在主義の対立を紹介した。そして、第4章では、外在主義を徹底することによって、正当化を知識の必要条件とする伝統的な知識の定義を捨て去る可能性を探った。

というわけで、本書の基本姿勢は外在主義を徹底した立場からあらためて知識の哲学の課題や方法を考え直し、どのような新しい知識の哲学が可能かを探ろうというものだが（これが第III部の内容）、その前に次の疑問を片づけておきたい。つまり、なぜ哲学はこんなにも長い間、知識の問題を正当化の問題と結びつけて考えてきたのか、そしてなぜ正当化を認識者の心の中の問題として考えてきたのかということだ。この疑問には、知識の哲学が、知識という現象の仕組みと成り立ちをありのままに捉えようという課題の他に、もう一つの課題をもっていたと指摘することで答えることができるだろう。それが懐疑論との対決という課題である。知識なんて不可能だと主張する懐疑論に対抗して、知識はありうるのだということを示すという課題と、知識現象のメカニズムを捉えようという課題とを哲学はずっとごちゃまぜにして探求してきた。そこで、第II部の目標は、懐疑論の議論の仕組みをはっきりさせ（第5章）、懐疑論に答える混乱したやり方を紹介して、それが正当化の問題とつながっていることを示し（第6章）、懐疑論の議論にきちんと対応するにはどうしたらよいのかを考える（第7章）ことにある。

第5章　「疑い」の水増し装置としての哲学的懐疑論

1　懐疑論とは何か

われわれは何も知ることはできない、だから何かを知っている人はいないし、知識というものも、みんなはあると思いこんでいるけれど実はありえない……こういった結論を導くような哲学的議論を懐疑論（skepticism）と言う。けれども、われわれは何ひとつ知ってはいないとか、知識は一つもない、という具合に知識を全否定する極端な懐疑論は、哲学的にそれほど興味深いものにはならない。というのも、こうした極端な懐疑論に対しては、次のような安直な反論ができてしまうからだ。「ほう。われわれは何一つ知らないというのが、あなたのおっしゃりたいことですか。よろしい、あなたの主張をいったん認めましょう。そうすると、あなたも私も、自分たちが何一つ知らないということも知らないことになりますね。ということは、あなたは自分の主張する懐疑論が正しいということを知らない、つまりあなたの懐疑論の主張は正当化されていないということをあなた自身認めなくてはならないですね。ご自分でも正しいことが分かっていないことがらを主張なさるとは、笑止千万ですな。ほっほっ……。」同じように、すべての真理は立場や見方に相対的で、立場や見方の違いによらない絶対的真理などはない、というわゆる相対主義も、それが極端な仕方で主張されると、「だったら絶対的真理はないというあなたのテーゼも絶対的真理じゃないんですね？」ということれまた安直な反論を招く。極端な哲学的テーゼは、その主張も反論も同じくらいつまらないものになる。こうした極端な立場に走ることを「テツガク的」と思っている人は、はっきり言って哲学オンチだと思う。というわけで、ここで扱う懐疑論は、われわれが知っていると思いこんでいることがらの「ほとんどすべて」が実は知識とは言えない、という主張だと考えておこう。こうした懐疑論は先ほどの安直な反論を受けつけない。ずっと手強い議論だ。

本節の冒頭に書いた懐疑論の定義めいたものの中で、しかじかの哲学的議論を懐疑論と言う、としておいた。この「哲学的議論」というところに注意してほしい。つまり、ここで考えていこうとしている懐疑論はあくまで哲学理論であるということを忘れてはいけない。何らかの議論の結論として「だから、知識はありえない」という結論がえられると主張する人が哲学的な意味での懐疑論者だ。だから、ここで言う「懐疑論者」は、次のような巷の「あの人ってカイギロンシャだからキライ」の「カイギロンシャ」とは異なる。

(1)　イヤミな質問小僧：どのような主張に対しても、「どうしてですか」「なぜそうだってわかるんですか？」と相手が答えに詰まるまで問い続け、相手が答えられなくなると、「なんだ本当は分かってないんじゃん」と言う。たしかに、われわれは自分の知っていることを最も根底的な基礎的信念（そんなのがあったとして）までさかのぼって正当化することは実際にはできそうもないから、このような質問責めにあうと、いずれ沈黙せざるをえない。だからといって、この質問小僧は議論によって知識が不可能だということを示したわけではない。

(2)　生き方としての懐疑論者：周りの奴らはなんて薄弱な根拠にもとづいて自分は知っていると言い張るの

だろう。何て思い上がっているんだ。俺はそんな弱い証拠じゃ何も信じないぞ……ということを生きるモットーにしている人。たしかに、この調子で知識のハードルを周りの人たちよりもずっと高くしていくと、しまいには彼じしんが自分は何も知らないことを認めることになるだろう。

どちらもかなり変わった人だけど、いずれにせよ哲学的な意味での懐疑論とは無縁だ。意味のある懐疑論であるためには、何らかの議論に支えられたものでなくてはならない。そしてその議論が妥当なものでなくてはいけない。

というわけで、これからわれわれが扱っていくのは懐疑論的結論を導く哲学的議論の方だ。こうした懐疑論的議論には、それが導く結論の一般性と強弱に応じていくつかの種類がある。

(1)　グローバルな懐疑論とローカルな懐疑論：グローバルな懐疑論は、われわれはほとんど何も知りえないということを知識のすべての分野にわたって一般的に主張するのに対し、ローカルな懐疑論は、ある特定の分野に関してわれわれは何も知りえないのだとする。たとえば、外界については知識がありえないとか、帰納法によってえられる知識はないとか、自己知はないとか、他人の心についてはなにも知りえないとか、未来については何も知りえないといった主張がローカルな懐疑論だ。ただし、ローカルな懐疑論を局所的なままに保っておくことはけっこう難しい。われわれの信念は互いに関係し合っているので、ある分野での懐疑論はすぐに他の分野に伝染し、グローバルな懐疑論に広がってしまう。

(2)　強い懐疑論と弱い懐疑論：強い懐疑論は、知識と正当化された信念という両方の概念を攻撃目標にして、知識の概念の欠陥は正当化された信念の概念にもあると論じる。これに対し、弱い懐疑論は、知識の概念の方は批判するが、正当化された信念の概念には手をつけない。というわけで、この議論を受け入れても、正当化された信念という概念は、まだ使い続けることができることになって、ある信念が正当化されているとかいないとか、こっちの方が強く正当化されているとかいった語り方は有効なまま残る。

2　培養槽の中の脳

次に、懐疑論的結論を目指す議論を三つとりあげて順に紹介していく。その目的は、懐疑論的議論のからくりをよく理解してもらうことだ。まず最初に、そのSF的設定で人気の「培養槽の中の脳（Brains in a vat）」と呼ばれる議論を取りあげよう。この議論は二つの段階からなっている。

【第一段階】あるマッド・サイエンティストが、あなたの脳を寝ている間に取り出して、特殊な培養液で満たされた水槽の中に入れてしまったと想像してみよう。培養液から必要な栄養分と酸素が供給されるので、あなたの脳は生き続ける。また、あなたの脳に出入りするすべての感覚神経、運動神経はその科学者が作り上げた超大型超高速コンピュータに接続されている。あなたが「目を覚ます」とき、コンピュータは、あなたが自分の部屋のベッドの上で目覚めたのとまったく同じ感覚を入力する。聞き慣れた目覚まし時計の音、見慣れた天井の模様と染み、糊のきいたシーツのごわごわした感じ……。しかし、これらはすべてコンピュータが合成して感覚神経を通して培養槽の中で漂うあなたの脳に入力したものにすぎない。あなたは、とりあえず目覚ましの音を止めようとして手を伸ばす。何ごともなかったかのようにすっと手が伸びて金属製のひんやりした目覚まし時計をつかんでボタンを押す、すると音は鳴りやんだ……。実はこれも、あなたの脳が運動神経に与えた命令をコンピュータが解読して、それとつじつまの合うようにつくりだした、筋肉の運動感覚、触覚、聴覚情報なのである。あなたは、大急ぎで朝食を済ませ、満員電車に揺られて大学のキャンパスに向かう。そこで，夕べ楽しくコンパで飲んだ仲間たちにあって，懐疑論についての宿題の答えを見せてもらおう。昼休みに急いで写せば，何とか今日中に提出できるだろう……。

この話を読んだあなたは，こんなことが自分の身に起こったらいやだなと思うだろう。自分の知らない間に，自分だけが培養槽に閉じこめられてしまうなんて。自分の経験がすべて贋ものに置き換えられてしまうなんて。あるいは，あなたが映画『マトリックス』を見たすれっからしのSFファンだったら，その脳にとっては，薄暗い秘密の研究室で実験材料にされている「リアル・ワールド」よりも，仲間と騒いだり，おいしい食事をしたり，彼女とデートできる，コンピュータ製の「バーチャル・ワールド」の方がましなんだから，気にすることはない，と考えるだろうか。

ここでの話のポイントは，どっちの人生が本当の人生かということではない。まあ，どっちの人生が本物であってもいいのである。なぜなら，あなたがかりに培養槽の中の脳であったとしても，あなたはそれを知ることが絶対にできない，というのがこの挿話の一つのポイントなのだから。

そこで，あなたが培養槽の中の脳だとしてみよう。このコンピュータが本当にうまくプログラミングされており，故障なく動いているならば，あなた（＝培養槽中の脳）が経験することがらの中には，自分が培養槽の中の脳であることの証拠になるようなものは何一つない。というのは，仮定によって，コンピュータが脳に入力する経験は，あなたが培養槽の中に入れられなかった場合に経験したことがらとまったく同じものだからだ。あなたは何を判断するにしても，自分の経験に訴える他はないのだから，どちらの状況でも経験内容に違いがないなら，自分がどっちの状況におかれているかを判断する手がかりとなるものは何もない。というわけで，いま自宅の勉強部屋でビョークのCDをかけておいしいコーヒーを飲みながら本書を読んでいるあなただって，本当は自分は培養槽の中の脳であり，そういった経験内容をインプットされているだけかもしれないという疑いをどうしても消せない。だから、あなたは自分が培養槽の中の脳でないことを知っているわけではない。これが第一段階の結論だ。

ここで議論が終わってしまったら、われわれが知りえないことがただ一つ見つかっただけだ。こんなにとんでもなくぶっとんだ想定に依存して、たった一つ知りえないことがあることが言えたからといって、いったい何になるのだろう。実は、ここまでは話の入り口にすぎない。「培養槽の中の脳」と名づけられた懐疑論の本体は、この後に続く第二段階の議論の方だ。その議論は、次のことをねらいとしている。つまり、自分が培養槽の中の脳でないことを知らないと認めたが最後、あなたは、自分はほとんど何一つ知らないことを認めなければならなくなる、ということだ。哲学的懐疑論は、誰もが「たしかにそいつは知らねえや。でも知らなかったとしたってどうなの？」と言いたくなるようなごく少数のことがらから出発して、「だとすると、われわれは何一つ知っているわけではないのです」……と疑いをとんでもなく膨れ上がらせるための仕掛けなのである。

【第二段階】　次に、どのようにこのからくりが働くかに注意しながら、知らないことがどんどん膨れ上がっていく第二段階の議論を追いかけていこう。あなたはいま、椅子に座りこの本を手にとって読んでいるとする。そして、そのことをあなたは知っている(と思っている)。さらに、もしあなたが椅子に座って本を読んでいるのが本当ならば、あなたは培養槽の中の脳ではありえない（脳は椅子に腰掛けられないし本を手に取ることもできないから)。このことは明らかだ。そしてあなたも、「自分が椅子に座り本を読んでいるのなら、自分は培養槽中の脳ではない」ということを知っていると言ってよいだろう。だとしたら、自分は椅子に座って本を読んでいるということをあなたが知っているならば、あなたは自分が培養槽の中の脳でないことも知っていることになるはずだ。けれども、すでに第一段階で確認したように、自分が培養槽の中の脳でないことは誰にも知ることができないのだった。そうすると、あなただって自分が培養槽中の脳でないことを知らないのだから、あなたは自分が椅子に座って本を読んでいることも知らないはずだ。

こうして、懐疑論者は、あなたが知らないことをもう一つ増やすことができた。この調子で続けていけば、あなたがしかじかの体型をしていること、あなたの目の前にトマトがあること、あなたの右足には水虫ができていてそれが痒いこと、窓の外で工事の音がしていること……、といった、あなたが培養槽の中の脳だったら起こっているはずのないことがらは、すべてあなたの知識から排除され、次に、こうした知識によって基礎づけられているもっと高次の知識も知識とは呼べなくなり、……という具合に、ほとんどすべてのことがらについてあなたは知らないのだという結論が出てしまう。

議論のからくりをはっきりさせるために、議論をやや抽象化してもう一度整理してみよう。あなたが座って本を読んでいるという命題を「P」と表わし、あなたが培養槽の中の脳では<u>な</u><u>い</u>という命題を「Q」と表わすことにする。議論は、まず次の二つを仮定することから始まった。

(1)　あなたはPということを知っている
(2)　あなたは「もしPならばQ」ということを知っている

議論はこれらから、

(3)　あなたはQということを知っている

を導く。一方で、誰も自分が培養槽中の脳ではないということを知りえないという、第一段階で確認した事実から、

(4)　あなたはQということを知らない

が言える。こうして、(3)(4)は矛盾するために、背理法によって最初においた前提(1)(2)のいずれかが間違ってい

たと言える。(2)が間違いということはありそうにないから、(1)が間違っていたことが結論される。

以上のように整理した議論には一カ所飛躍したところがあったことに気づいただろうか。じつは、(1)と(2)だけからは(3)は出てこない。たしかに、「P」と「PならばQ」からは「Q」が演繹できるというのは論理的に正しい。こうした演繹的推論のパターンには modus ponens という名前までついている。しかし、いまの議論は、「Pということを知っている」と「PならばQということを知っている」から「Qということを知っている」を導いている。したがって以上の議論は、(1)と(2)に加えて隠れた前提として、次の原理を置いていたことがわかる。

【閉包原理（closure principle)】　AさんがPということを知っており、さらに、「もしPならQ」ということも知っているならば、AさんはQということも知っている。

つまり、すでに知っている命題から論理的に出てくることを知っている命題なら、それらもすべて知っている、という原理だ。この原理を閉包原理と呼ぶことにする。これもとりあえず直観的に正しそうに思える。

以上のように整理すると、「もしPならば、自分は培養槽中の脳ではない」ということをあなたが知っているような、どんな命題Pについても、「あなたはPということを知らない」という結論を導くことができることがわかるだろう。こうして、培養槽の中の脳と呼ばれる議論のからくりが分かった。たった一つだけあなたに知らないことを認めさせておいて、そこからほとんどすべてのことがらについて、あなたはそれを実は知ってはいないのだと論証するということだ。こうしたやり方を、「疑いの水増し戦略」と呼んでおこう。

ここで「ほとんどすべて」と言ったのは、この議論はグローバルな懐疑論を目指したものではないからだ。実際に、議論がうまくいくためには、「Pならば自分は培養槽中の脳ではない」ということをあなたが知っていなければならないので、「P」のところにくることができる信念は何でもよいというわけにはいかない。しかし、それでもかなり広範囲にわたることは想像がつく。また、この議論は強い懐疑論になっている。というのは、以上の議論は、「知っている」のところを「正当化された仕方で信じている」に置き換えても同様に成り立つからだ。そのときは、「正当化された仕方で信じている」に関する閉包原理が必要になる。

3　間違いからの議論

次に、第二のタイプの懐疑論的議論をとりあげよう。この議論の骨組みは次のようなものだ。われわれは誰でも、ときどき（人によっては「しょっちゅう」かもしれないが）間違いを犯す。間違いというものは、間違っている最中には気づかないものだ。というより、間違えているそのときに自分は間違えているとわかるのだったら、誰も間違いなどおかさないだろう。このように、間違えているときには間違えていることが分からず、後になってはじめて自分は間違えていたんだということがわかるのだとするならば、いま正しいと思っていて自分はそれを知っていると思っているどんなことがらだって、後になってみれば間違いだったということが分かるかもしれない。だから、われわれは知っていると思っているだけで、実は知らないのだ。

この懐疑論的議論は、もしそれが妥当なものだとするならば、相当にグローバルな懐疑論だということになるだろう。もちろん、われわれが絶対に間違えることのありえない知識の領域というものがあるのなら、この懐疑論はローカルなものにとどまるだろう。しかし、そういう領域がないなら、この論法はわれわれが間違いうるすべての種類の知識に同じように当てはまるから、グローバルな懐疑論をみちびくことができる。

とはいえ、以上の紹介の仕方は議論としては隙が多すぎる。そこで、もう少しきちんと議論を再構成してみよう。今度は、あなたはある患者を治療している医師だとする。あなたは午前中に、その患者の体温、血圧、心拍数、血糖値などのデータを記録して治療計画を立てている。そこで次のようなことが起きたとしよう。

(1)　昨日の午前中にあなたは、患者の体温は午後になると下がるということを自分は知っている（分かっている）と主張した。そして、それはちゃんとした理由に基づいていた。午前中に測定したさまざまな検査結果や午前中に患者が飲んだ薬などのデータが、午後に体温が下がると考えることを正当化するのに十分なものだったからだ。

(2)　でも、それは間違いだった。患者の体温は午後になってもいっこうに下がらず、むしろ上がってしまった。ということは、昨日の午後に患者の体温が下がらなかったという事実は、午前中にあなたが手に入れた証拠からは予測のつかない、証拠を超えたことがらだったということだ。昨日の午前中にあなたは、患者の体温が午後には下がることを知っていると主張していたが、それは間違いで、あなたはそのことを知ってはいなかったのである。

以上の話の時間を一日うしろにずらして考えてみる。今日の午前中にあなたが患者について集めたデータは(1)で記述したデータとまるで同じであるとする。あなたは、これだけのデータがあればいいだろうと考え、「患者の体温は午後になると下がる。そのことを自分は知っている」と主張するだろう。そして、それはまともな正当化理由に基づいている。しかし、昨日のあなたは、今日とまったく同じ証拠に基づいて知っていると言い、そしてそれは間違いだったはずだ。だったら、昨日と今日で、あなたが手にしている証拠に差がない限り、昨日は知らなかったのだと言うのなら、今日も知らないと言わなくてはならないはずだ。

ようするに、あるケースでＰということを知っているという主張をいちどでも間違えたなら、そのケースとの間にしかるべき違いが見いだせない限りは他のケースでもＰということを知っていると言えないではないかというのがこの議論のポイントだ。

ここまでは、あなたが過去に現に間違いを犯した場合に限って議論してきた。しかし、じつはこの懐疑論的議論にとっては、現実に間違えたことがあるかどうかはあまり重要ではない。間違える可能性があったというだけで十分だ。どういうことか。あなたが、或る日の午前中、或る状況で或るデータを証拠として、午後には患者の体温が下がるということを知っていると主張したとしよう。そのとき、あなたの背後から懐疑論者がすっと近づいてきてこのように言う。「きみ。きみは今日と同じ状況で今日と同じデータにもとづいて、午後の患者の体温について知っていると主張して、蓋を開けてみたら患者の体温が下がらずに、きみの主張が間違いになるようなケースを想像できるかね。そういうケースは不可能だと言い切れるかね？」あなたが、相当の鉄面皮でないかぎり、そのようなケースはありうると答えざるをえないだろう。なぜなら、あなたに限らず、われわれの知識の大部分は蓋然的知識であって、絶対確実な知識ではないからだ。そこであなたがそういうケースはありうるでしょうと答えると、懐疑論者は勝ち誇ったように言う。「今日と同じ状況で今日と同じ証拠に基づいて知識を主張しても、それが間違いできみは知っていたのではなかったというケースがありうるのだったら、きみはいまも知っているとは言ってはいけないね。分かるだろう？」

こうして、Pを知っていると主張するがPは偽であるようなケースが（現実にはなくても）可能であるなら、そのケースとのしかるべき違いが見いだせないような他のケースでもあなたはPと知っていると言ってはならないことになる。さて、「培養槽中の脳」の第一段階は、この懐疑論者の議論と同じだということに気づいただろうか。あなたが培養槽の中の脳であるようなケースは、つまり「自分は椅子に座って本を読んでいることを知っている」という主張をあなたが間違えるようなケースに他ならない。こうしたケースが現実にはないとしてもありうるものとして想像できるわけだから、あなたが手に入れることのできる証拠・経験がこのケースとまったく同じであったとしても、つまり、あなたがいかに普通に座って本を読んでいるとしか思えないような経験をしているとしても、あなたは自分が椅子に座って本を読んでいることを知っているという主張も、自分が培養槽中の脳ではないことを知っているという主張もしてはならない……となるわけだ。

間違いからの議論と培養槽の中の脳による議論との違いは、この後にどういう議論が続くかというところにある。培養槽の方は閉包原理に訴えて、きみは自分が培養槽の中の脳ではないということを知らない以上、アレも知らないしコレもしらないのだと懐疑的結論を膨らませていく。間違いからの議論の方は、われわれはいろいろな場面で間違いをおかしてきたし、現に間違えなかったとしても同じ状況で間違えたこともありえただろうから、いまだって知らないのだという具合に結論を一般化する。もう一つの違いは、議論の強さにある。間違いからの議論は、正当化された信念を抱いていても実際は間違っていたというケースの可能性に依存しているので、同じ議論を「知識」のところを「正当化された信念」に取り替えた形で行うことはできない。

4 ヒューム的懐疑論

われわれは、いま現に経験していないことがらやそもそも経験できないことがらについても知っていると言う。というより、いままさに経験していることがらについては取り立てて知っているなどとは言わないものだ。たとえば、二人が差し向かいで話しているテーブルの上に、どちらからも見える位置に腕時計が置かれているとしよう。そのときに、「ぼくはここに腕時計があることを知っている」と言い出す人があったら、かなりヘンな人か、哲学ばなしで相手を口説こうとしているかどちらかだと思われるだろう。でも、腕時計が見えなくなって、「あら、私の腕時計どこにいっちゃったのかしら」と言われれば、「寝室のサイドテーブルの上にあるぜ、ぼくはさっき見たから知ってんだ」と言うことはとても自然だ。このことから分かるのは、われわれはいま直接に観察・経験していないことがらについてこそ知識を主張するということと、そのときに、「さっき見た」というように実際に直接経験したことがらを引き合いに出すということだ。つまりわれわれは、実際に見たり聞いたりして経験したことが、現に経験していないことやできないことについて知るための導きになると考えている。

デイヴィッド・ヒュームという十八世紀スコットランドの哲学者は、これが本当にそうなのかと疑いを差し挟み、彼独自の懐疑論的議論を展開した。ヒュームの懐疑論は、彼の認識全般についての理論と切っても切れない関係にあるので、やや遠回りになるが、まずそっちから述べなくてはならない。しばらくつきあってもらうことにしよう。

ヒュームは知識はすべて知覚に基づくものだと考えている。彼はこの知覚をさらに印象（impression）と観念(idea)とに区別する。はじめてブルーチーズを食べたとき、あるいははじめてゴムの焼ける臭いをかいだときのように、感覚が心に初めて現れたときのいきいきした知覚が印象と呼ばれている。これに対し、後になってブルーチーズの味ってどんなだったっけと思い出したり、いつものドレッシングにブルーチーズを混ぜたらどんな味になるかしらと想像したりするときには、この印象の淡いイメージを再現させて使っているはずだ。このように印象が記憶や想像の中に再び現われたものを観念という。

感覚の印象はおそらく外界にある未知の原因によって心に生じる。でも、その印象の向こう側にまわって、その印象は世界そのものの様子をちゃんと伝えているだろうかと比べることなんてできない。思考とか認知と呼ばれている心の働きはすべて、いくつものこうした印象や観念が互いにくっついたり離れたりすることに他ならないのだから、われわれは印象と観念の外にはいつになっても出られない。だったら、印象と観念がどのように結びついたり離れたりしながら心の働きを織りなしていくのかを見ることに徹しよう、というのがヒュームの基本的立場だ。

印象がのちに観念としてもう一度心に現れるとき、その現れ方は記憶と想像の二通りあるということだった。この二つの違いは次の点にある。パソコン屋でアイマックに出会って一目惚れしたとき、ボンダイブルーの色あい、丸っこい形、プラスチックの感触などなどのいくつもの印象がある仕方で結びついたものが心に与えられたはずだ。後になって、「やっぱりいいな。買っちゃおうかしら」と思い出しているとき、その記憶はもともとの印象がお互いに結合していたその仕方を保っている。たとえば色の観念が他の色の観念に変わっていたら、見たものを正確に思い出しているのではなくなってしまう。これに対して、想像の面白いところは観念を自由に分離結合できる点にある。翼をもったアイマック、棘だらけのアイマックなどもわれわれは簡単に想像できる。このように想像の中では観念は比較的自由に分離結合できるのだが、まったくランダムというわけではない。観念の結びつきに何らかの原理がないと、観念は偶然によってでたらめに結びつくだけになってしまい、心はまったく混沌としてしまうだろう。

そこで、観念の間には一種の結合原理、つまり一つの観念が自然に他の観念を導き寄せるようにする性質があるはずだ。その原理として、ヒュームは(1)類似、(2)接近、(3)因果の三種類を挙げている。想像において、ある観念はたとえばそれに類似した他の観念を自然に導き寄せてしまう。これはなぜなのかはわからず、結局のところ人間の心はそんなふうにできているとしか言いようがない。ヒュームはそれをニュートンの万有引力の法則になぞらえている。万有引力の法則が自然界になぜ成り立っているのかを詮索しても始まらないように、どういうわけだか人間の心は、観念同士がこの結合原理によってくっついてしまうという性質を持っている。

だから、それを認めるところから始めましょう、というのがヒュームの立場だ。

さて、知識と懐疑論の問題に戻ろう。ヒュームはいかなる知識もありえないとする全面的な懐疑論者ではない。彼が「知識（knowledge）」の名に値すると考えていたものとしては、典型的には論理や数学の知識を挙げることができる。なぜなら、こうした知識はそこに出てくる観念のみに依存するため、その正しさが確実なものだからだ。たとえば、われわれは三角形の観念から「三つの角の和は二直角に等しい」という関係を見いだすが、これは観念が同じである限り変化しない。これ以外でわれわれが知識とみなしているものをヒュームは「probability」と呼んで、数学的知識のような本物の知識と区別している。

ヒュームはまず、われわれが因果の「知識」と呼んでいるものから検討を始める。因果関係と呼ばれているものを分析してみよう。それにはまず、接近（contiguity）と継起（succession）という二つの要素が含まれている。これらはそれぞれ、原因と結果が時間・空間的に接近していること、原因が結果に時間的に先立つということを意味している。しかし、二つの出来事が相次いで近接した場所で起こっても、まだ両者が因果関係にあるとは言えない。つまり、接近と継起では因果関係は尽くされない。そこで第三の要素として重要なのが必然的結合(necessary connection)だ。これは、原因が起これば必ず結果が起こるということと言ってもよいし、原因が結果を避けがたいものにすることだと言ってもよい。当時の伝統的哲学では、因果関係とは世界の事物の側に存在しているこうした必然的結合のことだと考えられていた。

しかし、ヒュームは次のように問い進める。たとえば、ボールが窓ガラスに当たってガラスが割れたというような、一回限りの原因・結果事例を見たとしよう。ボールが当たるという出来事の印象があり、それにすぐ引き続いてガラスが割れたという出来事の印象がある。それだけ。これ以外に、「必然的結合の印象」とか「原因が結果を必然化したことの印象」といったものはどうしても見あたらない。

そこでヒュームは因果についての推論に目を転ずる。われわれはどのようにして因果推論をするようになるのだろう。二種類の対象（たとえば炎と熱）が接近と継起という二つの関係を伴ってあらわれることが繰り返し経験される（この経験を二種類の対象の恒常的連接 constant conjunction の経験という）と、われわれはどういうわけだか先行する対象を原因、後続する対象を結果と呼んで、炎があれば、それは熱いなという具合に、一方から他方の存在を推論するようになる。

このような観念の間の移行は何によって生じるのだろう。ヒュームの答えはびっくりするほどあっさりしている。それは、特に理由はない、心の癖のようなものにすぎない、というものだ。恒常的連接の経験を重ねると、心に一種の習慣が形成されて、自然に一方の存在から他方の存在を推論するようになってしまう。伝統的哲学者は、因果関係のもっとも重要な要素である原因結果間の必然的結合を、まちがって事物の側にあるものだと考えてきたが、そんなものは世界の中にはない。必然的結合というものは、習慣に基づく心の癖が世界の側に投影されたものにすぎない。これは因果の客観的必然性を疑おうともしなかった当時の状況を考えれば、驚くほどラディカルな主張だった。必然性は世界の側にはなく心の中に習慣として存在するにすぎないというのだから。

こうした考え方が、因果に関する知識について懐疑論的な帰結をもつのは明らかだろう。われわれは普通、やかんを火にかけるのを見ただけで、数分後には実際に見もしないのにやかんのお湯が沸騰したと思うし、そのことを知っているとさえ言う。もちろん、自分のその信念は十分に正当化されていると思っている。しかし、ヒュームなら言うだろう。原因だけを見て、結果を知っていると言うのはちっとも正当化されていない。そういうふうに思ってしまうのは、われわれの心の癖なのだ。しかじかの原因にはかくかくの結果が伴うという信念は、習慣的に心がそのように推論するようになってしまっているというだけで、世界の側の事物がそのようになっている保証はまったく与えられていない。

ヒュームはこの調子で、帰納によって形成された信念、見ていない間も物体は存続しているという信念も、心（想像）がそんなふうに考えてしまうようにできているために、いつの間にか自然につくられてしまう虚構の産物だと片づけていく。

因果についての信念、帰納による信念、物体の存続についての信念に共通しているのは、直接に経験したこと（原因や結果のどちらか一方、これまでに観察した事例、物体を実際に見たり触ったりしたこと）から、まだ経験していないこと、経験できなかったこと（直接見なかった結果や原因、次に出あうはずの観察事例、見ていないときの物体のようす）についての信念を形成するという点だ。ヒュームの懐疑論のポイントは、われわれは心の傾向として確かにこういった信念を形成してしまうけれど、それには合理的な理由はないということにある。これまでずっと太陽が東から昇ったからといって、明日もそうなる論理的な必然性はないし、見ていないときには物体は消滅していると考えても、われわれの経験と論理的に矛盾するわけではない。また、われわれは経験上こうした信念を形成しても大丈夫だということが分かっているのだという議論もできない。なぜなら、まさにこれまで直接に経験したこと（これまで大丈夫だったということ）は、直接に経験できないことがらに関する信念（これからも大丈夫という信念）の正当化にならないよというのがヒュームの主張だからだ。

というわけで、ヒュームの議論は、これまでに紹介した懐疑論とはちょっと傾向が違う。これまでに紹介した懐疑論は、われわれが自分がいま現に培養槽の中の脳ではないことを知っていないということから、あるいはこれまでに知ったつもりで実は間違えていたということから、他の知識主張も怪しいぞという具合に疑いを膨らませていく。これに対し、ヒュームの議論が攻撃するのは、われわれが実際に見たり聞いたりして経験したことが、現に経験していないことやできないことについて知るための導きになるだろうという考え方そのものなのである。ヒュームの懐疑論は直接観察されないものについての懐疑論だから局所的なものにとどまる。しかしその局所的な領域については、そもそもわれわれの信念が正当化を欠いていると言うわけだから、知識だけでなく正当化された信念にも適用可能な強い懐疑論になっている。

問題

(1) 培養槽の中の脳という哲学的ＳＦは、もともとパトナムという現代アメリカの哲学者が別の議論の目的のために導入したものだったが、懐疑論の議論をうまく提示するのにとても適していたために、もともと懐疑論の論法だったかのように流通してしまった。それまでは、第一のタイプの懐疑論は「あなたは培養槽の中の脳である」というところを「あなたはとんでもなくリアルな夢を見ている」とか「あなたは幻覚を見ている」に取り替えた形で論じられていた。そこで、まず第一のタイプの懐疑論を「リアルな夢を見ている」という言い方を使って述べ直してみよう。培養槽ではなくて夢を使うと議論がしにくくなるところがあるだろうか？ あるとしたらどういう点だろうか？

(2) 話し手も聞き手もいま或ることがらを直接に見ているような状況で、取り立ててそのことがらについて「私は知っている」と主張することはどこかおかしいと述べた。なぜ、おかしいのだろうか、それを説明してみよう。そして、日常生活の中でどのようなシチュエーションだったら、「私はしかじかを知っている」と言うことがそれほどおかしく感じられないだろうか。いくつかのシチュエーションを思い浮かべてみて、それらに共通する特徴があるかどうかを考えてみよう。

第6章　懐疑論への間違った対応

本章では、懐疑論に対して間違った戦略で答えようとするとどういうことになるかを、一つのサンプルを取りあげて検討する。ついでに哲学の古典を読む雰囲気もちょっと味わってみよう。取りあげるテキストはかなり古い。一六四一年に出版された『第一哲学についての省察(ラテン語のタイトルはMeditationes de prima philosophia)』という書物である。長いタイトルなので、日本では『省察』と略されている。しかもなぜか「せいさつ」と読まれる。著者は、近代を代表する哲学者であり、数学者、物理学者でもあったルネ・デカルト（一五九六―一六五〇）だ。だれでも名前くらいは聞いたことがあるだろう。ちょっと知識のある人は「我思う、ゆえに我あり」ですね、と言うかもしれない。その通り。そして本章の話題はこの有名な言葉にじかに関係している。

みなさんが歴史上有名な哲学者の著作をどれか一冊読んでみたいと思うなら、私の一押しはこの『省察』だ。まず、特殊な哲学用語がほとんど出てこない。デカルトは、ごくふつうの言葉遣いで、いろいろな例や思考実験を使いながら一歩一歩考えていく。しかし、そこで展開されているデカルトの思索は、恐ろしく深く徹底している。と同時に、この著作は、少なくとも今世紀まで四〇〇年近くにわたる哲学と科学の流れを決定づけてしまった。それなのに短い。短いが何度読み直してもそのたびに新しい発見がある。どうです、読んでみたくなったでしょ。

1　方法的懐疑

さっそくはじめよう。『省察』は六つの節からなり、それぞれ「第一省察」、「第二省察」……という具合に呼ばれている。第一省察の冒頭を読んでみよう。

すでに何年も前に、私はこう気づいていた――まだ年少のころに私は、どれほど多くの偽であるものを、真であるとして受け入れてきたことか、また、その後、私がそれらのうえに築きあげてきたものは、どれもみな、なんと疑わしいものであるか、したがって、もし私が学問においていつか堅固でゆるぎのないものをうちたてようと欲するなら、一生に一度は、すべてを根こそぎくつがえし、最初の土台から新たにはじめなくてはならない、と。

すべてを根こそぎくつがえし最初の土台からはじめる、何とカッコイイ。……って言ったって、具体的にはどうすればいいんだろう。続けてデカルトは、『省察』でのやり方を解説しはじめる。

……いまこそ私は、真剣かつ自由に、私の以前の意見を全面的にくつがえす仕事にうちこもうと思う。しかしこのためには、それらの意見がすべて偽であることをはっきり証拠立てる必要はないであろう。（中略）それらの意見のどれか一つのうちに、何か疑いの理由が見いだされるならば、それだけで、すべてを退けるに十分であろう。

ちょっとでも疑えるものは正当化されていないと見なす、というわけだ。デカルトは、同時代の人々から懐疑論者として非難されたこともあったらしい。でも、彼が正真正銘の懐疑論者ではないことは、この最初の宣言から明らかだ。本物の懐疑論者は、知識というものはありえないという結論を目標にして議論する。彼らにとって懐疑は目的だ。しかし、デカルトの目的はこれとは異なる。デカルトの目指すものはまさにその逆で、懐疑をくぐり抜けて残り知識の体系の基礎を与えてくれるような知識を見つけること、つまり、自分で自分を正当化することができ、同時に他のすべての知識を正当化する基盤を与えてくれる特別な知識を見つけることだ。このように、デカルトの懐疑は、目的としての懐疑ではなく、スクラップ・アンド・ビルド方式で確実な知識体系を再建するための地ならしの手段としての、基礎づけ主義的プロジェクトの一環なのである。というわけで、彼の懐疑は「方法的懐疑(doute méthodique)」と呼ばれている。だから、基礎づけ作業が終了したら、そんな懐疑は忘れてしまってかまわない。じっさい、デカルトは『省察』の最後で、次のように言っている。

もはや私は、日々感覚が私に示すところのものが偽でありはしないかなどと気づかう必要はないのである。かえって、ここ数日の大げさな懐疑も、笑うべきものとして一蹴されねばならないのである。

……一仕事やり遂げて、余裕のデカルトさんといった風情だが、本当にそんなにうまくいったのだろうか？　意地悪く検討していこう。

第一省察が方法的懐疑の作業に当てられている。デカルトがまず疑うのは、見たり聞いたり触ったりという感覚経験の信頼性だ。

さて、これまでに私がこのうえなく真であると認めてきたすべてのものを、私は、直接に感覚から受けとったか、あるいは間接に、感覚を介して受けとったのである。ところが、これら感覚がときとして誤るものであることを私は経験している。そして、ただの一度でもわれわれを欺いたことのあるものには、けっして全幅の信頼を寄せないのが、分別ある態度なのである。

別の箇所で、デカルトはまっすぐな棒も水に入れると曲がって見えるとか、遠くから見たら円筒形に見えた塔が近くに寄ってみたら四角柱だったというような事例、つまり見間違いや錯覚を例に挙げている。確実な知識と呼べるようなものは、どんなものにせよ信頼性の高い仕方でえられたものでなくてはならない。しかし、感覚は移ろいやすく間違いやすいから、知識の獲得手段としては信頼がおけない。だからそのようなものはいっさい頼りにしないことにしよう。……とデカルトの話は進んでいく。このあたりが「方法的懐疑」の「方法」たるゆえんだと言える。なぜなら、ときどき間違えるということから、いつも信頼してはいけないということはふつうは出てこないからである。つまり、ここでデカルトは、第5章で「間違いからの議論」と呼んだ懐疑的議論の一つの典型を提示しているというわけだ。

デカルトの同時代人も、錯覚は他の知覚によって訂正されることで間違いだとわかるではないか（たとえば、水の中の棒を触ってみるとか）、だから錯覚が存在するということだけから、感覚全体が疑わしいと議論を進めることには飛躍があると批判していた。しかし、ここでは方法的懐疑が行われていることに注意しよう。ポイントは、そこで行われる懐疑の論法が正しいかということよりも（本当に正しかったら、デカルトは困ってしまう）、懐疑をどれだけ先へ進めることができるかということだ。より徹底的な懐疑によってもまだ疑うことのできない真理であればあるほど、知識の確実な基盤としては都合がよい。

しかし、懐疑をどれだけ深められるかという観点から、次のように批判を行うことはできるだろう。感覚が信頼できない場合というのは、じつはけっこう限られている。うんと遠くにあるものや、見えるか見えないかギリギリのサイズのものを見ているときがそれだ。だったら、ときどき間違えるということから一般化する際に、「われわれの識別能力の限界近くのケースについては、いっさい感覚を信頼しないようにしよう」で留めてしまうことだってできるわけだ。しかしこうなると、方法的懐疑の結果えられるものはごくローカルな懐疑論にとどまってしまう。しかも、識別能力の限界あたりでは感覚を信頼しない方がいいよ、というのはとても健全な考え方だ。こうした疑念についてデカルトはすでに先回りして次のように言っている。

しかし、同じく感覚から汲まれたものであっても、それについてはまったく疑うことのできないものが、ほかにたくさんある。たとえば、いま私がここにいること、炉端に坐っていること、冬着をまとっていること、この紙を手にしていること、こういうたぐいのことである。実際、この手そのもの、この身体全体が私のものであることを、どうして否定できよう。これを否定するのは、まるで私が狂人たちの仲間入りをしようとするようなものである。

ローカルな懐疑を、感覚はとにかくすべて信頼できないというグローバルな懐疑に膨らませていくこと。ここに懐疑論者の腕の見せ所がある。デカルトは、いかに方法としてであるにせよ、ここでは懐疑論者の役割を演じているわけだから、間違いからの議論とは別の、さらに懐疑を先に進めるための仕掛けを必要としている。そこで、彼が利用するのが、夢論法（dreaming argument）と呼ばれる議論だ。

夜の眠りの中で、いかにしばしば私は、ふだんのとおり、自分がここにいるとか、上衣を着ているとか、炉端に坐っているとか、信じることであろう。実際は、着物を脱いで床の中で横になっているのに。

デカルトは次のように自問自答する。いま、私は目覚めている。そして、こうやって腕を伸ばしている。そして腕が伸びていくはっきりとした感覚がある。これは確実そうだ。だがまてよ、よく考えてみると、夢の中で私は腕を伸ばす。そんな夢を見たことがある。夢の中では、てっきり自分が現実に腕を伸ばしていると思いこんでいた……。そこで、デカルトは言う。

これらのことを、さらに注意深く考えてみると、覚醒と睡眠とを区別しうる確かなしるしがまったくないことがはっきり知られるので、私はすっかり驚いてしまい、もう少しで、自分は夢を見ているのだ、と信じかねないほどなのである。

知識を持つためには夢（幻覚）と知覚との区別ができなければならない（後者だけが知識）。しかし、われわれには何かを知覚しているかのようなリアルな夢を見ていることと、覚醒時のまともな知覚とを区別する決定的な基準がない。ここからデカルトは、感覚を通じて知覚したと思っている対象が心の外に本当に実在していると主張したとしても、その主張にはじつは正当化はないのだと結論する。

この議論によれば、われわれは心の外の世界についての知識を持てないことになる。自分が経験していると思っている世界はすべて、培養槽の中の脳がみた夢かもしれない……ということになる。この段階まで来ると、疑われていることがらが、「外界が思った通りのものであるか」つまり、塔は丸いのか四角いのかといったことではなく、「そもそも外界はあるのか」に深められていることに注意しよう。これによって、デカルトの懐疑は「間違いからの議論」の段階から、「培養槽の中の脳」型の懐疑論へ近づいていく。こうして、方法論的懐疑の第二段階で、われわれは「世界全体を失う」というわけだ。

この段階で、方法論的懐疑によってふるいにかけられてしまったのは、たとえば物理学、医学、天文学などだ。これらの科学は、すべて外的事物の存在を措定しているので疑わしいものに格下げとなる。しかしそうすると、科学の中で残っているのは、外的事物について語るのではない科学だけということになってしまう。果してそんなものがあるだろうか？　ある。数学がそれだ。

代数学、幾何学、その他この種の学問は、きわめて単純できわめて一般的なものだけしかとり扱わず、しかも、こういうものが自然のうちにあるかどうかにはほとんどとんちゃくしないのであるから、何か確実で疑いえないものを含んでいる。なぜなら、私が目覚めていようと眠っていようと、二に三を加えたものは五であり、四角形は四つの辺しかもつことがない、そしてこれほど透明な真理が虚偽の嫌疑をかけられるなどということは生じえない、と思われるからである。

この考えが正しいなら、外界の存在とその経験によらないア・プリオリな知識はセーフ、ということになる。しかし、弾みがついて止まらなくなったデカルトはさらに続けて、この種の知識も何とかして疑おうとする。こうしてわれわれはとんでもなくラディカルな懐疑に突入していく。数学的知識も疑いにかけるためにデカルトが考え出した「懐疑の水増し装置」は、「欺く神」あるいは「悪霊（genius malignus, malin genie）」と呼ばれている。

すべてのことをなしうる神が存在し、この神によって私は、現にあるようなものとしてつくられたのだ。(中略)私が二に三を加えるたびごとに、あるいは、四角形の辺を数えるたびごとに、あるいは、ほかにもっと容易なことが考えられるならばそれをするたびごとに、私が誤るように、この神は仕向けたのではあるまいか。

2＋3は5であるように思っている。しかし本当は5ではないとしたら？　つねに間違えるようにわれわれの知性を創造したという「欺く神」の想定が不謹慎ならば、人の心を操ることにかけては神と同じくらい強力な悪魔でもよい。その悪魔があらゆることについて自分をだましている。絶対に間違いっこないはずの計算についても。こうして数学的真理も疑うことができるようになる。

2　「我思う、ゆえに我あり」の意味

とんでもないことになった。デカルトのあまりに強力な懐疑論は、外界についての経験的知識どころか、ヒュームだって疑おうとしなかった数学的知識、論理的知識も知識の名に値しないという結論にたどり着いてしまった。こんなことで、すべての知識を支える確実な知識は手にはいるのだろうか。われわれの心配をよそに、第二省察でデカルトはこの作業に着手する。おもしろいことに、目指す確実な真理は、第一省察での方法的懐疑をもういちどたどり直し、それを突き詰めることによって手にはいる。デカルトは、方法的懐疑のプロセスをおさらいし、次のように話を進める。

けれども私は、世にはまったく何ものもない、天もなく、地もなく、精神もなく、物体もないとみずからを説得したのである。それならば、私もまたない、と説得したのではなかったか。

ここまでは、「おさらい」だ。これにすぐ続けて、デカルトは逆転サヨナラホームランを放つ。

いな、そうではない。むしろ私がみずからに何かを説得したのであれば、私は確かに存在したのである。

そしてさらに、ふたたび悪霊に登場してもらって、この議論を補強する。

しかしながら、いま、だれか知らぬが、きわめて有能で、きわめて狡猾な欺き手がいて、策をこらし、いつも私を欺いている。それでも、彼が私を欺くのなら、疑いもなく、やはり私は存在するのである。欺くならば、力の限り欺くがよい。しかし、私がみずからを何ものかであると考えている間は、けっして彼は私を何ものでもないようにすることはできないであろう。

以上の議論から次の結論が導かれる。

> 「私はある、私は存在する」というこの命題は、私がこれをいいあらわすたびごとに、あるいは、精神によってとらえるたびごとに、必然的に真である。

悪霊がいて、私が何かを考えるたびごとに私を欺いているとしよう。たとえば、私は本当は培養槽の中の脳であって、ハリウッド・スターではないのに、悪霊が私を欺いて、スターだと思わせている。このときたしかに、スターであるような私は存在しない。しかし、悪霊が欺くためには、少なくとも思い違いをさせる相手としての私は存在しなければならない。そうでなければ、「欺く」ということじたいが成立しないのだ。悪霊はスターでない者をスターであると思いこませることはできるが、存在しないものを欺いて、自分は存在していると思わせることだけはできない。というわけで、外界がどのようであるか、自分が何ものであるのか、2＋3がいくつなのかなど、すべてにかんして欺かれているとしても、そのように欺かれる私がいるということにかんしては私は欺かれていない。それは、私がいることが、様々な仕方で私が欺かれるための論理的前提条件だからだ。このように、デカルトの議論は、懐疑論が自己論駁的だということを示す議論になっている。

同じことを違った仕方で述べなおしてみよう。疑うとはいったい何をすることだろう。私がそれまでAということを信じていたときに、「本当はAではないかもしれない」と自分に説得するのが疑うということだ。そうすると、方法的懐疑にたずさわっている限り、そこには説得される何ものかがいるわけだ。つまり、一切を疑うというまさにその作業が、疑う私が何ものかとして存在しているということを、逆に疑いえないことにしてしまう。しばしば、疑えることすべてを疑ったら、どうしても疑うことのできない真理として私の存在が残った、という具合にデカルトの議論が紹介される。これは間違いとは言わないが、誤解を招きやすい。むしろ、疑うという作業を行うかぎり、存在をうち消すことのできないものとして、疑う働きとしての私がそこに現れてしまう、と言うべきだろう。「自分は何かを思っている」という命題を疑ってかかるまさにその行為が、その命題が真であることを確証してしまう。そしてその命題が真であることが、何かを思っている何ものかが存在しているという存在命題を含意する。こうして少なくとも一つの存在命題が確実な真理の座につくことになった。疑うというプロセスそれじたいから、疑いを免れた確実なものを絞り出すというところがじつにお見事！な議論だ。

以上が「我思う、ゆえに我あり」という有名な言葉の意味だ。哲学者の言葉だからといって、ここに出てくる「思う」を何か深遠なことを考えることだと考える必要はない。これまでの叙述からわかるように、ここでの「思う」は疑うこと、欺かれること（間違ったことを信じること）にすぎない。ところで、じつはこの有名な言葉が出てくるのは『省察』ではない。この言葉は、『方法序説』（一六三七）にフランス語（Je pense, donc je suis）で、『哲学原理』（一六四四）にラテン語で（cogito ergo sum）出てくる。「私は考える」というのは、ラテン語では一語で「cogito」と表される。そこで、以上のデカルトの議論は、「コギトの議論（cogito argument）」と呼ばれている。

3　デカルトの循環

というわけで、少なくとも一つ、自分で自分を正当化している基礎的知識が見つかった。とはいうものの、ここで見つかった「私は存在する」において、確実に存在すると言われている「私」っていったい何だろう？二つのことを言っておかなくてはならない。まず、「私が存在する」が確実に真だというのは、あくまで限定つきだということ。つまり、私が欺かれたり、何かを疑ったり、つまり何らかのことがらを思っているかぎりにおいて、私が存在することは疑えない、ということなのであって、私が存在していることが、1＋1＝2のように必然的真理だということではない。この世に私が存在しているのはまったくの偶然だし、神や悪霊ならいつでもお望みの時に私の存在を無に帰すこともできる。

さらに、私が存在するということが確実だ、といっても、しかじかの両親の元に東京に生まれ、数年前から大学で哲学を教えていて、今日は息子の友だちが家に遊びに来たので居場所がなくなり、連休だというのに休日出勤をして『知識の哲学』の原稿を書いているトダヤマ・カズヒサという人物が存在していることが確実なのではない。なぜなら、こうしたことがらすべてについて、私は悪霊に欺かれているかもしれないし、そもそも私は人間ですらないかもしれないからだ。

つまり、「私は存在する」と言うことで主張されているのは、どんな属性を持つかもわからず、何かを考えたときにだけそのつど存在し、次に何かを考えたときにも存在するが、さっき存在していた私と同じ私であるかどうかの保証もない(なぜなら、さっきこんなことを考えた私と同じ私がいま存在している、と言うためには、さっき私はしかじかを考えたということが真でなければならないが、こうした記憶については私は間違えるかもしれないし、悪霊だったら偽の記憶を植え付けることなど朝飯前だからだ) バラバラでスカスカの「私」の存在にすぎない。

うーん。だいぶ有難味がなくなってきたぞ。確実な真理が見つかったのはいいけれど、こんなほとんど情報量ゼロの、限りなくトートロジーに近いものが見つかったってしょうがないんじゃないか。もちろんそうだ。これがわれわれのもちうる唯一の確実な知識なのだとしたら、ちょっと情けない。しかし、デカルトの目標は何だったのかを思い出そう。知識の基礎づけだ。つまり、デカルトは、方法的懐疑をくぐり抜けてやっと見つけたこの一片の確実な知識から出発して、われわれの知識の大部分についても、やっぱり信用していいんだということを保証するという壮大なプロジェクトをやろうとしているのだった。「私は存在する」は自分で自分を正当化できるような知識である。ここまではよい。しかし、この知識は他のすべての知識の正当化の基盤を提供するようなものだろうか。基礎づけ主義者デカルトはこのことを示さなくてはならない。

しかし、ちょっと困ったことがある。「私は存在する」は、外部世界の存在を疑ったあとで発見されたものだ。だから、そこから他の知識を復元していくにあたって、デカルトは外部世界にある道具立て（たとえば、外在主義者が手を出すような因果連鎖）を用いることはできない。したがって、存在が確実になった「私」の中に見つけることのできるものだけを使って、外部世界についての信念も正当化されていることを示していかなくてはならない。そんなことができるのか？　ごもっとも。まず無理でしょう。でもデカルトがどんなふうに頑張ったかを知ることには意味がある。そこで、デカルトがどのように方法的懐疑のプロセスを逆行して、外部世界についての知識を回復しようとしたかを検討することにしよう。

第三省察の冒頭で、デカルトは「私」の中から、他の知識の正当化に使えそうなものを探している。彼は次のように言う。

> 私が考えるものであるということを、私は確信している。それならば私は、ある事がらについて確信をいだくために必要な条件をもまた、知っているのではあるまいか。ところで、この最初の認識のうちには、私が肯定する事がらについての、明晰で判明な認知以外の何ものもない。（中略）それゆえ、いまや私は、私がきわめて明晰に判明に認知するところのものはすべて真であるということを、一般的な規則として確立することができるように思われる。

この規則は「明晰判明知の規則」と呼ばれ、デカルト認識論の要となるものだ。そのくせ、この「明晰（clear）」

と「判明(distinct)」というキーワードじたい、とても明晰判明に定義されているとは言えない。とりあえず「明晰」の方は、自明性、曇りやゆがみがなく明らかであること、「判明」の方は、曖昧でなく、お互いが他のものとしっかり区別されていることを含んでいる、と押さえておこう。また、もう一つ重要なのは「認知する」という語だ。これはラテン語では percipio、英語では perceive なのだが、「知覚する」というのとはちょっと違う。知覚のように感覚を通じて外的な対象を認識することではなく、心の中だけで、知性が単純な真理を直接に把握することを指して使われている。

しかしそれにしても、思わず「おいおいそれはないだろう」と言いたくなるような議論だ。「私は存在する」という命題が誤りえない確実なものだったのは、それが懐疑の自己論駁性の論理的帰結だったからであって、明晰判明に認知されるという心理的基準を満たしていたからではないはずだ。2＋3＝5はこの上なく明晰判明に認知されるが、これはしっかりと疑いの対象となっていた。デカルトは、「私は存在する」といった知識は自分じしんを証拠立てることができるということと、自分の心の状態についての知識（自己知識）は明晰で判明であるということから、一足飛びに「明晰で判明に認知されるものは何でも真であり疑えないのだ」という知識一般に対する確実性の基準を導き出している。

ここに飛躍があるのは明らかだ。たとえば、懐疑論者は問うだろう。間違った命題に限って明晰判明に認知するように欺く神がキミを創造したとするなら？　こうした疑問に答えるためには、デカルトは明晰判明知の規則にもっとまともな正当化を与えなければならないだろう。『省察』では、驚くなかれ神の存在証明がその役割を果たしている。

神さま？　現代人のわれわれにはいかにも唐突に思える。しかし、方法的懐疑の最後のダメ押しが「欺く神」の想定によるものだったことを思い出そう。もし、伝統的に考えられているような完全な神、つまり限りなく万能で限りなく善良な神がわれわれの創り主であるならば、神はわれわれがそのようにだまされたりしないように創ってくれたはずだ。こうして神の存在証明に依拠して、デカルトは外部世界についての知識を回復するための明晰判明知の規則を正当化しようとする。われわれは、心の中にたとえばチョコレートの観念が生じたら、それは外部世界に実在するチョコのせいで生じたのだと信じる強い傾向をもっている。われわれの心にこうした傾向性を与えたのが神である以上、本当にそういう対象が外部世界にあると考えるべきだ。なぜなら、さもないと神はわれわれを系統的に欺いていることになり、それは神の完全さ・善良さに反してしまうからだ。このように、神がわれわれに与えてくれた認識能力はわれわれを誤りに導くようなものであるはずがない。つまり、私が明晰判明に認知するものは真であるように神は私をつくってくれたのである。もちろん、われわれはときどき間違えるが、これは神の贈り物をうまく使っていないからにすぎない。

……私が誤るということはまったく起こりえないのである。なぜなら、すべて明晰で判明な知識は、疑いもなく実在的なものであり、したがって無に由来するものではありえず、必然的に神を、かの最高に完全なものであって、欺瞞者であることとは相容れないところの神を作者としてもっており、それゆえ、疑いもなく、真なのであるから。

さて、そうすると問題は次のことだ。欺くことのない完全な神の存在が、明晰判明に認知したものが真であることを保証してくれるのだとすると、まず最初に神の存在を証明するときに必要な前提の正しさに保証を与えてくれるのは何だろう？　ここで、デカルトの議論は循環していると批判されてきた。神の存在を証明するときに、神の存在が証明されて初めて信用できるような知識を使ってやしませんか？というわけだ。たとえばデカルトの同時代人アントワン・アルノーは次のようにデカルトを批判している。「あなたは、われわれが明晰判明に捉えたものは真であるということを確信できるのは神が存在するからに他ならないと言いながら、われわれが神の存在を確信できるのは、われわれが神の存在を明晰判明に捉えているからだとも述べておられますが、どうやって循環を避けることができるのでしょうか？」たしかに、デカルトの議論が次のようなものだったら、デカルトは循環をおかしていることになるだろう。

(1)　私が明晰判明に認知するものはすべて真である
(2)　私は神が存在することを明晰判明に認知する
(3)　したがって、神は存在する

一方で、

(4)　神は存在する
(5)　神は、私が明晰判明に認知するものはすべて真であるように私を創った
(6)　したがって、私が明晰判明に認知するものはすべて真である

しかし、いくらなんでもデカルトはこんなにあからさまに循環した議論を行っているわけではない。『省察』には三種類の神の存在証明が含まれている。本来なら、そのそれぞれを合理的に再構成して、循環が含まれていないかを検討しなければならないが、ここではそのうち一つを紹介して、やはり循環の気配が濃厚だということを示すことでカンベンしてもらおう。

当時、キリスト教会で主流だった神の存在証明は、自然界の因果の鎖を逆にたどっていくと、すべての出来事の最初の原因、つまり創造主がいなければならないことがわかる、とか、自然界のさまざまな事物は非常に巧妙に調和していて、あたかも一つの目的を持っているように見えることから出発して、だからすべてのものをある目的に向けて設計した創造主がいるはずだ、とするような「証明」だった。こうした証明は、外部世界にある事物の存在を前提してそこから神の存在を導きだそうとするものだから、デカルトには使うことができ

ない。デカルトは、「私」の心の中に見つけることのできる道具立てだけを使って、神の存在を証明しなければならない。そこで、デカルトが目をつけたのが心の中にある神の観念だった。第三省察でデカルトはおおむね次のように議論を進める。

私の心の中には、「このうえなく完全な存在」という神の観念がある。こういう観念が私の中にあるのは、完全な創造主である神が本当に存在して、私を創るときに私の心にそれを植えつけたからだ。したがって、神は存在する。……この議論をより説得力のあるものにするために、デカルトは、観念が心に生じる原因にかんする独特の因果原理に訴えている。説明しよう。われわれがどのような観念を持つにせよ、それには原因がなければならない。このことは誰でも認めるだろう。ところで、デカルトの時代、「原因」とは結果を生じさせるパワーをもっているものだから、何らかの意味で結果よりも「優れた」もの、つまり、結果よりも大きなパワーや実在性をもつものと考えられていた。そこで、デカルトは「結果のうちにある実在性ないし完全性は、原因のうちにそれ以上の程度で含まれていなければならない」という因果原理を採用していた。

この因果原理を神の観念の原因に当てはめてみよう。神の観念の内容には、完全性と無限性が含まれているのだった。つまり、神の観念は最高度の内容をもっている。最高度の実在性・完全性を含む観念の原因は、それと同等か、それ以上の実在性・完全性をもつものでなければならない。したがって、有限で不完全なわれわれ自身がその観念を生み出す原因だったということはありえない。神の概念の原因は神である。というわけで、デカルトは、神の観念がわれわれのうちに存在すること＋因果原理から、神が存在するという結論を導き出すことができた。

しかし、この因果原理ってちょっとヤバくないか？　この原理は、心の中にしかじかの観念がリアルに存在しているという心理的事実から、それの原因となった何かの客観的存在へと、いわば心の中から外へと橋渡しをしてくれる原理だ。だけど、こんな原理に安直に依拠しちゃっていいのだろうか。じっさいデカルトにインタビューを試みた若いオランダ人のビュルマンは、因果原理を神の存在証明に使うのは循環ではないかと指摘した。デカルトはこれに対し、神の存在証明に用いている前提、つまり因果原理について自分は間違えることはありえない。なぜなら、自分はその原理に注意を向けているからだ。注意を向けている限り、自分はだまされてはいないということを確信できる。……と苦しい言い訳をしている。これを好意的に解釈すれば、神の存在証明には、それじたいあまりに自明な前提しか使っていないから、きちんとそれらに注意を向けさえすれば、ぜったいに間違えっこない、ということになる。

なるほど、こういった種類の真理が現にあるかもしれないということには同意しよう。しかし、いまデカルトがどういう議論の中のどの段階にいるのかということを忘れてはならない。「考える私は存在する」以外の知識はまだ懐疑にさらされたままだ。とりわけ、欺く神の想定は残っている。欺く神がいなくなるのは、完全で誠実な神の存在が証明されたあとだ。そのときはじめて、神は欺かないということを確信できる。だからそれまでは、神と呼ばれているものはわれわれを欺くような存在かもしれないと思っていなければならない。つまり、われわれにとってどんなに自明で、間違いの余地がないと思われても、そういった心理的基準は信頼できない。欺く神は、われわれの心を操作して、まちがったことをわれわれに深く納得させてしまえるだけのパワーを持った存在だ。議論のこの段階では、いかなる心理的基準も信頼してはならない。さらに、そもそうした基準を適用しようにも、因果原理は、単純で、自明で、注意をそれに向けたが最後だれもが確信せざるをえないようなものだとはとても言えない。

循環を指摘するさまざまな批判にデカルトは何とか答えようとした。しかし、けっきょく、批判者を満足させることはできなかった。現在にいたるまで、好意的な解釈者は知恵を絞ってデカルトを循環から救い出そうとしてきた。でも、その成果は余りはかばかしくないようだ。すでに第2章で確認したように、正当化の無限後退を打ち止めにして、遡行問題を解決するためだけだったら、そこに現われる基礎的信念は絶対確実でも不可謬でもある必要はなかった。デカルトが知識の基礎づけで確実な基礎的信念を求めたのは、彼の課題が単に遡行問題の解決にあったのではなく、われわれの知識を懐疑論から救い出すことにあったからだ。しかし、残念ながら、デカルト流の古典的基礎づけ主義は懐疑論論駁として見た場合、ちょっと野心的すぎて、どんなに頑張っても失敗する運命にあったのだと評価すべきだろうと思う。何がまずかったのだろうか。

まずかったのはそもそもの方針だと思う。懐疑論者の問いかけに対して、このことだけは間違えっこないと言えるような確実な知識を探し出し、それに基づいて他の知識を正当化することによって対抗するという方針、これが的はずれだったのだ。次章以降では、この反省を踏まえて、われわれはどのように懐疑論に立ち向かえばよいかを考えていこう。しかし、それにしてもデカルトがすごいのは、懐疑論者の役もそれに答える哲学者の役もひとりで、しかも誰よりも徹底的にやってしまったということだ。このことはいくら強調しても強調しすぎということはない。

4　デカルトの基礎づけプロジェクトの意義

懐疑論論駁としてのデカルトのプロジェクトは破産した。ということは、デカルトを読むのは時間の無駄ということになるのだろうか。そうではない。われわれは過去の人々がトコトン考え抜いたことがらからは、たとえ最終的にその考えが間違っていたとしても、多くのことを学ぶことができる。古典を読むというのはそういうことだ。ただし、古典から学ぶことができるのは、われわれじしんがどうしても解決したい問題をもっているときに限られるけれども。そこで最後に、失敗に終わったデカルトのプロジェクトにそれでも残る現代的意義は何かを明らかにしよう。意外に思われるかもしれないが、それには、神が果たしている役割を再確認することが必要だ。

デカルトの議論は、われわれが「世界はこんなだ」と知っているつもりになっている常識を疑うことから始まった。そして懐疑の果てに取り出された絶対確実な「私は存在する」から逆に引き返して、他の知識の正当化を行う。しかしここで、単に出発点にあった常識が再び正当化されるだけだったら、つまり、プロジェクト前後でわれわれの知識体系の内容に実質的な違いが生じないのだったら、わざわざこんな苦労をする必要はないだろう。しかし、デカルトのプロジェクトはそうではなかった。プロジェクトの前にも後にも、デカルトは外部世界や物体の存在を確信している。しかし、その外部世界や物体をどのように捉えているかはまったく異なってしまう。常識では、外部世界は感覚が捉えたような仕方で存在していると思われていた。トマトは赤くて酸っぱい、カメムシは緑色で臭い……。しかし、議論の過程で次のことが明らかになる。

(1)　多くの場合、感覚による把握は曖昧で混乱している。つまり、色や音や味や苦痛は、明晰判明に認識されるものではない。

(2)　したがって、外部世界や物的実在の本性を信頼のおける仕方で捉えるためには、混乱した感覚に頼るのではなく、より明晰判明な概念を用いるべきだ。

(3)　それこそ純粋数学の明晰判明な概念に他ならない。

(4)　純粋数学の対象（拡がり・量）は、神が世界を創造するときに、それを物質的事物の本質とすると同時に、外部世界のありさまの本質を捉えることができるようわれわれの心に最も明晰判明に認知できるような仕方で植えつけてくれたものだ。

第六省察でデカルトは次のように述べている。

そして確かに、私はすでに、少なくとも次のことを知っている。物質的事物は、純粋数学の対象であるかぎり、存在することが可能である、私はそれらを明晰に判明に認識するのだから、ということである。なぜかというに、神には、私が明晰判明に認知することのできるものを、すべてつくりだす能力があるということは、疑いのないところであるし……

こうしてデカルトは、世界や物体の本性は数学的に規定されるものであり、自然の最も根本的で正確な探求は数理科学（数学・物理学）でなされるべきだという結論に達する。味や臭いや色といった感覚質に満ちた常識的世界はデカルトの科学からは排除される。この姿勢を最もうまく表しているのは、『哲学原理』の末尾だろう。

私は自然学における原理として、幾何学あるいは抽象的数学におけるとはちがった原理を、容認もせず要請もしない、ということ。なぜなら、このようなやり方で、あらゆる自然現象は説明されるし、それらについての確かな証明が与えられることもできるからである。

というわけで、『省察』は、数理科学的な自然探求の基礎づけプロジェクトでもあったというわけだ。そして、数学による自然探求を可能にしてくれているのが、デカルトの場合、神さまなのである。神は、世界に数理的構造を与える一方で、われわれの知性に数学的真理を明晰判明な真理として与えてくれた。このことにより、実験や観察をせずに心の中だけで発見できるアプリオリな数学的真理を使って、外部の自然界を研究することができるというわけだ。

自然科学の研究に数学が不可欠なことは誰でも知っている。とくに、最先端の物理学なんて、物理学なんだか数学なんだか区別がつかないほどだ。でも、どうして心の中だけでできるはずの数学が心の外の自然界の研究に役立つのだろう。これは現代でも解決していない難問だ。デカルトが偉いのは、この難問を解決したからではなく、このことが説明を必要とする「問題」だということをはじめて明確に意識したからだ。

最後にもう一つ。以上の説明で、デカルトのプロジェクトで神が果たしていた役割が明らかになったはずだ。それはつまり、人間の認知能力と自然界のありさまとを同調させるという役割である。人間が自然界のようすをうまくとらえることができ、外部世界についてちゃんと知識を持てるのはなぜか？　この問いにデカルトが与えた答えは、「神が存在し、神は欺かない」というものだ。われわれが知性に基づいて展開してきた科学的世界像の通りに世界が存在していないのだとすれば、神が不誠実だということになる。われわれが外部世界はしかじかだと信じていることの最良の説明は、神は誠実なんだから世界もその通りにつくってあるはずだ、というものだろう。きちんと科学が行われている限り、科学は自然界のありさまをきちんと捉えることができる。なぜって、科学の担い手であるわれわれが「そういうふうにできているから」だ。こうして、神さまのおかげでデカルトはかなり楽天的な科学実在論者でいられたのである。

神を信じない多くの現代哲学者はこうしたうまい説明をそのまま受け入れることはできない。しかし、デカルトの議論での神の役割を果たすものは、他にはないのだろうか。われわれの認知能力と自然界のありさまとをある程度同調させてくれるもの……私は、自然それじたいがそうなのではないかと思っている。われわれの認知能力は自然界の中で進化のプロセスの結果として生じてきたものだからだ。この話題は第III部で、「自然化された認識論」という考え方として検討する。

問題

(1)　「私は考える、ゆえに私は存在する」はいったいどんな推論なんだろう、いや、そもそも推論なのか？ということが議論されてきた。というのも、これと同じ形式をもった「私は食べる、ゆえに私は存在する」は、ちっとも確実な知識をもたらしてくれていないように思われるからだ。そこで、どうして「考える」ならよくて、「食べる」ではデカルトの目指した結論がえられないのかを考えてみよう。

(2)　あなたが信じているさまざまなことがらのうち、明晰判明に認知されたから真だという心理的基準によって信じているものがどれくらいあるだろうか。探してみよう。

第7章　懐疑論をやっつける正しいやり方

　第5章で確認したように、懐疑論は哲学的議論であって、ひねくれた態度や生き方のことではない。哲学的議論としての懐疑論は、われわれが「うーん、たしかにそれは知っているとは言えないな」と同意せざるをえないことがらを見つけてきて、それを知らないと認めたからには、あなたはほとんど何も知らないと認めたことになるのだぞと議論を進めていく。このことを指して私は、懐疑論を「疑いと無知の水増し装置」と呼んだのだった。しかし、われわれにはほとんど何も知りえないという結論が出てしまうような議論はどこかがおかしいに決まっている。こうして、懐疑論をどのように論駁するかということに多くの哲学者が頭を悩ませてきたというわけだ。ところが、第6章で検討したように、疑いようのない一片の知識を見つけだして答えようとする路線は、どうやらうまくいきそうにない。

　したがって、「あなたはほとんど何も知らない」という結論だけに反応して、「これなら確実に知ってるモン」と答えようとするのではなく、懐疑論者の行う議論のプロセスが間違っていること、つまり論理的に飛躍があったり、認めることのできない前提を使っているなりして、懐疑論者の望むような結論はじつは導き出せないのだということを示す。これが懐疑論に対する正しい対処の仕方ではないだろうか。つまり、懐疑論は屁理屈なのだから、理屈には理屈で答える必要がある、ということだ。これは、「アキレスと亀」を一部として含むゼノンのパラドクスと呼ばれる伝統的問題と比べてみるとよくわかる。このパラドクスは、運動が存在すると仮定するとこんなおかしな結論が出てくるから、運動は存在するように見えても、じつはありえないのだという、運動の不可能性を論じる議論として提出されたものだった。このパラドクスに対して、「ほら、運動できるじゃないか」と実際に歩いてみせることが解決にならないのは明らかではないだろうか。なぜなら、このパラドクスで問題となっているのは、運動が可能かどうかということではなくて、運動の不可能性が結論として出てくる屁理屈のどこがヘンか、ということだからだ。同じように、哲学的議論としての懐疑論に対する反論は、全面的な懐疑に至る論証の筋道のどこがおかしいかを示すというものでなくてはならないはずだ。

そこで本章では、懐疑論の議論が成り立たないことを示すための現代的な議論の一つとして、ロバート・ノージックが彼のとんでもなく分厚い本『哲学的説明』の中で試みた反懐疑論を取り上げて検討しよう。

1　ノージックによる知識の定義を理解する

そのためにはまず、ノージックの知識の定義をよく理解しておかなくてはならない。彼の立場は知識の要件から正当化をはずしてしまうラディカルな外在主義の一種だ。正当化要件のかわりにある種の条件法で書かれる要件を提案するので、彼の立場は知識の条件法的理論（conditional theory of knowledge）と呼ばれることもある。

さて、ノージックは次のように知識を定義する。

【定義】　AさんがPということを知っているということは、次の四つの条件が成り立つということである。

(1)　AさんはPと信じている
(2)　Pは真である
(3)　もしかりにPが真ではなかったとしたら、AさんはPと信じなかっただろう
(4)　もしかりに、現実とほんの少しだけ事情が変わっているにもかかわらず依然としてPが真であるような状況におかれたとしても、AさんはやはりPと信じただろう

(3)と(4)の条件については解説が必要だ。そのためにはちょっと遠回りをしなければならない。これらの条件にあらわれる「もし……だったとしたら（しても）」は、反事実条件法（counterfactual）と考えて読んでほしい。つまり、現実とはちょっとだけ異なる状況を想定して、その状況ではどういうことになっていたかを述べるための言い回しだ。この「ちょっとだけ」というところが反事実的条件法のミソだ。たとえば、現実の世界では次のようなことが起きていたとしよう。

【現実】　五代くんは響子さんと待ち合わせをしたけれど、彼女は三〇分待っても来なかった。五代くんはてっきり振られたと思ってとぼとぼと家に帰った。しかし、響子さんは渋滞に巻き込まれて遅刻し、五代くんが帰った五分後に待ち合わせ場所に息を切らせて到着したのだった……。

あとで事情を知った彼は思わず、「ああ。あのときせめてもう五分待っていたら響子さんとデートできたのに！」と叫ぶだろう。これが反事実条件法だ。ここで五代くんは、自分がもう五分、計三五分待ったという点で現実と異なる状況を思い描いている。しかし、三五分待ったのだけれども最初から響子さんにからかわれただけだったとか、三五分待ったのだけれどじつは待ち合わせ場所を勘違いしていたとか、三五分待っているうちに火

星人が攻めてきたとか、宇宙が消滅してしまったというような状況を思い描いているのではない。五代くんが思い描いているのは、三〇分ではなく三五分待ったということ以外は、響子さんの気持ちも、道路の混み具合も、待ち合わせ場所も現実とほとんど変わらない状況のはずだ。待ち時間以外も現実とうんと違ってしまっているような状況では、二人はデートできたとは限らない。

以上の直観的な説明を頼りにして、反事実条件法で書かれた文がどのようなときに真になるかを（それを真理条件 truth-condition と言う）、もうすこしきちんとした形で提示しておきたい。ある言語に属するある種類のすべての文の真理条件をはっきりとした形で示すことを意味論（semantics）と言うけれども、ここでやろうとしているのは反事実条件法の意味論を与えるということだ。そのためには、論理学に由来する可能世界意味論という考え方が役に立つ。可能世界とは、現実の世界とどこかしら違うたくさんの世界のことを意味する。この可能世界を用いると、「世界がこういう点で現実とちょっと違っていたらどうなっていたか」という想定を、「現実世界とこういう点で異なる可能世界ではどうなっているか」という想定で置き換えることができるだろう。ここで、現実世界を真ん中に置いて、それとほとんど同じだがどこかがちょっとだけ違う可能世界（いくつもある）をその周りに並べる。その外側に現実世界ともう少しだけ異なる可能世界をぐるっと並べる。そしてその外側に、さらに現実世界との違いの大きい可能世界、その外側に、……と可能世界を現実世界との類似度に応じて同心円状に並べたと考えてみよう。現実世界との違いが大きな世界ほど中心から遠くにあることになる。また、同じ同心円上にある可能世界は、現実世界との類似度が等しいと考える。そうすると、可能世界は現実世界との近さに応じていくつかのグループに分かれることになる。先ほどの例を使えば、真ん中には五代くんが三〇分で帰り響子さんと行き違いになった現実世界があり、そのすぐ周りを、もう五分待った以外は現実世界と変わらない可能世界や、たばこをもう一本余分に吸いながら待った以外は現実世界と変わらない可能世界などが取り巻き、そのさらに周りに、交通事情も現実と異なる世界や、響子さんの気持ちも現実世界と異なっているような世界がくる。さらに遠くに、待ち合わせの間にクーデターが勃発したような世界、さらに遠くに待ち合わせの間に火星人が攻めてきた世界が位置している。

すでに明らかだと思うが、現実世界ではPではないのに、「かりにPであったなら……」と想定するとき相手にしているのは、Pが真であるような可能世界たちの中でも、現実世界のすぐそばにあるものばかりだ。現実世界に近い可能世界のうちPが真になっているようなところではどういうことが起きているかなと考え、それを述べるための言い方が反事実条件法なのだと言えるだろう。そこで、とりあえず次のように反事実条件法の真理条件を与えることができる。

【反事実条件文の真理条件】　反事実的条件文「もしかりにPであったならQだったのに」が現実世界で真であるのは次の条件が成り立つときである。つまり、ある程度以上現実世界に近い可能世界ではどこでも、そこでPが真であるならQも真である。

「五代くんが響子さんを三五分待った」という命題を「P」とし、「五代くんは響子さんとデートできた」を「Q」とする。五代くんの後悔を、可能世界意味論を使って言い直してみよう。「現実世界では三〇分しか待たなかった（not P）のでデートできなかった（not Q）けれど、現実世界のすぐそばにある可能世界（いろいろあるはず）のなかには、ぼくがもう五分待っていたような世界、つまりPが真な世界がいくつかあるだろう。そういう世界ではどこでもQが真、つまりぼくは響子さんとデートできたはずなんだ。」現実世界からもっと離れた可能世界では、五代くんがもう五分待った（Pが真）のに、交通事情がもっと悪かったり、響子さんの気が変わったり、火星人が攻めてきたりして、Qが偽になる世界があるかもしれない。そういう世界があったってよい。Pが真になっているような世界で、現実世界に近いグループの世界ではすべてQも真になっている。

これさえ成り立っていれば、遠いところにPなのにQでない世界があったってよいというわけだ。

以上の反事実条件法の理解を(3)と(4)にあてはめてみよう。(3)が述べているのは直観的には、現実にはPが真だけれど、Pが真ではないこととそれにつじつまを合わせるような最小限の点だけが異なる以外は現実とほとんど同じ状況では、AさんはPと信じなかっただろうということだ。これを可能世界を使って言い換えれば次のようになる。現実世界ではPが真だが、Pが偽であるような可能世界を考える。これらの可能世界のうち、現実世界に最も近いところにあるもののすべてにおいて、AさんはPと信じていない。逆に(4)の方はこうなる。可能世界のうちPが真であるようなものを考える。これらの世界はそれぞれ現実世界とどこかしら異なっている。それらの可能世界のうち、現実世界に近いところにあるもののすべてにおいて、AさんはやはりPと信じている。つまり、Pが真であるということは保ったまま、現実の変えられるところをほんの少しだけ変えてみたような状況でも、依然としてAさんはPと信じただろうということだ。

2　ノージックによる定義を使ってみる

(3)と(4)の条件を置くねらいは、ゲティア型の反例を退けることにある。まず(3)はどうか。第4章で紹介したゲティア型反例（七七ページの事例3）を使って、この反例が条件(3)を満たしていないことを示そう。反例に登場したあたる君は、去年のビデオ映像を見て中継と勘違いし、友引高校が優勝したと信じてしまった。このとき事例2では、実際にも甲子園で友引高校が優勝していたことになっていたが、かりにそのとき甲子園で決まった優勝校が別の高校だったとしてみよう。それでもあたるは去年のビデオ映像を見て友引高校が優勝したと信じてしまっていただろう。というわけで、あたるは条件の(3)を満たしていない。したがって、あたるは友引高校が優勝したということを知っていたわけではない。

次に、条件(4)がなぜ必要になるかを考えてみよう。じつは、信念がまぐれ当たりになる仕方はもう一つあって、それは(3)の条件を課しただけでは防げないことが分かっている。次の反例を見てみよう。これはギルバート・ハーマンが考え出したものだ。

【反例】　ある国で独裁者が暗殺された。新聞は第一報でそのことを報じたが、そののち国じゅうの新聞や他のメディアは一斉にそれを否定した。じつはこっちの否定報道の方が報道管制による虚偽であって、本当に独裁者は暗殺されていたのだった。報道機関の否定報道を受け取った人々はすべて、独裁者の暗殺はなかったのだと信じたか、何を信じたらよいか分からなくなり判断保留となった。ところで、その国でたった一人、否定報道に接する機会を逸した人がいた。この人は第一報にもとづいて本当のことを信じ続けたが、彼だけが独裁者が暗殺されたことを知っていたと言うのはおかしくないか？

この人は(1)と(2)だけでなく、条件(3)も満たしている。なぜなら、独裁者が暗殺されなかったなら、新聞の第一報もなかったわけで、彼は独裁者が暗殺されたとは信じなかったろうからだ。でも、彼が本当のことを知っているとは言えそうもない。こうした反例を排除するために条件(4)があるわけだ。かりに、独裁者が暗殺されたということは真のままにして、他の事情をちょっといじってみよう。つまり、彼も否定報道に接したとしたらどうなっていただろう。彼も他の人と同様に、否定報道を信じ、暗殺はなかったと思うか、混乱したかのどちらかだろう。いずれにせよ、この現実とちょっと違う状況では、彼は独裁者が暗殺されたとは信じなかったはずだ。こうして彼は条件(4)を満たすことができないため、真実を知っていたとは言えない。

(3)と(4)の条件は、知識についての次のような直観をうまく捉えたものだと言える。信念が知識であるかどうかは、まず第一にそこで信じられている命題の真偽に左右されるはずだ。(3)が述べているのは、ほかの事情がどんなに現実と似ていても、その命題が真ではなかったら信じなかっただろうということだから、信念は信じられている命題の真理性に敏感に連動するということだ。逆に(4)が述べているのは、命題が真である限り、他の事情がちょっとくらい現実と異なっていたとしても、依然としてその命題を信じていたはずだということだから、信じられている命題の真理性が変動しないときには信念も変動しないということになるだろう。このように、知識は真理を追いかけてぴったり付き従おうとする性質がある。こうした性質をノージックは、「知識は真理をトラッキングする(tracking　追跡する、跡をたどるという意味)」と表現した。二つの反例は真理をそれぞれ二つの仕方でトラッキングしそこねていた。だから知識になれなかったというわけだ。

こうした知識の見方は外在主義的なものだということに注意しよう。(3)と(4)が要求しているような、真理を信念がトラッキングしているという関係は、その分析のためには可能世界といった概念装置が必要になるけれども、その関係じたいはあくまでもこの現実世界の中に成り立ったり成り立たなかったりするリアルな関係だということを忘れてはいけない。そして、認識者が知識を持つために必要なのは、現に(3)と(4)の条件が満たされていることであって、その事実に認識者自身がアクセスできることまでは要求されていない。

さて、以上の説明が理解できたなら、応用問題として、ノージックの知識の定義を採用した上で、あなたが現に培養槽中の脳ではないときに、自分が培養槽中の脳ではないことを知っていると言えるかどうかを考えてみよう。もし知っていると言えないならそれはどの条件が満たされないからだろうか。条件(3)を考えてみよう。(3)に「あなたは培養槽中の脳ではない」を代入すると、条件は次のようになる。

(a)　もしかりに「あなたが培養槽中の脳ではない」ということが真ではなかったとしたら、あなたは自分が培養槽中の脳ではないとは信じなかっただろう。しかし、これはどうにもわかりにくい。特に前半が二重否定文になっているおかげでとてもぐちゃぐちゃしている。そこで、次のように言い換えてみる。

(b)　もしかりにあなたが培養槽中の脳だったなら、あなたは自分が培養槽中の脳ではないとは信じなかっただろう。これが成り立たないことは、培養槽中の脳というエピソードの設定からして明らかだろう。あなたが現に培養槽中の脳だとしても、たとえば自分は椅子に座って読書していると思わせるような感覚入力をコンピュータから与えられているなら、あなたは自分が培養槽中の脳ではないと信じ続けているはずだからだ。こうして、あなたは条件(3)を満たすことができないので、自分が培養槽中の脳でないことを知っているわけではない。

しつこいようだが、可能世界を使ってもう一度述べ直してみよう。この場合、条件(3)は、あなたが培養槽中の脳であるという点で現実世界と異なっているような可能世界（これらの可能世界たちはうんと遠くにあるだろうが）のうち、現実世界に最も近いところにあるもののすべてにおいて、あなたが自分が培養槽中の脳ではないと信じていない、という条件になる。しかし、この条件は満たされない。なぜなら、あなたが培養槽中の脳であるような可能世界のなかで現実世界に近いのは、あなたが自分は培養槽中の脳ではなく、自分は座って本を読んでいると信じているような世界だからだ。

3　ノージックの懐疑論論駁

ノージックが反論の標的にしているのは「培養槽の中の脳」タイプの懐疑論だ。前節の最後で見たように、ノージックの知識の定義によっても、あなたは自分が培養槽中の脳でないことを知らないことになる。でも、これを認めてしまうと、懐疑論者が現れて、「それだったら、きみはほとんど何も知らないことになるよ」と囁くことになるのではなかっただろうか。その通り。しかし、ノージックはそれでも、あなたは自分が椅子に座りこの本を手にとって読んでいることは知っていると言えるのだと主張する。これは非常に重要なことだ。懐疑論者の議論に対して、われわれはつい、最初が肝心だとばかりにその第一段階を論駁しようとしてしまう。つまり、自分は培養槽の中の脳ではない、それを私は知っていると言えないだろうかと何とか頑張るわけだ。これに対し、ノージックの戦略では、自分が培養槽中の脳であるのかないのかはわからないとあっさり認めてしまう。つまり、自分が培養槽中の脳でないということが真理だとしても、われわれはその真理をトラッキングできていないというわけだ。そして、このことを懐疑論者に対して譲歩した上で、われわれは、それでも自分がいま椅子に座って本を読んでいるということは知っていると主張する。これがノージックの戦略だ。つまり、一つ知らないことを認めさせておいて、そこからあれもこれも知らないと無知を伝染させていく、第二段階の水増し議論に的を絞って論駁しようとするわけだ。

ここで、その第二段階の議論を整理しておこう。まとめると、それは次の形になる。以下では、Qを「自分は培養槽の中の脳ではない」という命題を表すものとしよう。

【懐疑論者の議論】

(a)　あなたはPということを知っている

(b)　あなたはPからQが論理的に出てくるということを知っている

(閉包原理)あなたがPということを知っており、さらに、PからQが論理的に出てくるということも知っているならば、あなたはQということも知っている。

以上三つの前提から、

(c)　あなたはQということを知っている

を導く。すでに第一段階で、自分が培養槽中の脳ではないということは誰にも知りえないということを、懐疑論者はあなたに納得させてあるから、

(d)　あなたはQということを知らない

が言えている。こうして、(c)と(d)が矛盾するから前提のいずれかが間違っていた、間違っていたとしたら(a)しかないから、(a)が間違いだった、つまりあなたはPということを知らない。……と結論される。

(a)と(b)だけからは、(c)は得られない。(c)を導くには、閉包原理がどうしても必要だ。そこでノージックは、自分の定義した知識の概念については閉包原理が成り立たないことを示せば、懐疑論者の議論は成り立たなくなるはずだと考えた。閉包原理を拒否すれば、自分が培養槽の中の脳ではないということを知らないと認めても、そこから様々な日常的な知覚による知識もありえないのだとする懐疑論者の議論には乗らないですむ。

閉包原理が成り立たないことを示すには、それに反例があることを言えばよい。つまり、Pということを知っており、さらに、PからQが論理的に出てくるということも知っているのに、Qということは知らない、ということがノージックが定義する知識に関しては起こりうることを示せばよいわけだ。そしてノージックによれば、何を隠そう培養槽中の脳というエピソードじたいが閉包原理の反例になっている。一体全体どういうことか。ノージックの議論を追跡することにしよう。

あなたは、現実世界で椅子に座って本を読んでおり、なおかつ自分がそうしていると信じているとする。このとき、あなたは自分が椅子に座って本を読んでいること（つまりP）を知っていると言ってよい。なぜなら、まず第一に、あなたが椅子に座って本を読んでいないような可能世界のうち現実世界に最も近いグループ（たとえば椅子に座ってテレビを見ていたり、床に座って本を読んでいるような世界）では、あなたは自分が椅子

に座って本を読んでいると思わないだろうから、(3)は満たされている。また、あなたが椅子に座って本を読んでいるような可能世界のうち現実世界に最も近いもの（たとえば椅子に座ってスコッチを飲みながら本を読んでいたり、椅子に座って本を読んでいるあなたの足下に猫がじゃれついているような可能世界）においては、あなたはやはり自分が椅子に座って本を読んでいると信じているだろう。だから、(4)も成り立つ。

では、ＰからＱが論理的に出てくるという形式の知識についてはどうか。ＰからＱが論理的に出てくるということからは、そのものが円ではないということが論理的に出てくる。現実世界では五円玉の穴は円形だが、五円玉の穴が三角形であるような世界もあるだろう。という具合に、それぞれの物体がどの形をしているかは、可能世界に応じていろいろ変わりうる。しかし、三角形の物体は円形ではないということじたいは、そうした偶然的なことがらにはかかわりなく、どんな可能世界でも成り立っているはずだ。

そこで一般に、現にＰからＱが論理的に出てくるのであれば、その論理的に出てくるということじたいはすべての可能世界で成り立っていると考えてよいとしよう。そして、このことを知るには、言葉の意味の正しい理解と論理的思考力さえあればよい。したがって、現実世界でＰからＱが論理的に出てくるということを信じた人は、現実世界に近い可能世界では同じ程度の論理的思考力と言葉の理解を保っているはずだから、世界の偶然的事情が多少異なってもやはりそのように信じ続けるだろう。したがって条件(4)は満たされる。

条件(3)はどうか。ＰからＱが論理的に出てくるという事実そのものはすべての可能世界で成り立つと考えているので面食らうが、次のように考えればよい。条件(3)が排除しているのはどのようなケースだろう。排除されているのは、(i)ＰからＱが論理的に出てくるということが成り立たない、(ii)現実世界に最も近い、(iii)そこでは、あなたがＰからＱが論理的に出てくると信じている、という三つが成り立つ可能世界があるということだ。

しかしながら、ＰからＱが論理的に出てくる以上は、それが成り立たないような可能世界はそもそも存在しない。だから、条件(3)が排除しているような可能世界は存在していないと言える。したがって条件(3)も満たされている。

ところが、すでに第二節の応用問題で見たように、ノージックの知識の定義を当てはめると、あなたは自分が培養槽の中の脳ではないということ（つまりＱ）を知らないことになる。そうすると、ノージックの定義を採用すれば、Ｐということを知っており、さらに、ＰからＱが論理的に出てくることも知っている、ということを認めても、Ｑを知っているということは認める必要はないということがわかる。つまり、閉包原理には反例があり、これはどんな場合にも成り立つ原理ではないということだ。懐疑論者はこうした疑わしい原理を使って第二段階の議論を進めていたわけだから、われわれはその結論を受け入れる必要はない。

以上の説明で分かってもらえただろうか。まだ狐につままれたような状態の読者もいそうなので、たんに反例を挙げるだけではなく、ノージックの知識の定義を認めると閉包原理が成立しなくなるのはなぜなのかを、もう少し詳しく解説しよう。閉包原理の反例をよく見ると、そこでは、あなたがＰを知っているのに、Ｑは知らないということになっていた。そしてあなたがＱを知らないのは、条件(3)が満たされないからだ。したがって、閉包原理への反例では次の二つが両立していることになる。まず、条件(3)「もしかりにＰが真ではなかったとしたら、あなたはＰと信じなかっただろう」は成立している。しかし、一方条件(3′)「もしかりにＱが真ではなかったとしたら、あなたはＱと信じなかっただろう」は不成立。この二つが両立しうるということが、閉包原理に反例が存在することのポイントだ。条件(3′)が述べているのは、かりにＱが偽だったような状況で、あなたは何を信じるだろうかという反事実条件法的な依存関係だ。この依存関係に、条件(3)が成り立っているということが関わりを持つときもあるだろうし、もたないときもあるだろう。

条件(3)が成立するかどうかを考えるときに引き合いに出される可能世界は、Pが偽であるような可能世界のうち最も現実世界に近い世界だ。これを「最近接非P世界」と呼ぼう。一方、条件(3′)の成立不成立を考えるときに念頭に置かれている可能世界は、Qが偽であるような可能世界のうち最も現実世界に近い世界であり、こちらは最近接非Q世界ということになる。閉包原理への反例を与えるのは、最近接非P世界と最近接非Q世界とがうんと離れているケースだ。培養槽の中の脳がまさにこのケースにあたる。最近接非P世界は、ようするにあなたが座って本を読んではいないような世界だから、現実世界のすぐお隣さんだろう。しかし最近接非Q世界、つまりあなたが培養槽中の脳であるような世界は、そのうちの現実世界に一番近いものですら、現実世界から非常に遠く離れているに違いない。このような場合、たとえPがQを論理的に含意する（したがってどの可能世界でもPならばQである）ということと、現実世界に非常に近い最近接非P世界であなたは何を信じるだろうかということとを合わせても、現実世界からうんと離れた最近接非Q世界であなたは何を信じるだろうかということには影響を及ぼせない。

このことをノージックのとてもうまい例をアレンジして説明しよう。あなたが名古屋で生まれたということは、あなたが地球で生まれたということを論理的に含意している。にもかかわらず、もしあなたが名古屋で生まれなかったらどんなだったろうかということをあれこれ想像するときに念頭に置いている状況（可能世界）と、あなたが地球でうまれなかったらどんなだったろうかということを想像しているときに思い浮かべているSF的可能世界とは、まったく別の、しかもとんでもなく遠く隔たったものになるだろう。だとしたら、それぞれの状況であなたは何を信じていただろうかということに関して、一方が他方に影響を及ぼすということはできない相談だ。あなたが名古屋で生まれていなかったら、「名古屋の人って毎日エビフライ食べてるんでしょ」などと信じていたかもしれない。しかし、この信念が、あなたが地球で生まれなかった場合に保たれているなどということもないし、その場合にあなたが信じるようになることに関係するということもありえない。

このようなわけで、次のような事態が可能になる。

【閉包原理への反例のからくり】

(i)　あなたはPということを知っている

(ii)　したがって、条件(3)により、最近接非P世界ではあなたはPと信じていない

(iii)　PはQを論理的に含意するし、そのことをあなたは知っている

(iv)　しかしながら、あなたはQということは知らない

(v)　なぜなら、最近接非Q世界は現実世界とも最近接非P世界とも大きく隔たった世界なので、その世界であなたが何を信じるかということには、あなたが最近接非P世界でPと信じていないことや現実世界でPと信じていること、あるいは最近接非Q世界においてもPはQを論理的に含意するというようなことよりも、その世界の現実世界とは非常に異なったあり方の方が強く影響する。したがって、この最近接非Q世界ではあなたは依然としてQと信じ続けるということがありうる。

というわけで、閉包原理が成り立たなくなるのは、条件(3)のおかげだということがわかった。つまり、信念Pについて条件(3)が成り立ち、PがQを含意することが知られていても、信念Qについては条件(3)が成り立つとは限らないというわけだ。

ところで、これまでずっと次のような疑問をもちながらつきあってくれていた人もいるだろう。ノージックが行った懐疑論論駁がかりに成功したとしても、ノージックと同じような知識の定義を受け入れていない人には役に立たないのではないか？　必ずしもそうではない。信念が知識であるための必要条件として(3)に類する反事実条件法を認める限り、ノージックとは異なる仕方で知識を定義している人でも、閉包原理が成り立たな

いことを主張することができる。こうして、少なくとも培養槽中の脳タイプの懐疑論における第二段階にまったをかけることは、ノージック以外の論者にとっても可能になるというわけだ。とりわけ、知識の因果説をとる論者や信頼性主義者にとっては、(3)を認めることはとても簡単なはずだ。たとえば、Ｐであるという事実がＡさんのＰという信念を引き起こしたのだとすれば、もしＰでなかったとするならばＡさんはＰと信じなかっただろうと言える。また、信頼性主義者の言う「信念形成プロセスが信頼の置けるものであること」というのが、「Ｐであるという事実とＰという信念との間に法則的関連がある」ということに他ならないとするなら、このときも同様に、ＰでなかったならＰと信じなかっただろうということが帰結するだろう。このような意味でノージックの定義は知識の因果説や信頼性主義を一つの特殊ケースとして含んでいると言ってもよい。

4　ノージックの議論を評価する

閉包原理が成り立たないことを示せば、われわれが自分は培養槽中の脳ではないことを知りえないということから、あれも知らないこれも知らないという具合に無知を水増しする懐疑論者の論法が成り立たなくなる。だから閉包原理を批判してしまえ、というのがノージックの戦法だった。どうやら、ノージック自身は、知識が一般に不可能だとか、われわれは自分たちが知っていると思っていることのほとんどを知らないという結論に至るためには、懐疑論者は議論のどこかでこうした閉包原理に訴えないといけないと思っているらしい。しかし、すべての懐疑論的論法が閉包原理に訴える必要があるというのはどうもあやしい。

たとえば、第５章で紹介した「間違いからの議論」は、あれもこれも知らないねと懐疑的結論を一般化する仕組みが異なっている。培養槽による議論は閉包原理を使うが、間違いからの議論は、われわれはいろいろな場面で間違いをおかしてきたし、現に間違えなかったとしても同じ状況で間違えたこともありえただろうから、いろんな場面で、いまだって知らないことがたくさんあるのだという具合に結論を一般化する。というわけで、ノージックの懐疑論論駁が、すべてのタイプの懐疑論に有効なものであるかどうかは疑ってみる必要があるだろう。もちろん、「屁理屈には屁理屈で」という方針で懐疑論に臨むなら、懐疑論者が繰り出してくる議論のタイプに合わせて、それぞれ別個に論駁を試みればよい、とは言える。

さらに、間違いからの議論は、「今回とほとんど同じような状況で、今回と同じ証拠に基づいて知識を主張しても、それが間違いだったというケースが過去にあった（あるいは想像できる）のだから、きみはいまだって知っているとは言ってはいけないはずだ」という議論だった。ようするにこれは、正当化を認識者が心の中に抱いていることを要求し、「心の内側」から主観的に見て区別のつかない状況で間違えるということがありうるのだったら、いかなる場合でも知っているとは言えないのではないかと主張しているわけだ。だとすると、間違いからの議論は内在主義的な知識観にたった上での議論なのだから、ノージックのような外在主義者は、そういった不適切な知識観の持ち主を苦しめるだけの懐疑論は無視したってかまわない、というよりむしろ、内在主義がいかに間違っているかを示すものだ、と開き直ってもよいだろう。

しかしながら、懐疑論を論駁するためにノージックがとった特殊な戦略のおかげで、こういう開き直りは許されなくなるとする批判がある。ジョナサン・ダンシーは次のようにノージックの議論を批判した。まず、ノージックが閉包原理に反例をつくる手続きをおさらいしてみよう。ノージックはまず、懐疑論者の第一段階の結論を受け入れる。つまり、あなたは自分が培養槽中の脳ではないということは知らないとする。そしてその上で、他ならぬこの事例を閉包原理の反例として使い、それが反例になる仕組みを自分の条件法的知識論によって解説する。というわけで、ノージックは懐疑論者の第一段階の結論を使って、第二段階をやっつけていることになる。これは、相手の武器を使って相手を倒すわけだから、成功したらとってもカッコイイ議論のやり方だ。でも、この場合はダメだとダンシーは主張する。

　ノージックの議論が成功するためには、自分が培養槽中の脳ではないことをわれわれは知らないということを認めなくてはならない。ノージックはこのことをどうやって立証したらよいだろうか。考えられる一つのやり方は、自分の知識の定義からはそれが知識とならないということを示す方法だろう。そして、彼じしんそのように論述を進めている。しかし、これだけだったら、次のような評価が下されてしまうかもしれない。「えっ。自分が培養槽の中の脳じゃないってことすら知っていると言えないわけ？　そんな当たり前で基本的なことも知識のうちに入れられないような知識の定義はどこか間違っているんじゃないの？」だからノージックは、自分が培養槽中の脳ではないことをわれわれは知らないと言うための、自分の理論とは独立の理由が必要だ。この信念は別の理由からしても知識とは言えない。それをきちんと排除しているんだから、条件法的理論はまともな理論でしょ、というわけだ。

　ところが、その「独立の理由」として、間違いからの議論という懐疑論的議論以外のものがあるのか？とダンシーは問いかける。第5章で、培養槽タイプの懐疑論者が第一段階で使っている議論は間違いからの議論に他ならないということを指摘した。つまり、あなたが培養槽の中の脳であるようなケースでは、あなたに自分は椅子に座って本を読んでいると信じさせるような入力が与えられている。あなたがこのケースで手に入れることのできる証拠・経験は、あなたが実際に椅子に座って読書しているケースとまったく同じだ。以上のような状況が想像できるのだから、いまあなたがいかに普通に座って本を読んでいるとしか思えないような経験をしているとしても、あなたは、自分が培養槽の中の脳ではなく椅子に座って本を読んでいるということを知っていると主張してはならない……。そして、ノージックじしんが、あなたが培養槽中の脳であるような最近接可能世界では条件(3)が成り立たないと議論するとき、以上とほとんど変わらない仕方で論じていることにも気づいただろうか。

というわけで、ダンシーの批判によれば、ノージックの懐疑論論駁は、間違いからの議論タイプの懐疑論を論駁するために使えないどころか、間違いからの議論をほとんど前提して使ってしまっていることになる。したがって、ノージックの路線で懐疑論をきちんと論駁するには、間違いからの議論に依存せずに、われわれは自分が培養槽の中の脳ではないということを知らないと論じると同時に、間違いからの議論に対しては別個に論駁を試みなければならない。自分が培養槽の中の脳ではないということ、この世界が神によって一瞬ごとにそれ以前とつじつまの合うような仕方で絶えず創造し直されているのではないこと、宇宙が五分前に（われわれの記憶や化石記録なども含めて）いきなり生じたのではないこと。こうしたことは、事実だとしてもそれをトラッキングすることができないので、われわれは本当は知っていないのだと認めてもよいかもしれない。でも、明日も太陽は東から昇るということ、自分がいま椅子に座って読書していること、自分には手足が二本ずつあること。こういったことは、われわれは知っていると言えなくてはならないはずだ。しかし、間違いからの議論によればこれらは一斉に知識ではないことになってしまう。間違いからの議論はどこかがおかしいに違いない。それをはっきりさせた上で、その論法とは別の仕方で前者の事実はなぜトラッキング不可能なのかを説明することがノージックには（われわれにも）必要だ。

問題

(1)　ノージックの知識の定義を採用した上で、培養槽中の脳は自分が培養槽中の脳であることを知ることができるかどうかを考えてみよう。もし知ることができないならそれはどの条件が満たされないからだろうか。

(2)　宇宙は五分前に生じたという説を唱えるマッド・サイエンティストになったつもりで、その説をできるかぎり説得的に展開してみよう。次に、その説に異を唱える常識的科学者の役割を演じて、できるかぎり理性的にマッド・サイエンティストの見解を批判しよう。

第Ⅲ部　知識の哲学をつくり直す

これまでのまとめと今後の見通し

まず、第Ⅱ部までの話の流れを大雑把におさらいすることから始めよう。伝統的に認識論は次のような二重の目標を持っていた。第一の目標として、知識の基準をたてる、つまり知識の正当化基準を明確にすること。第二の目標として、その基準に従って知識を求めていけばわれわれは真理に達することができるという具合に、その正当化基準そのものを真理の獲得という目的に照らしてメタ正当化すること。第Ⅰ部では、このうち知識の基準をめぐる議論をたどってみた。信念の正当化が全体としてどんな構造になっているかを考えると、われわれは遡行問題という厄介な問題に直面してしまう(第2章)。この問題に対する二つの解答パターンとしては、内在主義的な解決と外在主義的な解決とがある。ところが、どうも内在主義的な解決策はうまくいきそうもない(第3章)。そこで私は、ドレツキの情報論的な知識の理論を実例にとって、知識をもつためにわれわれは正当化を心に抱いている必要はないという外在主義的な立場をとことん突き詰めていくとどうなるかを追跡した

るということになるわけだ。これが「ラディカルな外在主義」である。つまり、正当化は知識の構成要件ではないのではないか、そして、知識の問題は認識者を自然界の中に置いて、知識を自然現象の一種として捉えるような視点でアプローチすべきではないかという考え方だ。こうして、知識とは何か、そもそも知識に正当化が必要か、知識の哲学が考えるべき問いは何かということまでが根本的に再考を迫られることがわかった。

だとすると、なんでまた、正当化とくに知識全体の基礎づけの問題が知識の哲学の最も重要な問いだとされ、そしてその問いがよりによって認識者の心の中を探ることによって内在主義的に答えられなくてはいけないと考えられてしまったんだろうということが逆にとても不思議に思えてくる。これが第I部の残した問いだ。第II部ではこの問いに答えることを目指した。その答えを一言で言えば、伝統的な知識の哲学が内在主義的で基礎づけ主義的になってしまったのは、「知識なんて本当はないんだぞ」と主張する懐疑論に対して「やっぱり知識は可能なんだ、よかったよかった」ということを示そうとする際に、根本的に方針を間違えたからだ。知識の哲学はずっと、懐疑論との対決という課題に動機づけられてきた。懐疑論は、たとえば、われわれには自分が培養槽の中の脳であるかどうかが知りえないということ、自分がいま超リアルな夢を見ているのではないということはわからないということ、あるいはわれわれがしょっちゅう見間違い、聞き間違いをすることなどからスタートして、だからおよそ知識というのはありえないのだと結論する（第5章）。

これに対して、哲学者はまず、「そんなことはない。われわれはこのことは確実に知っていて、間違えるということはない」と言えるような確実で不可謬な知識を見つけてきて、その確実な知識に基づいて他の「知識」とされているものを正当化するという路線をとった。第6章では、この路線をとった哲学者の代表としてデカルトを取りあげて、その議論が懐疑論への対抗論証として成功しているかどうかを検討した。懐疑を免れているような確実な知識を探し求めるとき、デカルトが目をつけたのが心の中だった。なぜなら、外界の事物についての知識は懐疑論者の格好の餌食だからだ。何が信用おけないと言って、心の外にある事物についての信念ほど信用できないものがあるだろうか。見間違い、錯覚なんて日常茶飯事だ。培養槽中の脳は、自分が椅子に座って本を読んでいると間違って思わされている。でも自分がそう思っているということは確実に正しいのではないか。こうして、心の中の領域に確実な知識を見つけて、それをもとに他の知識を正当化していく。このようなやり方によって、いったん懐疑にさらされた知識が信頼に値することを示し、懐疑論に対抗しようという、内在主義的で基礎づけ主義的な知識の哲学がスタートした。しかしながら、デカルトの議論は懐疑論の論駁としてはどうやら失敗だったと評価せざるをえない。

第5章で懐疑論者として紹介したヒュームの議論は、こうした心の中（彼にとっては印象と観念）からスタートするというセッティングにかんしては、内在主義的基礎づけ主義者と変わらない。伝統的な基礎づけ主義者たちと同じスタートラインにたった上で、この方針では懐疑論を深めるばかりで決してやっつけることはできないということを示したものと考えることができる。たしかに、心に直接与えられる感覚印象についての知識は、ヒュームにとっても確実なものだけれど、未来についての信念、因果関係についての信念、帰納によってえられる信念、物体が見ていないときにも存続しているはずだという信念などは、感覚印象についての確実な知識から組み立てようとしたところで、確実性が増すどころではなかった。こうして、ヒュームはわれわれが知識だと思っている多くのことには確実な基礎づけを与えることができないと結論した。

このように、心の中からの基礎づけ路線というのはどうもダメそうだよ、というヒュームの警告があったにもかかわらず、哲学のムーブメントというものは、いったん弾みがつくとなかなか止まらない。内在主義的な基礎づけ主義の傾向は二十世紀の半ばまで続いてしまった。とても乱暴な言い方だけれど、近代の哲学と現代の哲学の少なくとも半分は哲学的懐疑論への間違った対抗戦略が生み出したとんでもない一大伽藍だと言ってもよいかもしれない。しかしながら、第7章で主張したように、そもそも懐疑論は、「もしかしたら思った通りではないかもしれない」というちょっとした疑いを、知識の不可能性という全面的な懐疑へと水増しするための議論パターンだった。これに対抗する正しいやり方は、確実な知識を見つけてくることではなく、日常的で健全な「疑い」を知識の不可能性へと膨らませる論証の筋道のどこがおかしいかというものでなくてはならないはずだ。これが、「屁理屈には屁理屈で」という路線だ。第7章ではその一例としてノージックによる懐疑論論駁の議論を検討した。

というわけで、哲学的懐疑論の論駁には「屁理屈には屁理屈で」という路線を採用し、われわれの知識が全体として信頼に足る確実なものであることを基礎づけ主義的に明らかにすることで懐疑論に抵抗するという課題を放棄しよう、というのが本書のここまでの結論だ。しかし、次のような疑問をもつ人がいるだろう。このように肩の荷を降ろしてしまったら、もう知識の哲学には懐疑論論駁以外にやることがなくなってしまうのではないか？　そんなことはない。知識の基礎づけによる懐疑論の克服という誇大妄想から醒めた後にも残る、知識の哲学の課題は何か。これが第Ⅲ部のテーマになる。そこでまず、この第8章では第Ⅲ部全体を貫くキーワードを導入しておこう。つまり、「認識論の自然化」というのがそれだ。

第8章　認識論の自然化に至る道

1　現代版基礎づけ主義としての還元主義

ウィラード・ヴァン・オーマン・クワインという現代アメリカ哲学者の名前は、読者にはあまりなじみがないかもしれない。でも、二十世紀後半の哲学は彼ぬきでは語ることができない。それくらい、哲学のさまざまな問題について広い範囲に強い影響を与えた哲学者だ。そのクワインは一九六八年に「自然化された認識論(Epistemology Naturalized)」というタイトルの論文を発表した。この論文の中でクワインは、正当化という規範的概念を中心とする古典的な哲学的認識論は終わってしまったと宣言した。古典的な認識論はデカルト以来三〇〇年間、知識の基礎づけに失敗し続けてきた。だから、その目的も手段も根本的に間違っていたと認めるべきだというのだ。このときクワインは六十歳。この歳にして、何とラディカルで何と破壊的なことだろう。以下、本章ではクワインのこの論文をくわしくたどりながら、認識論を自然化するということがどういうことなのかを明らかにしていこう。

クワインの主張を理解するためにはちょっと回り道をする必要がある。まず、十九世紀中頃から二十世紀初頭にかけての「数学の基礎づけ」と呼ばれる運動について。物理学の発展に伴って微分積分学や関数論もどんどん発展してきた。しかし、十九世紀までは、その基礎はけっこういいかげんだった。たとえば、実数（円周率のように無限小数で表されるような数）も、線分の上の点になぞらえて幾何学的直観にまかせて理解されていたし、関数の極限も「どんどん近づく」とか「いくらでも近づく」といった具合に運動になぞらえて理解されていた。しかし、十九世紀になって、曲線のグラフのようななめらかにつながった関数ではなく、もっとたちの悪い関数や、いくつもの変数をもった関数（多変数関数）の微分積分を扱っていこうとしたときに、こんな具合に基礎が曖昧だと実際に困ることがいろいろ生じてきた。そこで、数学の厳密化運動が起こったというわけだ。その場合の「厳密化」というのは、どういうわけだか、実数を有理数で、有理数を自然数で定義しようという具合に、もっと基礎的でもっと直観的によく分かっている（と思われていた）数によって、より本性のはっきりしない数を定義することだと考えられた。

たとえば、2/3のような有理数は、2と3という自然数の組と同一視される。しかし、これだけでは足りない。有理数に対して定義されている足し算、かけ算などの演算や大小関係、あるいは有理数について分かっているさまざまな定理もすべて、自然数の組について定義し直し、自然数について分かっている事実から証明し直さなくてはならない。たとえば、2/3より7/8の方が大きい。これがどういうことであるかを、2と3の組、7と8の組についての話として言い換えなくてはならない。また、「どんな有理数a、b、cについても、a＜bかつb＜cならa＜cである」とか、「どんな異なる有理数の間にもまだ有理数がある」といった有理数論の定理も、自然数について分かっていることと自然数からどのようにして有理数を定義したかということの二つから証明しなければならない。この二つの課題がうまく果たされたとき、有理数（の理論）は自然数（の理論）に還元（reduction）された、と言う。

　このようにして、実数の理論は有理数の理論へ、有理数の理論は自然数の理論へと還元された。より基本的で正体が確実にわかっているものへ還元することが基礎づけるということだという考え方は、こうして強固なものとなった。さてそうなると、欲が出てくる。自然数の理論ももっと基礎的な何かに還元することによって基礎づけたい。その際の「もっと基礎的な何か」が論理学だった。そこで、論理学から自然数論を導き出そうというプロジェクトが始まった。とはいえ、自然数の還元先となる論理学がその当時きちんと整備されていたわけではない。自然数論の還元というプロジェクトを推進する中で、だんだんと現代論理学ができあがっていったと言う方が正確だろう。こうした試みは、二十世紀初頭まで続いた。たとえばイギリスの哲学者バートランド・ラッセルとアルフレッド・ノース・ホワイトヘッドは、一九一〇年に『プリンキピア・マテマティカ』という三巻本の大著を書き、その中で数学全体を論理学に還元しようとした。この書物は、普通の英語で書いてあるのは第一巻の途中までで、あとはひたすら記号が続くというとんでもない本だ。

　で、このプロジェクトは成功したのだろうか。それは、「論理学」ということでどの範囲までを指すかによる。たとえば、「A、かつ、AならばB、したがってB」というのは典型的な論理学上の真理だ。これは「A」とか「B」のところにどんな内容の命題が来ても成り立つ。ということは論理学上の真理は、特定の内容をもたない。星とか被子植物とかニューロンといった特定の主題をもたず、いかなるものについても存在すると主張しない。こうした存在論的コミットメント（ontological commitment）の不在を論理学のメルクマールだとするなら、どうも数学は論理学に還元することはできそうもない。「論理学に還元できたぞ」とするさまざまな提案はかならずどこかで、この狭い意味での論理学的真理に収まらないことがらを前提してしまう。そこで、次のように言うのが安全だ。二十世紀はじめに、数学は論理学プラス集合論に還元された。たとえば、先に例に挙げた有理数の自然数の組への還元でも、「〜の組」というのが集合論的な概念になっている。論理学を狭く理解するなら、集合論は論理ではない。集合論には、空集合が存在するとか、無限集合が存在するといった、明らかに存在論的コミットメントをもった主張が含まれているからだ。

　何はともあれ、二十世紀はじめに数学は論理学と集合論に還元されたこと、そしてこれが「基礎づけ」の模範例と考えられたということは確かだ。そうすると、他の分野の認識論的基礎づけもこんなふうにやれたらと思う人たちが出てくるのは自然な成り行きだろう。それが論理実証主義者（logical positivist）と呼ばれる人々だ。論理実証主義は一九二〇年代から三〇年代のウィーンで巻き起こった、おそろしくラディカルな哲学の改革運動だった。現代の科学哲学や分析哲学のルーツの一つでもある。一言で言って、二十世紀に入ってからの論理学の発展の影響によってヴァージョンアップした急進的な経験主義と考えておけばよいだろう。論理実証主義者には、数学・物理学畑の人が多かった。当時、量子力学と相対性理論という新しい物理学の誕生を目の当たりにして、これらの新物理学に肩入れしている彼らは、伝統的な科学論は時代遅れだと考え、伝統的哲学を批判するとともに、新物理学がなぜ信頼に足るものであるのかを示そうとした。その際に彼らがヒントとしたのが、数学の論理学への還元だったというわけだ。クワインはこの論理実証主義に非常に大きな影響を受けながら、徹底してそれを批判した哲学者なのだ。

　クワインの議論を理解するのに必要な限りで、論理実証主義者の考えをまとめておこう。まず、論理実証主義の名前と切っても切れないのは、意味の検証理論（verification theory）という考え方だ。彼らは、文が有意味か無意味かの基準を、その文が述べていることがらが正しいかどうかを検証する手段があるかどうかに求めた。つまり、有意味な文は検証可能な文、検証不可能な文はナンセンスというわけだ。彼らはこの基準を適用して、次のようにたいへん勇ましい主張を行なった。

検証可能、したがって有意味なのは自然科学に現れる文だけであり、あとの神学、形而上学、道徳、美学に出てくる文はすべてナンセンスな疑似命題である。こうした分野での論争は実質的な論争ではなく、混乱した言語使用に基づく無意味なものにすぎない。どうしてこのような疑似命題に導かれるのか。それは、日常言語が論理的に欠陥を持つからだ。だから、そうした疑似命題をそもそも書くことができないような論理的に正しい人工言語によって、そのような日常言語の欠陥を克服しよう。

しかしながら、実際にどんな文が検証可能かを突き詰めて考えると、論理実証主義者はちょっと困ったことになる。最も直接的に検証できる文を彼らは観察文とかプロトコル文と呼んだ。どのような文がこのカテゴリーに属するかについては論理実証主義者の間でも意見が分かれたけれども、クワインの批判の対象として重要なルドルフ・カルナップは、「青いものが見える」のような「見え」や「聞こえ」（つまり、感覚所与とかセンスデータと呼ばれるもの）について述べる文がプロトコル文だと考えた。さて、こうした観察文以外の文は直接には検証できないことになるが、そうすると自然科学に現れる文も検証ができないことになってしまう。たとえば、「力」とか「エネルギー」といった理論的表現を含む文がそうだ。これでは、検証原理によって科学と非科学の間にきっちりと線引きをしたい論理実証主義者にとってはたいへんに困る。そこで、これらの語を含む自然科学の文がそれでも有意味だということを主張するために、こういった理論文も直接検証できる観察文に意味を変えずに翻訳できること（つまり還元できること）を示し、後者の観察文が検証可能だから、前者の理論文も間接的に検証できるのだと言わなくてはならなくなる。こうした考え方を還元主義（reductionism）と言う。

この還元こそ、言うは易く行うは難しの見本みたいなものだった。還元主義のプログラムを最もまじめに徹底して追求したのは、カルナップが一九二八年に刊行した『世界の論理的構成』という本だ。この本の中でカルナップは、物理的対象や時間空間といった外界についての話を、センスデータについての話だけから組み立ててしまうことによって、外界（世界全体）についての話を、すべて感覚に直接与えられたセンスデータの話に意味を変えずに書き換える（これを翻訳的還元と言う）というとんでもなく野心的な作業に取り組んでいる。確認しておこう。もしこうしたカルナップの試みがうまくいったなら、心に直接与えられる感覚印象についての知識という確実な知識だけによって、われわれが「外界についての知識」と呼んでいるものをすべて構成できたということだ。ということは、デカルトが失敗し、ヒュームができっこないと判断した、内在主義的な経験的知識の基礎づけにカルナップは成功することができたことになる。

　しかし、だとすると、カルナップは三〇〇年間だれも成功しなかったプロジェクトを自分ならうまく成し遂げられると思ったわけだ。これはいったいなぜだろう。カルナップはよほどうぬぼれの強い人物だったのだろうか。そうではない。カルナップにはデカルトやヒュームの時代には使うことができなかった強力な道具があったということだ。一つは、文脈的定義（contextual definition）であり、もう一つは現代論理学と集合論だ。

　語の意味を定義するのにまず最初に思いつくやり方は、それが指すものを特定すること、あるいはそれを同義語で置き換えることだろう。これは「……とは……を意味する」とか「……とは……のことである」のような形式をとることが多く、明示的定義と呼ばれる。しかし、語の意味を定義するために、このようにその語を単独で取り出して意味を与える必要はない。その語が含まれる文全体を、すでに意味が分かっている語だけからなる文に書き換える手続きを与えるのでもよいはずだ。こうした文脈的定義は数学の基礎づけには欠かせない道具だった。たとえば、微分演算子の $\frac{d}{dx}$ を単独で取り出して、これってどういう意味ですかと問われても答えようがない。「dx というのは x の無限に小さな増加分でね……」と答えだすと、無限小をめぐるパラドクスの泥沼にはまってしまう。むしろ、$\lim_{h\to 0}\frac{f(x+h)-f(x)}{h}=g(x)$ を短く $\frac{d}{dx}f(x)=g(x)$ と書くことにする」という具合に、$\frac{d}{dx}$ が現れる文 $\frac{d}{dx}f(x)=g(x)$ 全体を、すでに定義済みの記号だけからなる文 $\lim_{h\to 0}\frac{f(x+h)-f(x)}{h}=g(x)$ に置き換える規則を与えればよい。文脈的定義を知らないヒュームは、物体を直接に印象と同一視することで定義するしかなかった。しかし、そのように定義しようとしたが最後、物体は永続するのに印象は移ろうわけだから、この同一視を維持することはできなくなり、「見ていないときもずっと存在している物体」という観念は混乱の産物だという懐疑的結論に導かれてしまう。でも、文脈的定義を用いてよいのなら、物体語を含む文全体をセンスデータ語を含む文に置き換えればよいのだ。これだったら、ひょっとしたらうまくいくかもしれない。

もう一つの重要な発見は、還元の補助的手段としての集合論だ。そうすれば、印象だけでなく、印象の集合、印象の集合の集合……なども扱えるようになる。物体をたんに印象ではなく、印象から集合論的に構成される何らかの対象と同一視すれば、ヒュームの困難を乗りこえられるかもしれない。じっさい数学の基礎づけでは、数学のほとんどが集合論プラス論理学に還元できたわけだから、集合論がいかにパワフルかは立証済みだ。

2　知識の基礎づけという目標が幻だったなら、心理学が哲学的認識論のライバルとして現れてくる

以上のような基礎づけ主義的なプログラムに対して、クワインはとても辛い点数をつけている。クワインが伝統的認識論を評価する観点は二つある。クワインによれば、伝統的認識論による「基礎づけ」は、意味にかかわる概念的（conceptual）側面と、真理にかかわる学説的（doctorinal）側面の二重の作業になっている。基礎づけの概念的側面は、認識論的に怪しげな概念（たとえば「実数」）を、認識論的により明らかで問題の少ない概念（「有理数」）を使って定義することによって、前者の概念の意味を明らかにするという作業だ。これに対し、基礎づけの学説的側面とは、認識論的に怪しい命題を、もっと確実な命題から導いたり証明したりすることによって、前者に確実な基礎を与える作業を指す。たとえば数学の基礎づけでは、実数についての定理をすべて定義を介して有理数についての定理から導くことがこれにあたる。どちらの側面も、より曖昧で自明でないものをクリアで自明なものによって定義・証明し、明晰さと確実さを高める働きをもっている。

こうした二つの側面にかんして、基礎づけプロジェクトの出来映えはどうだったろうか。まず、数学の基礎づけについて、クワインは次のような評価を下す。評価のポイントとして重要なのは、数学が論理学だけに還元できず、論理学プラス集合論への還元にとどまってしまったということだ。概念的側面にかんしては、この還元により数学の明晰さは増したと言ってもよいかもしれない。それは、数学に現れる概念間の相互関係がはっきりしたからだ。しかし、あれをそれで定義し、それをこれで定義し……という具合に定義していって、最終的に用いられる概念がもとの概念より明晰だからという理由で、数学の明晰さが増したとはちょっと言えな

い。集合論に出てくる概念、たとえば「要素である」とか、「空集合」つまり要素のない集合といったものが、数学の他の概念に比べてよりクリアだとは言えない。学説的側面についても同じような評価が下せる。集合論の公理は数学の他の公理に比べてより自明で直観的に明らかだから確実だ、とはとても言えない。数学の集合論への還元は今でも重要課題だが、数学者たちがはじめ期待していたような認識論的役割は果たせそうにない。つまり、この還元プログラムは数学的確実性がいかにして可能なのかを明確にはできなかった。以上がクワインの結論だ。

では、自然についての経験的知識にかんする基礎づけプロジェクトはどうだろう。物体などの物理的対象の概念をセンスデータ語で定義する概念的基礎づけ、自然の知識をセンスデータについての確実な知識で正当化する学説的基礎づけはそれぞれ成功しただろうか。おもしろいことにクワインは、ヒュームをこのプロジェクトをやりかけてあきらめた人と評価している。すでに述べたように、ヒュームは物体をいきなり感覚印象で定義しようとして失敗した。また、学説的基礎づけでも、直接の印象を超えた信念を印象によって基礎づけるどころか、むしろそれらは基礎づけを欠く習慣の産物だと結論せざるをえなかった。

センスデータから論理学と集合論を使って構成される構築物として外部世界を説明しようというカルナップのプログラムがうまくいけば、世界についてのすべての文をセンスデータについての観察文に翻訳できたことになる(じつはあとで見るようにこれすらも怪しい)。でも、翻訳できただけでは、センスデータについての知識から世界についてのすべての知識が得られることにはならない。これまでに観察した事例がすべてしかじかだったことから、すべての事例がしかじかだろうとする最も穏当な部類の一般化ですら、実際に観察できた事例を超えた内容を含んでいるわけだから、集合論という道具を導入したところで、自然科学を直接の経験によって基礎づける見込みがないことははっきりした。というわけで、学説的側面にかんする限り、現代のわれわれもヒュームの頃からほとんど進むことができていないことになる。クワインはこうした現状を指して、「The Humean predicament is the human predicament. ヒュームの苦境は人類全体の苦境なのだ」と述べた（ちなみに、丹治信春さんが『クワイン』という本の中で指摘するまで、私はコレが洒落になっていることに気がつかなかった）。

以上の現状認識からクワインは次のように結論する。認識論の動機の一つだった「確実性の探求」というデカルト的プログラムは、「できもしない目標（lost cause）」だったことがはっきりした。知識の基礎づけ（とそれによる懐疑論の克服）なんて最初からできもしないことだったのだから、認識論の目標として掲げておくことはやめましょう、ということだ。

そうすると次に考えなくてはならないのは、このように基礎づけの学説的側面、つまり確実性の探求という目的を捨ててしまったときに、認識論的基礎づけの概念的側面での仕事に何らかの意義が残るのかということだ。もしかしたら、どんな意義もないのかもしれない。そうなったら、基礎づけのプログラムは完全に無意味なものになる。しかしクワインによれば、世界についての文をセンスデータについての文に意味を変えずに書き換える手続きを与えようという翻訳的還元には、それがうまくいくものなら、まだ次の二つの意義が残っている。

(1)学説的側面での基礎づけは放棄したので、外的世界についての科学理論と感覚経験との間には確実性という点でギャップがあることは認めざるをえない。このように理論文の観察文への翻訳的還元は、われわれの理論的知識に確実性を与えることはできないけれど、少なくともこうした翻訳的還元がうまくいったなら、しかじかの理論文で表される科学的知識は、いったいどのような観察上の証拠によって支持されるのかというようなことがらは明確にできるのではないだろうか。

(2)翻訳的還元がうまくいくということは、観察語だけを含む文によって理論語を文脈的に定義できるということだ。このようにして、世界について語るために使っている語が、どのような仕方でわれわれの感覚経験に結びついているのかをより深く理解する足しになるだろう。

基礎づけの学説的側面を放棄するということは、外界についての科学をすべて感覚経験だけから引き出すことができないということを認めることだ。これは、頑固な経験論者だった論理実証主義者たちにとってはつらいことだったろう。でも、翻訳的還元がうまくいけば、経験論の重要なポイントのうち二つはまだ捨てずにすむ。つまり、どんなに抽象的な理論語を含んでいても、結局のところ科学的知識の証拠は感覚的証拠だということ、そして、すべての語の意味の理解は究極的には感覚経験に結びついているはずだということだ。

というわけで、感覚経験と理論語の意味理解との関係、感覚経験と科学理論の関係をはっきりさせることが、学説的基礎づけを放棄したあとの認識論にも残る課題ということになりそうだ。だとしても、まだ次のような疑問が浮かんでくる。感覚経験から理論（語）がどのように構成されるのかが知りたいことであるならば、どうしてわれわれ人間が成長する過程で、じっさいに感覚経験を頼りにして物理的対象や力や慣性といった理論的概念を構成し、物理的世界についての理論に到達していくかを研究しないのか？　こうした構成が成長に伴って現実にどのように進行していくかを見た方がてっとり早くないだろうか？

こうしたことだったら心理学にだってできる。いや、むしろ心理学の方がずっと上手にできるのではないか。つまり、右に示したことが認識論に残る唯一のまともな課題だとするならば、心理学という経験科学が哲学的認識論の強力なライバルとしてリングに昇ってくる、ということだ。

かつては認識論的な任務を心理学に譲り渡すなんてとんでもないことだと思われていた。哲学的認識論の目標が経験科学の基礎づけであり、認識論によってはじめて科学は信頼に足るものだということが示されるのだと思いこんでいる限り、経験科学の一種である心理学は、認識論によって基礎づけられる側であって、基礎づける側のものではなかった。あるいは、経験科学の基礎づけを経験科学を使って行うのは循環だと言われただろう。しかし、感覚から科学を引き出して科学を基礎づけようなどという夢を捨てれば、そんな循環は問題なくなる。感覚と理論とのつながりを理解することが目標なら、手に入れられる情報は多ければ多いほどよい。その情報が科学によって与えられるものであったとしても、だ。

カルナップがやろうとしていたことはもちろん心理学ではない。観察語を学び、次に集合論言語を学んで、そこから定義によって物理言語を学ぶというような経験を、われわれはじっさいの成長の過程で行うわけではない。だから、じっさいの物理言語の習得過程や物理的世界像の構築過程としては、カルナップのやっていることはインチキだ。だとしたら、彼のやろうとしたことはいったい何なのだろう。クワインはそれを「合理的再構成（rational reconstruction）」と呼んでいる。感覚言語プラス集合論から物理的語りをすべて引き出す何通りもの仕方のうち、もっとも論理的にスッキリしたもっとも合理的なものを提示するということだ。

しかし、あくまでカルナップが提案しているのは再構成だ。したがって、実際に起こっていることに近いという点では心理学にかなわない。だとしたら、カルナップの翻訳的還元による合理的再構成のアプローチは、心理学的なアプローチがもっていない利点がなければ、ほとんど意義のないものになってしまうだろう。

その利点があるとしたら、それはまさにカルナップのアプローチが「翻訳」だという点にある。つまり、「物体」、「力」、「エネルギー」、「エントロピー」などさまざまな理論語を含んでいる科学を観察語と集合論に翻訳できることを示すということは、認識論的に見て怪しげな概念を含んだ命題をすべて意味を変えずにそうした概念を含まない命題に置き換えることができることを示すことになる。ここで、「怪しげな概念」というのは、「エネルギーって何よ、本当にそんなものあるの？　エクトプラズムとかサイキック・パワーみたいなインチキじゃないの？」と疑り深い人からつっこみの入りそうな概念のことだ。そこでもし、「エネルギー」という理論語を含む文が観察語だけを含む文に翻訳的に還元できることが示されたなら、次のように言える。

いや。たしかにぼくはいま「エネルギー」という理論語を使ったけど、本当はぼくがいま喋ったことは、そのまま「エネルギー」という言葉を使わないで、観察語以外の言葉を含まない文に言い換えられるんだ。その文はすごく長くて複雑な文になるかもしれないけどね。でもいくら長くたって、観察語だけしか含まれていなければ、その文はじかに見たり触ったりする感覚経験によって検証可能だろ？　観察語を使うことはきみだって問題ないと認めるはずだよね。だから、きみはぼくがエネルギーという怪しげな概念を使ったと非難したけども、じっさいのところ本当は、ぼくはそんな概念を使ってはいないんだ。理論語は観察語だけで述べようとすると長くってかなわない文を短く言うためだけに必要なだけで、観察語以外は本当はすべて余分なんだ。あるいはこう言ってもいい。理論語を含む文はみんな翻訳的還元を通して、観察語だけからなる文に翻訳できるから、ぼくの使っている理論語はみんなしっかり観察語に根を下ろしている。理論語を使っても感覚経験を通じて直接検証できる以上のことは、まるっきり付け加わらないから、「神」や「絶対精神」や「気」っていう言葉を使ったときのように、いつの間にか経験から遊離して感覚的証拠で確かめられないことを語り始めちゃっているってことはないんだ。こういうことを翻訳的還元は保証してくれるんだよ。

……というわけで、翻訳的還元による合理的再構成が示してくれるのは、理論語という概念装置を使って語れることはすでに、観察語という認識論的にもっと安全な概念装置でも語りうることがらだということだ。もし、心理学もこの種の翻訳的還元を供給してくれるなら、それはそれでよいだろう。でもおそらくそれは無理だ。現実の習得過程とはまるっきり異なるにもかかわらず、合理的再構成にも存在意義があるとしたら、この点においてである。しかし、以上の話はすべて、翻訳的還元がうまくいけばの話だ。翻訳的還元に失敗すれば、合理的再構成を売り物とする哲学的認識論は、心理学に比べてひとつも取り柄がないことになる。さあ、たいへんなことになってきた。翻訳的還元はうまくいったのだろうか？

3　翻訳的還元の不可能性が認識論の自然化を避けられないものにする

で、真相はどうかというと、カルナップは『世界の論理的構築』で、ついに完全な翻訳的還元を与えることはできなかった。そして、カルナップじしん、一九三六年ころまでには科学を観察文に翻訳的に還元することはあきらめてしまった。残念なことに、なぜ『世界の論理的構築』での還元が失敗に終わったかをきちんと説明するには、とてもスペースが足りない。それに脇道にそれすぎてしまう。でも心配はいらない。クワインは別の論文で、カルナップの『構築』だけでなく、およそ理論文の観察文への翻訳的還元は誰がどんな仕方でやろうと不可能であること、そしてそれはなぜかをきちんと説明してくれているからだ。

カルナップによる翻訳的還元のアイディアは、科学理論に含まれる理論文の一つ一つに対し、それを検証するような感覚経験はどのようなものであるかを述べる観察文を与えることで、観察言語への翻訳としようというものだった。この考え方は、一つ一つの理論文にそれぞれ別個に、どのような感覚経験があればそれが検証されたと言えるのかを指定できるという前提に基づいている。しかしクワインは、そもそも一つの理論文をとりだして検証ないし反証できると考えるのが大まちがいだと主張する。これは、彼がフランスの物理学者ピエール・デュエムから学んだことがらだ。デュエムは一九〇六年に著した『物理理論の目的と構造』の中で、決定実験（crucial experiment）はありえないと述べた。決定実験というのは、光の波動説と粒子説の対立に決着をつけたとされるフーコーの実験とか、燃焼のフロギストン説と酸素説の対立に決着をつけたとされるラヴォワジエの実験のように、二つの競合する仮説のどちらが正しいかに白黒をつける実験だ。このような実験があるとしよう。そうすると、実験結果によってどちらかの仮説が斥けられるのだから、決定実験には次のような推論過程が含まれていることになる。

仮説Hを認めるとすると予言Pが生じる
しかし、実験の結果Pは正しくない
ゆえに仮説Hはあやまり

ここで仮説Hは理論文、予言Pは観察文である。ところが、じっさいにはこんな論証は科学で行われていない。というのは、仮説Hだけから観察可能な予言を導くことなどできないからだ。それには、いくつものほかの補助的な仮説の集まりを用いなければならない。そしてたいていの場合、どれくらいの補助仮説や仮定を自分が使っているのかを明確に列挙することなど、導いている本人にすらできない。じっさいになされていることは、範囲のはっきりしないたくさんの仮説と、そのほかのいくつもの仮定から予言を導きテストにかける、といったことだ。つまり、ほんとうは次のような論証になっているにちがいない。

仮説H、H_1、…H_nを認めるとすると予言Pが生じる
しかし、実験の結果Pは正しくない
ゆえに仮説Hはあやまり

しかし、これはどう考えても妥当な推論ではない。実験結果が予言に反した場合に分かるのは、この集まりH、H_1、…H_nの中の少なくともひとつが受け入れられず、訂正すべきだということだ。ところがこの実験は、どの仮説を変えるべきなのかについては何も教えてはくれない。このように、科学者は単独の孤立した仮説を実験

テストにかけることはできない。こうしてデュエムは、決定実験は不可能なのだと結論した。

ここからクワインは一歩進めて次のように議論する。理論から経験に反する予言が出てきたとき、その理論を捨てるべきかどうか、理論を手直ししてその理論を維持しようとするならどの仮説を手直しすべきかについて、自然は何も教えてくれない。もしその気になれば、不利な実験・観察結果が生じようとも、理論の他の部分を十分に手直ししさえすれば、どんな仮説だって捨てずに保つことができる。このように、科学理論のどこかを手直しする必要が生じたとき、どこを手直しすべきかはあらかじめひととおりに定まってはいない。このように、感覚的経験の裁きに照らして手直しされたり正しいと認められたりする「経験的に有意味な単位」は、一つ一つの仮説、つまり個々の理論文ではなく、科学理論の全体だということになる。これがクワインの知識の全体論（holism）と呼ばれる主張だ。我々の知識・言語・科学の総体は巨大なネットワークをなしていて、周辺に添うところだけが経験と接している。周辺での経験との衝突によって、どこかを手直しする必要が生じたとき、いくつかの文については、真偽をもう一度評価し直さねばならなくなる。しかし、どこを手直しすべきかはあらかじめ定まってはいない。

こうした全体論的な考え方が正しいなら、次のことが言える。物体や力やエネルギーなどの理論語を含む文の一つ一つを単独に取り出して、どういう感覚経験が生じればそれが検証・反証されるのかを特定することはできない。こうした経験的含意をもつのは理論全体のレベルだ。このことをクワインは、理論文は「それ自身のものと言えるようなワンセットの経験的含意をもっているわけではない」と表現している。

こうして、論理実証主義者のような経験論者はもう一つの大きな妥協を強いられることになった。最初の妥協は、感覚的証拠から自然界の真理を演繹することをあきらめるということだった。いまあきらめざるをえなくなったのは、それが真であるとしたら感覚経験にどんな違いをもたらすかを特定することによって、個々の理論文の意味を一つ一つはっきりさせることができるという考えだ。というわけで、個々の理論文を観察文に翻訳し、理論語を観察語だけで文脈的に定義しよう、そのことによって認識論的にちょっと怪しい理論語はほんとうはなくても大丈夫だということを示そうという翻訳的還元は不可能だということがわかった。そして、この種の翻訳的還元ができないのだったら、合理的再構成が心理学に対してもっていた最後の利点は消え去ってしまう。感覚と科学とのつながりをつけるということが残る唯一の利点だったとするならば、合理的再構成というフィクションではなく、実際に近い心理学の方がましということになる。

哲学者がすべてを観察文に翻訳するのをあきらめたことを、認識論の破産と見るべきだろうか。だとするなら、カルナップら論理実証主義者は「形而上学」という語を葬ったついでに、意図せず「認識論」という語も葬ってしまったことになる。しかしクワインは、新しいセッティングのもとではあっても認識論はまだ続くと言った方がよいと考えている。彼は次のように言う。「認識論、あるいはそれに類するものは、端的に心理学の一章、そしてそれゆえに自然科学の一章に位置づけられる」。伝統的認識論の後を継ぐものは経験的な心理学であり、それこそが自然化された認識論というわけだ。

自然化された認識論は、物理的な人間という認識主体を自然現象の一部として研究する。この人間という物理的システムは、ある種の入力にさらされると、いずれ三次元的な物理的世界の記述を出力するようになる。このときの入力となる感覚刺激はごくささやかなものだ。われわれは世界のごく一部をごく表面的になでるだけなのである。しかし、どういうわけだか、われわれが構成する科学的世界像はこうした表面的な経験をはるかに超えた内容をもっている。この「貧困な入力」と「奔流のような出力」との関係が新しい認識論の研究対象だ。でも、この研究課題は伝統的な認識論の課題とそれほど異なるわけではない。証拠がいかに理論と関係するかとか、われわれのつくりだす理論はどんな仕方で人間が感覚を通じて手に入れることのできる証拠を超えているのかという問いは、伝統的な認識論の研究を促してきた課題でもあった。

古い認識論と新しい自然化された認識論との最も大きな違いは、自然科学との関係だ。古い認識論は自然科学をセンスデータから構成することで、自然科学を認識論の中に包摂しようとした。逆に、新しい認識論は、心理学の一章として自然科学の一部になる。そのこととひきかえに、自然化された認識論は、経験的心理学のデータや、さらには脳科学を利用することができるようになるというわけだ。

問題

(1)　数学以外の分野から、文脈的定義の例を見つけてみよう。

(2)　クワインの全体論的な科学観が正しいとするなら、科学上のある仮説にとって不利に思われるような実験的証拠が突きつけられても、他の仮説を手直ししたり、新しい仮説を付け加えたりして、もとの仮説を捨てずにすまそうとした事例があるはずだ。科学の歴史の中からそのような事例を探して報告しよう。

第9章　認識論を自然化することの意義と問題点

前章では、古くからの哲学的認識論のプロジェクトはすでに破産してしまい、認識論の自然化は避けられない、というクワインの議論を辿りながら、いったいどのようにして認識論を自然化するという発想が出てきたのかという点を紹介した。しかしながら、この新しいプロジェクトをどう評価するかという問題がまだ残っている。そこで本章では、認識論を自然化することがもつ意義と問題点を整理することを目指そう。

1　自然化された認識論は何についての主張なのか

自然化された認識論のスポークスマンであるヒラリー・コーンブリスは、自然化された認識論と伝統的な認識論の違いをはっきりさせるには、次の三つの問題を考えてみるとよいとしている。

(i)　われわれはいかにして信念に達するべきか
(ii)　われわれは実際にどのようにして信念に達しているか

(iii)　われわれが信念に達するプロセスは、達するべきプロセスと一致しているか

問題になるのは、この三つの問いの関係だ。つまり、すべてを解決したいなら、どれから手をつけるべきか。三つのうちで、他の問いから切り離して独立に答えられる問いはあるか、などといったことが問題になる。コーンブリスは、自然化された認識論はこれらの問いの相互関係についての新しい立場と見なすのがよいと考えている。

伝統的な認識論は、ようするに分業を主張する。(i)は哲学者、(ii)は心理学者がそれぞれバラバラにやればよい。それぞれの探求が終わったら、それぞれの成果をつきあわせていっしょに(iii)に取り組めばよいだろう。だから、(iii)は(i)にも(ii)にも影響しない。たとえば、(i)への答えとして、「あることを新しく信じるべきかどうかを決定するときには、すでに信じているたくさんのことがらとの整合性が最大限に確保できるようにしなさい」という方法がベストだという結論が出たとしよう（実際にこういう答えを出す哲学者たちがいる。彼らの主張は整合主義 coherentism と呼ばれる）。しかしこの結論は問い(ii)の答えには関係しない。かりに心理学者たちが人はげんに無意識のうちに整合性を最大化するように信念を形成する傾向があるということを発見しても、この発見は(i)には関係しない。伝統的認識論の立場では、実際にどうであるかということは、どうあるべきかということには関係しない。

問題となっているのが認識ではなく倫理だったら、これはなるほどと思わせる見解だ。われわれがどのように生きるべきかという問いは、われわれが現実にどのように生きているかということとは別問題で、独立に考えることができる。われわれは実際にはしょっちゅう嘘をつくけれど、嘘をついて良いのか悪いのか、悪いとしたらなぜなのかということは、それとは関係なく問題とすべきだ。……と、このように思われる。

これに対し自然化された認識論は、(i)の問いには(ii)と独立に答えることができないというテーゼだ。コーン

ブリスは、これが「自然化された認識論」の定義だと考えている。この定義については、注目すべきことがいくつかある。まず第一に、この定義はとても緩やかだということ。心理学や脳科学などの個別科学と認識論との関係をどれくらい強くとるかによって、さまざまなタイプの自然主義が考えられる。このうち最もラディカルな部類に属するのがクワインというわけだ。何せ、彼は認識論は心理学にとってかわられると考えているわけだから。

ちょっとおさらいしておこう。クワインは認識論の歴史を基礎づけ主義の挫折の歴史だと見る。基礎づけ主義は、間違いようのない信念があり、これが他の信念を正当化すると考える。そこで、知識の基礎として役立ちそうな信念を突きとめるだけでなく、そうした信念が他の信念を採用するよい理由を与えるのはどのようにしてなのかを示そうとする。しかし、結局このプロジェクトは失敗に終わった。

重要なのは、こうした失敗から何を学ぶかということだ。クワインはこの失敗を次のように解釈する。基礎づけ主義者は(i)に答える仕方を間違えたというより、そもそも間違った問題、ありもしない幻の問題に答えようとしていた。本当の問題は心理学的に答えられる問題だけだったのに。だから彼らは失敗したのだ。こうした考え方にたつと、(ii)が(i)にとって重要であるどころではなくなる。というのも、(i)はほとんどニセの問題、つまり疑似問題にすぎず、認識にかかわる問題のうち、残るものは(ii)だけということになってしまうからだ。こうして、心理学的問題は認識論上の問題のすべてを尽くしていることになり、化学が錬金術に置き換わったという意味で、心理学が伝統的認識論に置き換わる。

しかし、認識論の自然化にシンパシーを抱く人がみな、クワインのように(i)の問いを疑似問題だと考える必要はない。これが、コーンブリスの定義で二番目に注目すべき点だ。コーンブリスは(i)の問いが(ii)と独立ではないとする立場一般を自然化された認識論と考えている。(i)は、どのように認識活動を進める「べき」かを問題にするという点で、規範的問題だと言ってよいだろう。これに対し、(ii)は現に人間がどのように認識という活動を行っているかについての事実的問題だ。自然化された認識論は、認識についての事実的問題に関係なしに認識についての規範的探求ができるという思いこみは批判するけれども、認識に規範的問題がない、とまでは言わない。認識の規範（いかに信念を獲得すべきか）は、認識のメカニズムについての事実問題と切り離しては研究できないぞ、と言っているだけだ。実際、口を滑らして(i)は疑似問題だと言ってしまったクワインじしん、あとになって自然化された認識論の枠組みの中で認識の規範性をどのように理解し扱ったらよいかを論じている。この点についてはもう少し先で述べることにして、その前に、自然化された認識論はどのような仕方で(i)を問うことを拒否するのかをもうちょっと明確にしておこう。

2　個別科学と認識論と懐疑論の関係

伝統的認識論の言うように、(ii)には無関係に(i)を問うことができるし、問わねばならないというのが本当だったら、これは怠け者の哲学者にとってはうれしいニュースだ。認知科学、心理学、生物学、脳科学といった認識の事実問題にかかわる個別科学を勉強しなくても、哲学的認識論をやっていけることになるし、逆にこうした個別科学に自分の領域を侵される心配もない。だって規範的な認識論は哲学の専売特許だもん、というわけだ。認識論の自然化で脅かされているのは、こうした安穏とした哲学者の自己理解だ。

自然主義者が正しいなら、(ii)と独立に(i)を問うことはできないはずなのに、問うことができなくてはいけないと思われてしまった理由は何だろう。これまでに述べてきたことから明らかだと思うけれど、もう一度繰り返してまとめておこう。伝統的認識論はいかにして信念に到達すべきかを教えてくれる。そのような認識論的理論を立て、それにしたがって科学を進めていくことによってはじめて、われわれは世界についてきちんとした知識を獲得することができるようになる。こうして、古い考え方では、認識論は個別科学と独立なばかりか、すべての科学に先立って展開されなくてはならないことになる。規範的認識論が完成したあとにだけ、正しい科学を築くことができる。このように、いかなる科学にも先だって、それに従ってやっていけば真理に到達できることが保証されるような「正しい認識の方法」を整備しておくこと、これが哲学的認識論に求められ、哲学者が果たすことができると誤解した課題だった。デカルトはこうした任務を負った認識論のことを「第一哲学（ラテン語で prima philosophia）」と呼んだ。こうした第一哲学としての認識論という考え方が、デカルト以後三〇〇年間の哲学を支配することになってしまった。こうした誇大妄想気味の課題を勝手に引き受けておいて悩み苦しむというのは、或る意味で立派とも言えるし、意地悪く見れば滑稽とも言える。クワインは、第一哲学としての認識論を放棄しようと提案することで、このようなあまり健全でない状況から哲学を解放しようとしたのだと言えるだろう。というわけで、認識論が科学の一分野だという考え方は、たんにどっちがどっちを含んでいるかということにとどまらない。どっちがどっちに先立つかを考え直そうという提案だったというわけだ。

もちろん言うまでもなく、科学の建設に先立って認識論が地ならしをしておかなくてはならないと思われたのは、懐疑論との関係があったからだ。したがって、自然化された認識論と伝統的認識論の違いを理解するには、それぞれが懐疑論をどのように位置づけているかを見るとよい。われわれの科学的知識は、知覚や帰納や原因の推定などなど、疑ってみようと思えばいくらでも疑うことのできる手続きに基づいている。だからこそ、懐疑論者が「本当は何も分かっていないんじゃないの？」とささやきかけてくるわけだ。こうした懐疑論者に対抗するために、伝統的認識論者は「大丈夫、科学的知識は可能だよ」と言おうとしてきた。その結果がいろいろな基礎づけ主義的プログラムだ。そのプログラムを実行していくためには、科学的知識や科学的方法を頼りにするわけにはいかない。「知識が可能なのはなぜ」という問いに答えるために、疑われている当の科学的知識を使うなんて、論点先取で反則ワザだ。そこで、デカルトは疑いうることが可能なものはいっさい前提しないという方針で臨んだわけだし、その後も認識の基礎づけに使うための哲学独特の方法がさまざまに編み出された。

一方、自然化された認識論は、知識の可能性を説明するという課題の意味を考え直すことを提案している。哲学者はこの課題をずっと誤解していたというわけだ。たしかにクワインの言うとおり、この課題を懐疑論への抵抗手段として果たそうとする限り、失敗は運命づけられていた。むしろ、知識の限界と可能性という問題じたいが、ということは懐疑論じたいが、科学の勃興によってはじめて生じたのだ。どういうことか。デカルトも方法的懐疑の過程でそうしたように、懐疑論はしばしば錯覚に訴える。「見た目と本当は違うのでは」という些細な疑いから出発して、だから目で見たものはいっさい信頼できないんだ、と話が進む。たとえば、地平線に近いところにある月が大きく見えるというのは錯覚だ。しかし、これが錯覚だと言えるのは、月は勝手に大きくなったり小さくなったりしないし、月と地球の距離はほぼ一定だというような知識を踏まえているからだ。そして、こうした知識こそ科学によって発見されたものだ。このようにして、かつて信じられていたこと、われわれにどうしてもそう思われてしまうことなどが本当は間違いだったのだということを科学が明らかにしてくれたからこそ、懐疑論も生じるし、われわれがいまのところ到達している信念が果たして本当に真なのかという問題が生じてくるわけだ。大事なことは、この問いは科学に先だって生じ、科学に先立って解決されるべき問題なのではなく、科学の内部で生じる問いであるということだ。

ここで自然化された認識論では次のように考える。認識論の課題は、すでに科学が始まってしまっている時点で、科学的知識を前提して生じてくる問題なのだから、科学によって答えるべきだ。科学の中で生じた問いなのだから科学の資源を使って答えてかまわない。というわけで、知識の可能性の問いは経験的な問いになる。つまり、「こういうふうにできている」物理的存在としての人間が、どのようにして世界についての正確な信念を形成できるようになったのかという問いだ。それを認識論と呼ぶのなら、認識論は科学をやるのに先立つお墨付きなのではない。「知識はどうして可能なの」という問いの唯一の生存可能な場所は科学の中にしかない。「認識論は科学の一部である」というのはこういう意味だ。

しかしそれにしても、第一哲学的な認識論の理念から哲学者がなかなか抜け出そうとしなかったのはなぜだろう。科学の歴史を振り返ってみれば、一時期どんなに多くの人に正しいものとして受け入れられていた科学理論でも、時がたつと間違っていたことが判明し、別の理論に取って代わられる、というようなことがしょっちゅう起きていることが分かる。たとえば、十九世紀までは人間の生殖について、小さな人間が精子の頭部に折り畳まれて入っていて、卵子はその小さな人間が育つ栄養を与えるだけだと考えられていた。しかし、現在の生物学的知識によればそれは間違いだ。このように科学的知識の内容はさまざまに入れ替わる。もし認識論が科学に先立っていかなる科学的知識も前提せずに行える探求だとするなら、知識とは何か、知識はどのように正当化されるべきか、どのような信念が選択されるべきかといった認識論上の問題は、いっさい特定の科学的世界像に肩入れしなくても探求することができるような気がする。つまり、「第一哲学としての認識論」という考え方は、科学的知識の内容がどのように変わろうともそれだけは無傷で残る、「科学の枠組みについてのお話」として認識論が可能であるかのような、虫の良い思いこみに支えられている。こうした第一哲学志向の残りかすは、現代の哲学の中にもさまざまな形で見いだすことができる。

これに対し、自然化された認識論は、認識論的な問いを問うことができるのは特定の科学理論にコミットした立場だけだと考える。だとすると、自然化された認識論の具体的内容は、特定の科学理論と運命をともにすることになる。哲学は特定の経験科学理論の栄枯盛衰とは無関係に、認識や科学の「本質」を明らかにできるものと考えられてきたが、どうやらそうではないということだ。それでもいいじゃないか、とクワインは言うだろう。私もそう思う。科学では理論の大部分が変更を余儀なくされ、限りなくゼロに近いところからの再出発になるというようなことがときどき起こる。哲学だけがそれを免れると考える理由はないし、免れた方がよいとも言えないだろう。

第一哲学という幻想を捨てることは、哲学と科学のつきあい方を根本から変えるということでもある。クワインはこの新しい科学と哲学の関係を次のように描写している。「私は哲学を科学のためのアプリオリな基礎づけ作業ではなく、科学と連続したものだと考えている。私は哲学と科学はおなじ船に乗り合わせているのだと思う。その船は、私がよくそうするようにノイラートの喩えを思い出すならば、海に浮かびながら修理する他はない船なのだ。それを外から眺めるような場所はないし、第一哲学はない。それゆえ私の見解では、科学上の発見はすべて、そして現在のところ妥当そうな科学的予想はすべて、他の分野とまったく同じように哲学においてもよろこんで利用すべきものということになる」。万学の基礎づけという誇大妄想から醒めた哲学は、気がつくと大海原に浮かんでいた船の乗組員みたいに、すでにスタートしてしまった科学とともにある。科学を疑うことですら、その科学の中からしか行えない。だとすれば、もういちどドックに戻って0からやり直させてくださいという「基礎づけ」はどだい無理な話であって、科学と連続した営みとして哲学を続けていきながら、ちょっとずつわれわれの知識の体系を手直ししていくしかない。こうして哲学はちょっと偉そうでなくなる代わりに、科学の豊かな資産を使えるようになる。

3　認識の規範性と自然化

それでも伝統的認識論を擁護したい人は、次のように言うだろう。科学は、この世界がどのようなものからできていて、どのような仕組みでさまざまな現象が生じるのかを明らかにする。これはすべて、じっさいにどうなっているかを述べるだけという意味で、科学は「記述的（descriptive）」な言明を生み出すものだと言えるだろう。しかし認識論は、知識をどのように獲得すべきか、知識の名に値するためにはどのような正当化、根拠づけの手続きを踏むべきかを命ずるという意味で「規範的（normative）」な言明を生み出すことを目指している。たしかに、「である」という記述的言明をどんなにこねくり回し、ひっくり返しても、「すべき」という規範的言明を生み出すことができないのは論理上、言語上の事実だ。このように、信念獲得のさまざまなプロセスを記述するだけではなく、そうしたプロセスのうちどれを用いるべきかを定めるのが規範的認識論なのだから、(i)の問いに答えようとする規範的な伝統的認識論は自然化できるはずもなく、それは認知科学のような記述的な認識研究とは独立した自律的な営みとして成立できるはずだ。……このように伝統的哲学者は反論するだろう。いわば規範性が伝統的な哲学的認識論の最後の砦だ。

クワインは記述的な心理学、あるいは生物学で認識論を置き換えようとするわけだから、こうした認識論的な規範性を無視しているように見える。じっさい、多くの論者がクワインをそのように理解した上で、規範性は科学の主張を評価する上で必要なのだから、クワインは伝統的認識論が破産したことを示せたわけではなく、主題をずらしたにすぎないと批判した。すでに述べたように、クワインじしんがこうした解釈を招くような言い方をしているので、自業自得と言えないこともないが、こうした批判は当たらない。むしろ、自然化された認識論は「認識論的な規範性」とは何かを考え直せと言っているのだ。

クワインは一九八六年になって「認識論の自然化は、規範的なものを放棄して、現に行われている手続きを無差別に記述することで我慢しようとすることではない」と言い出す。さすがのクワインだって、認識論的規範性の問題をくだらない疑似問題として無視すべきだなどとは言えなかったというわけだ。彼は、規範的認識論を工学（engineering）の一分野と考えている。意外な組み合わせに面食らうかもしれないから、丁寧に解説しよう。工学の本質は設計にある。たとえば遠浅の海岸を埋め立ててつくった軟弱な地盤の上に震度５以上の地震にも耐えられるような高層ビルを建設する場合を考えよう。このとき、ビルの耐震性が最終目標だ。この目標を実現するために設計者は、地盤の軟弱さや地質についてのデータ、どの程度の規模の地震がどの程度の頻度で起こりそうかについてのデータ、建築資材と工法についてのデータなどさまざまな検討材料を考慮に入れる。そうした科学的・記述的データに基づいて、設計者は、基礎は最低地下三〇メートルまでのものにする「べき」だとか、基礎工事には液状化現象を防ぐために地盤の水抜き工事の工程をいれ「なければならない」とか、地上部分はしかじかの免震構造を採用する方が「よい」といった、規範的判断を下す。ここに見られる規範性は、「この土地に地震が起きてもひっくり返らないビルを建てる」という上位目的のための手段としての規範性だ。こうした規範性は安全といった上位の価値を前提するので、「もし……を目的とするなら、……すべきだ」という形をしている。こうした規範性は仮言的（hypothetical）な規範性と呼ばれる。

認識論上の規範性もこれとパラレルに考えることができそうだ。その場合、上位の目的とは何だろう。おそらく、「真理に到達する」ということに違いない。真理を見いだし、真理を予測するという上位の目的のための手段として「何をなすべきか」というのが認識論的規範性の正体だ。そうすると次のことが言える。認識論的な規範がこのように真理という上位の目的のための手段としての規範であるとするならば、認識論的な規範は、上位目的のための手段として本当に有効かどうかについてチェックを受ける必要があるし、そのチェックには認識する側の人間と認識される側の世界についてわかっている事実的な記述を用いることが不可欠になる。

基礎を地下三〇メートルまで掘り下げるべきだという規範的判断が正しいかどうかは、その土地の地質や建てるビルの構造、予想される地震の頻度と大きさといった事実的なデータに照らしてチェックされる。認識論的な規範性もこれと同様だ。たとえば、ある対象の色を正しく知りたいなら、白色光のもとでサングラスをかけずに観察すべきだというようなことは、あまりに単純すぎるけれども認識論的規範の典型例だろう。こうした規範を設けることがなぜ有効なのかを説明しようとすれば、光と色、人間の視覚系などについての事実的な知識に依存しなければならない。逆に、事実上の間違いに基づいてたてられた規範は、不適切だから捨てましょうと判断されることもあるだろう。自然化された認識論が、知識についての規範的な問い(i)は事実的な問い(ii)と切り離せないと主張するとき意味されているのは、こうした考えだ。

というわけで、自然化された認識論が否定するのは、認識という自然現象についてわれわれにすでに分かっているさまざまなことがらから切り離して、認識論的規範にアプリオリな根拠を求めようとすることだ。認識論の自然化が規範的言明を記述的言明だけから導き出そうというプロジェクトなのだとしたら、そんなことは誰にもできない相談だ。しかし、こうした議論は、認識における規範性と、認識論の自然化の意味の両方についての誤解が生み出したものにすぎない。上位の目的がきちんと特定されたなら、それを実現するためにはどのような戦略を採用すべきかという問いは、世界についての事実的な知識に基づいて白黒つけられる工学的な問いになる。というわけで、認識論と経験的研究の間の距離は伝統的認識論が想定していたよりもずっと小さいのだと言える。しかし、ここで次のような疑問をもつスルドイ人もいるだろう。認識論的な規範が上位目的に対する手段としての規範性だというのはいいとして、なぜその上位目的が「真理への到達」なのだろう。たとえば「生き残ること」といった他の目的でもよさそうなものじゃないか。さらに、われわれ人間が真理に達することを目的としていると本当に言ってよいのか？　あるいは、真理への到達はさらに上位の何らかの目的のための手段と考えた方がよいのか？　次に、こうした疑問にかかわる論点を取りあげよう。そのためにはまたもや少し遠回りをする必要がある。

4　進化と認識論的規範

すでに述べたように、伝統的認識論を動機づけ、知識の基礎づけをやらなくちゃという気持ちに駆り立ててきたのも懐疑論だったし、伝統的認識論というプロジェクトを不可能にしてきたのも懐疑論だった。こうした懐疑論をクワインは「知識の可能性を示す」という課題の意味を変えてしまうことによって乗りこえようとした。つまり、知識がどのようにして可能なのかという問いを、われわれのような生物が世界についての正しい信念を形成するメカニズムはどのようなものかという経験的な問いに置き換えてしまうことによってである。ここで「われわれのような生物」ってどんな生物のことなのか、「世界について」と言っても世界ってどんな風になっているのか、といったことは、われわれが生物や世界についていまのところ手に入れている最良の科学理論に頼る以外には知りようがない。こうして認識論は科学内部のプロジェクトになった。しかし、こうした方針のそもそもの前提になっている「われわれのような生物はおおむね世界についての正しい信念を形成することができる」という考え方は正当なものだろうか？　むしろ、懐疑論はこうした考え方に根拠がないと言っていたのではなかっただろうか？

こうした疑問には、次のように答えておけばよい。懐疑論の方こそわれわれが世界についてある程度のことを知っているという事実に基づいてしか主張できないんだから、知識という自然現象があることは探求の出発点であってゴールじゃない、だからわれわれが現に知識を持っているということを論証する必要はなく、あとはちょっとした疑いを知識全体への不可能性へと水増しする懐疑論者の屁理屈のどこがおかしいかを指摘すればよい。しかしながら、よせばいいのにクワインは、こうした疑問に対し何らかの答えを与えなければいけないのではないかと思ってしまったらしい。そして、心理学によって人間の信念形成のメカニズムをことこまかに明らかにする一方で、われわれ人間が世界についておおむね正しい信念を獲得できていると考えてよいのはなぜかについての非常に一般的な議論をしなければならないのではないかと考えた。そこで引き合いに出されたのがダーウィン的な進化理論だ。というわけで、クワインは、懐疑論を無視するのではなく、進化理論をつかってそれに正面から対抗しようとしたわけだ。この議論は次のように進む。

(1)　われわれの信念形成メカニズムが、環境世界についておおむね真なる信念を形成できるような仕方でできているのでないなら、われわれは生き残ることができない。

(2)　しかしながら、われわれは自然選択を生き残ってきた。

(3)　したがって、われわれの信念形成メカニズムは世界についておおむね真なる信念を形成できるようになっているはずだ。

ようするに、われわれの信念形成メカニズムが自然界にマッチしたものではなく、形成される信念の大部分が偽だったら、われわれはきっと滅びていただろう。たとえば、これまでこの草原を横切ろうとするときまって猛獣に襲われたということから、今度も草原を横断すると襲われるかもしれないという具合に、帰納を行うべきときに帰納をきちんと行えないような種は自然淘汰されて滅んでしまったはずだ。

こうした帰納を行うことができるためには、今度のケースはこれまでのケースと似ているというように、自然界に生じる事物を似たもの同士ひとまとめにするカテゴリー化の能力がなければならないだろうし、その能力を発揮して形成されるカテゴリーが自然界に存在しているカテゴリーとおおむね重なっていなければならない（たとえば、その種が形成した「毒のあるもの」というカテゴリーが自然界でじっさいに毒をもっているものの集まりに重なっていなければならない）。こうした帰納の能力やカテゴリー化の能力が、自然界がそれとしてもっている規則性や類似性にたまたまうまく適合した種だけが、今日まで生き延びてきたはずだ。だから、そうした種の一つである人類も、だいたい世界の様子を正しく捉えることのできるようなさまざまな認知メカニズムを備えているに違いない。つまり、知識は自然選択の副産物というわけだ。……とまあ、おおよそこのような議論で知識の可能性を示しておいて、あとは、そのメカニズムの詳細を心理学的に調べていけばよい。

こうした進化論的議論は、前章で扱ったクワインの一九六九年論文とは異なるルートで、自然化された認識論への動機づけを与えるものだ。進化の結果、われわれの信念形成メカニズムは真なる信念を生み出すようなバイアスをもったものになってきている。だとするならば、われわれが信念に現に達するために使っているプロセスは、同時にわれわれがそれに達するべきプロセスでもあるはずだ。この立場はまず問いの(iii)にあっさり答えてしまう。その上で、問いの(i)と(ii)に駒を進める。でも、そのときはすでに(i)と(ii)に違いはなくなっているのだから、この問いには心理学でも答えが出せることになる。

以上のように、自然選択に訴えた議論は一見説得力があるのだが、よくよく考えてみると問題がある。それをスティーヴン・スティッチによる批判を例にとって検討しよう。彼が直接の批判の対象にしているのはクワインではなく、またこの批判も自然化された認識論をどう評価するかという文脈ではなく、ちょっと異なる文

(a)　(b)　(c)　(d)

脈の中で行われたものだが、批判じたいは自然選択からの議論の弱点をよく突いたものになっているので、ここで紹介しておくことにする。

まず、ここにいるわれわれ人間が、たいていの場合真なる信念に至るような信念形成戦略（つまり合理的な戦略）をもっているということじたい、かなり疑わしい。このことにスティッチは注意を促す。彼が引き合いに出すのは、心理学の分野では有名な実験だ。心理学者のウェイソンとジョンソン＝レアードは一九七〇年代に次のような実験を行った。四枚のカードが示される。そのカードは半分に仕切られていて、どちらか半分が不透明なシールで隠されている。図では、網がかかっているところがシールで覆われているものとしよう。さて、被験者には次のような問題を与える。次の命題が正しいかどうかを完全に知るために、あなたは最小限どのカードのシールをはがす必要があるか？そしてその命題というのは、「左に〇のあるカードにはかならず右にも〇が書いてある」というものだ。ここで本を置いてちょっと考えてみてほしい。

あなたは正解に達することができただろうか？　正しい答えは「(a)と(d)の二つ」だ。ちょっと意外だと思う。これがなぜかをまず説明しよう。この命題が間違いになるのは、左に○が書いてあるにもかかわらず右に○がないようなカードつまり、こんなのがあったときだ。もしこうしたカードがあれば、命題の反例(counterexample)になる。逆に、こうしたカードが一枚もなければ命題は正しい。さて、ここに示された四枚のカードのうち、命題の反例になる可能性のあるカードはどれだろう。つまり、左だけに○が書いてあり、右に○のないカードだ。(a)はそうかもしれない。右側のシールをはがしてみたら何もなかったとき、このカードは命題の反例になる。反例になるのは右が空欄のカードだから、(c)が反例になりえないのは明らかだ。ところが、(d)は反例かもしれない。左のシールをめくって○が出てきたら、これは反例になり、命題は間違いだったことになる。こうして命題が間違いか正しいかを知るためには、(a)と(d)の二つを調べてみる必要があり、またそれだけを調べれば十分だということになる。

ウェイソンとジョンソン=レアードが被験者として採用したのは、(現代の日本とは異なり)世間では賢いことになっているはずの大学生たちだった。ところが、驚くべきことに一二八人のうち正解に達したのはわずか五人だった。ほとんどの被験者が、「(a)だけ」ないしは「(a)と(c)の二つ」と答えたのだった。彼らは、実験の条件をさまざまに変えて、どのような条件の下で正解に達しにくくなるかを調べていった。その詳細はここでの論点に関係しないので省略するが、ポイントはこういうことだ。つまり、われわれ人間は、事実上とても頻繁に合理的な推論規範から逸脱してしまう。このように心理学実験は、人間が非常に規則的に、システマティックに、妥当でない非合理な推論戦略をとってしまうということを明らかにしてきた。というわけでまず言えることは、自然選択の産物であるわれわれが、たいてい真なる信念に至るような推論や判断のシステムを備えているということはちょっと怪しいということだ。

次に、スティッチは自然選択からの議論そのものに疑いの目を向ける。われわれが自然選択による進化の産物だということから、われわれの信念形成プロセスが合理的であること、つまりたいていの場合真な信念を生み出すようなプロセスであることが論証できるだろうか？　つまり、ほとんど常に真なる信念を生むような推論的戦略を自然淘汰が好むというのは本当か。スティッチの答えは「ノー」だ。それを彼は、別の実験を例に挙げて説明している。ジョン・ガルシアらがやはり七〇年代に行った実験では、ラットに独特のヘンな味のついた水と餌を与えたあとで病気を起こさせるくらいの強さの放射線を照射する。こうしたことを一回行った後では、ラットはその味のついた水と餌をひどく嫌うようになる。水と餌を与えてから一二時間もあいだをおいて放射線照射した場合でも、同様の現象が観察された。また、ラットが嫌うようになったのは、水と餌の味であって、餌を与えられる檻でもないし、餌の形や大きさでもないこと、照射前の最後に食べたものならなんでも嫌うようになるのではなく、味が奇妙であるということが重要であることも確かめられた。ようするに、ラットはその奇妙な味の餌と水が病気の原因だと信じているかのような行動をとるわけだ。この「信念」はラットが生まれつき持っている信念形成戦略（と言って悪ければ忌避行動形成戦略）の結果として生じたものだと言ってよいだろう。そして、おそらくその戦略は自然選択の結果と考えられる。

そこで、スティッチはこのラットのもつ信念形成戦略がどのくらいの頻度で真なる信念を生み出すものだろうかと考えてみようと提案する。もちろんこの実験のシチュエーションでは、形成される信念は間違っている。病気の原因は放射線なのであって餌ではない。では、自然環境ではどうだろう。おそらく、ラットがかかる急性の病気のほとんどが食べ物によって起こるということはないだろうし、ましてそのヘンな味のする食べ物によって起こるケースはもっと少ないだろう。だとすると、ガルシアが発見した生得的な信念形成戦略によって生み出される信念は、ほとんどの場合に間違った信念をもたらすということになる。したがって、自然選択はおおむね真なる信念を生み出す戦略を好むという考え方は正しくない。

この議論のポイントは、真なる信念より偽の信念を生み出すことの方が多いような戦略を自然が選択することだって十分にありうるということだ。自然選択が関わるのはまず第一に、増殖の成功とそれを促進するような特質だ。自然界には偽なる信念の方が真なる信念よりも有利になるような状況がいくらでもある。さらに、真なる信念が最適であるような場合でも、肝心の時だけは真なる信念を生むがどうでもよいときはおおむね偽なる信念を生むような戦略に自然選択が味方することだってあるだろう。たとえば、食べ物と見分けるのが難しいがとても危険な毒物が一種類だけ存在している一方、ほかにも食べられる物はたくさん存在していような条件下では、本当の毒物にちょっとでも似ている無毒な食べ物をみんな毒物だと見なし、それゆえ偽なる信念を生み出すことの方が多いような「神経質な」信念形成戦略を持っていた方が生存に有利なことがありうる。つまり、普段どうでもよいことは一〇〇回間違えてでも、ここぞというときには一回当たって致命的なミスを犯さなければそれでよしとする戦略だ。

というわけで、自然選択からの理論に訴えて懐疑論に対抗しようとするクワインの議論はどうやら分が悪い。スティッチはこうしたタイプの議論をパングロス氏的な楽天主義（Panglossian optimism）と呼んで皮肉っている。パングロス氏というのはヴォルテールの風刺小説『カンディード』に登場する人物で、ライプニッツという哲学者の「神は可能なすべての世界の中から最善のものを選んで創造した」という説を盲信するあまりに、あらゆる事物のあらゆる性質に対して「それがそのようであるのは、そうであることを最善とするような理由があるからだ」という説明をつけたがるヘンな人だ。現代では、これが転用されて、生物のもっているどんな形質についても、その形質が存在する理由を、それをもっていると進化上有利だったからだという具合に無批判に説明してしまう傾向を揶揄するために用いられている。いずれにせよ、哲学者が進化理論に訴えた議論を行うときは、かなり苦し紛れのことが多いので注意するに越したことはない。

とはいうものの、スティッチの議論を耳にして、ほら進化理論という自然科学に訴えたって懐疑論は克服できなかったじゃないか、だから自然化された認識論はだめなんだと伝統的認識論者が喜ぶとしたら、それは大間違いだ。そもそも、認識論の自然化にとって自然選択に訴えた議論はおまけのようなものだ。自然化された認識論にとって、懐疑論は正面から対決して乗りこえるべきものではなく、それ自体が科学内部の問いかけだということを見てとった上でひらりと身をかわすべきものなのだから。

では、なぜわざわざそんなおまけの議論を取りあげた上に、スティッチの批判を使ってその議論を叩いたのか。それは、スティッチの議論が、認識論の自然化をさらに先に進めるためにとても重要な論点を提供してくれているからだ。スティッチの議論は、「生き残ること」(survival)という生物の究極目標にとっては、真なる信念の形成はかならずしも有効な手段ではないかもしれないという疑いをもたらしてくれる。これは、ひょっとしたら、クワインもひっくるめてこれまで扱ってきたすべての認識論的な立場を根こそぎひっくり返してしまうかもしれない最大級に重要な指摘だ。生物の認知メカニズムが生き残りに有利になるように進化してきたというのはほぼ認めてよいだろう。しかし、真なる信念の形成が生存戦略として必ずしも適切とはかぎらないのだとするなら、「真理への到達」は認識論的規範が従う上位目標、つまり上位の認識論上の価値(epistemic value)という地位から滑り落ちてしまうかもしれない。そうなると、認識の目的を真理の獲得とし、正当化や信念形成プロセスの信頼性とは何であり、それがどのような仕方で真理獲得という上位目標に貢献するのかを調べようという認識論のそもそもの大前提がひどい誤解の産物だったことになる。そして、じっさいスティッチが自然選択に訴えた議論を批判したのは、合理性、正当化どころか真理もそれじたいでは認識論上の価値をもたず、認識が目指すところのもの(epistemic virtue)ではないということを論証する長い議論の一部だった。次章以降では、まずこうした問題提起を正面から受け止めて、認識論をさらにラディカルに自然化すること、そして自然化以後の認識論の具体的な姿を描き出すことに取り組もう。

問題

(1)　クワインのように、懐疑論は科学内部の問いであるという言い方で、懐疑論をうまくかわせてしまえるものだろうか？　あなたの見解をまとめてみよう。

(2)　「人を殺してはいけない」といった倫理的規範と認識論的規範はどの程度似ていて、どの程度異なるだろうか？

第10章　認識論にさよなら？

1　信念と真理と認識論のキワドイ関係

これまでとはちょっと異なった角度から、これまで認識論の課題とされてきた問題を整理してみよう。認識論は次の三つの課題をもつとされてきた。

(1)　知識とは何か、つまり知識の定義の問題。知っているということと単に思いこんでいることの違いは何か。この問いに対する最初の答えが、「正当化された真なる信念」というやつだった。ここで認識論は、この「正当化」という概念を分析することで知識の定義が完全なものになると考えた。どのようなときに、信念は正当化されていると見なしてよいか、これが第1章で導入した「認識論的正当化の基準の問題」だ。この正当化基準の問題は次の問題につながる。

(2)　認識プロセスをどう評価すべきかという問題。現実にわれわれが行っている認識活動を、こうした正当化の基準に照らして評価すると、あるものは合格、あるものは不合格ということになるだろう。つまり、こんな仕方で形成された信念は真理を捉えているから知識の名に値するが、こんな仕方ではダメだ、というような評価をしたい。そのためにはどのような評価基準を設けるべきか、言い換えれば、どのようにしてわれわれは認識を行えばよいかという問題だ。認識論を自然化しようと提案する人々と、伝統的認識論の存在意義を確保しようとする人々との間で争われた、認識論的規範性の問題がこれだった。

(3)　懐疑論の論駁。われわれの正当化基準にしたがって、つまり認識論的規範に則って認識活動を営んでいても、ときどき間違いが生じるのは避けられない。そこにつけ込んで、懐疑論者がそっと囁く。「君たちは自分たちのたてた正当化基準にしたがってやっていけば、真理を捉えることができて、知識を獲得できると思っているらしいね。だけど、それがとんでもない思いこみにすぎないということが分からないのかなあ？　君たちのやり方で真理に到達できる保証なんてこれっぽっちもないんだぜ。」こうした囁きに抗して、知識の可能性を論証すること、これが懐疑論論駁という課題だ。この課題こそが、何百年も認識論を駆り立ててきた大きな動因だった。

ここで確認しておかなくてはならないのは、次の二つの点だ。まず、上記のような認識論の問題設定にとっては、「真理」と「信念」がなくてはならない主人公であるということ。うんと単純化して言えば、認識論の背景には、次のような哲学的なメタファーがある。知識は信念という形で、われわれの心の中に生じる。そして、信念は世界を写す鏡、世界の絵、地図のようなものだ。知識は、ゆがんでない鏡、リアルな絵、正確な地図に対応する。このとき、世界のありさまはありのままにわれわれの心に映し出されていることになる。これが真理、ということだ。認識論は、どのようにしたらわれわれの信念が世界をありのままに写し取ることができるかを調べ、同時に懐疑論者に対しては、それが可能だということを示そうとする営みだと言える。認識論は、心の中の鏡＝信念と、真理という二つの柱の周りに構築されているというわけだ。でも、信念と真理についてのこのような語り方がメタファーにすぎないということがわかったなら、こうした認識論の問題設定を鵜呑みにすることはちょっと待った方がよい。信念が脳の中にあるとしよう。でも脳の中を覗いてみても鏡はない。ということは、とりあえずこうした語りはメタファーだろう。それも、ひどく誤解を招きやすいメタファーかもしれない。

もう一つ注意すべき点は、このように、真理と信念という概念が、認識論の問題設定じたいにとても重要な役割を果たしているにもかかわらず、認識論は「この二つはよく分かっているからいいや」と思ってしまったらしいということだ。真理と信念は認識論の隠れた主人公だと言ったらよいだろう。そこで認識論はえんえんともっぱら正当化の概念の分析に没頭することになったのだけれど、果たしてこれでよかったのだろうか？

前章で紹介したスティッチの議論は、「いいわけないでしょ」という反省をわれわれに促してくれる。彼の主張するように、真なる信念の形成が生存という生物の究極目標にとって必ずしも最適な戦略とはかぎらないのだとするなら、認識の目的を真なる信念の獲得とし、正当化や信念形成プロセスの信頼性とは何かを明らかにして、それがちゃんと真理獲得という目標に貢献することを示すことで懐疑論に対抗しようという、ここ数百年にわたって営まれてきた認識論のそもそもの大前提がかなり怪しいことになる。この前提はクワインですら疑ってみようとしなかった前提だ。スティッチの議論は、それを聴いたとき多くの同僚が冗談だと思ったと回想しているように、認識論という分野全体がその課題もやり方もこれまでどおりではありえないかもしれないよと主張する、とんでもなくラディカルな主張なのだ。本章では、真理は認識論で重きを置かれるべき概念ではないという、『理性の断片化』という本でスティッチが主張した考えを再構成しながら、真理と信念という概念と認識論の関係を反省し、真理や信念を主人公としない認識論が可能だとしたらどのようなものになるかを考えてみることにしよう。

2　分析的認識論は無用である

スティッチはもともと、哲学の世界で制度的に成立している認識論には冷淡だった。前節の三つの課題のうち、(2)は重要な問題だと思っていたが、(3)や(1)、とくにゲティア問題のような人工的な反例の応酬は哲学の袋小路だとみなしていたようだ。むしろ、スティッチの関心は言語の哲学と心理学の哲学にあり、認識論がこれらに関係あるとは思っていなかった。

しかし、言語と心理学の哲学は認識論に意外な接点があるということがだんだんと分かってくる。そのきっかけは前章で紹介した、われわれの推論についての心理学的実験の解釈を巡る問題だった。たとえば、ジョンソン=レアードとウェイソンの実験が、われわれがしばしば論理的推論を間違えるということを示していると理解するためには、被験者が推論を間違えていると言わなくてはならない。しかし、どうしてそれが分かるのか、間違っているのは実験家の「正しい推論とは何か」の理解の方ではないかと言われてしまったらどうしよう？つまり、「実験家ではなく被験者の方が間違えているのだと言うためには何が必要か」という問題に直面したというわけだ。明らかに実験家は、それに照らして被験者が間違えたと言えるような、何らかの意味で正当化された正しい推論のための規則のリストをもっていなくてはならない。スティッチは最初、次のような手順を踏めば大丈夫だと思っていた。つまり、まず、われわれがもっている「推論の正しさ」という概念を分析して、推論が正しいものであるための必要十分条件を与えておく。そして、「これが正しい推論のための規則じゃないでしょうか」と提案された規則がその条件を満たしているかどうかをテストする。それに合格すれば、提案された推論規則の体系は、正しい規則になっている。

しかし、これができるには、われわれの常識的な「正しい推論」の概念が、必要十分条件という形で分析を受ける程度には整合的かつ体系的で、しかもいつでも誰でも同じでなくてはならないはずだ。でも、これがア・プリオリに保証されているとは限らないではないか？　この疑問は、「推論の正しさ」という概念だけではなく、およそ概念分析（conceptual analysis）という方法全般に対する疑いに膨れ上がっていく。概念分析というのは、現代英語圏の哲学者たちが、実験や社会調査をしない哲学に最後まで残る哲学独自の方法として重要視している方法論だ。たとえば、ゴールドマンは、自然化された認識論を批判して、たしかにどのプロセスが真理という上位目的に照らしてより信頼の置けるものなのかを探求するのは自然科学に置き換えることのできる工学的問題だけれど、「知識は信頼できるプロセスによって形成された真なる信念である」という主張じたいは科学的探求とは独立に、それに先んじて可能だと言う。なぜこのように言えるのかと言うと、この主張は概念分析の結果だからというわけだ。われわれが日常的に用いている「知識」という概念を分析してみると、「信頼できるプロセスによって形成された真なる信念」という構成要素が取り出せる、とゴールドマンは思っている。

ゲティア問題を巡る議論で繰り出されるさまざまな「反例」も、われわれの日常的・直観的な知識の概念に照らして、「これって知識じゃないんじゃないの」とか「うん。この場合は知っていると言えるな」と判断されているわけだから、概念分析をしていると言える。スティッチは、このような概念分析を主要な方法論とする認識論を分析的認識論（analytic epistemology）と呼んでいる。正当化のための規則や、それをメタ正当化する際の正しさの基準がいくつも提案されていて、それらの競合する提案のうちどれかを選ばなくてはならないとしよう。このとき、われわれの日常的・直観的な判断や言い回しに内在している「正当化されている」とい日常的な認知評価の基準を取り出そうとするのが分析的認識論である。こんなふうにして、正当化基準、あるいはメタ正当化の基準として正解だ。こんなふうにして、日常的な認知評価のための概念を分析することによって、認知評価の基準を取り出そうとするのが分析的認識論である。これまでに英語圏で書かれてきた認識論の論文のほとんどがこの範疇に属する。たしかに、日常的概念は厳密に定義される数学の概念とかとは違って曖昧ではあるだろう、けれども何らかの共通のコアはあるはずだと考えられる。概念分析はそのコアを捕まえるための作業だ。

スティッチは、どの認識手段がよいものか、どれを使うべきかを教えてくれる規範的認識論の方法として捉える限り、概念分析はうまくいかない、したがって分析的認識論は認識論としては失格だと考える。この判断は、彼が記述的な認識論的多元主義（descriptive epistemic pluralism）と呼ぶものからの帰結として考えることができる。人類学、社会学、科学史、科学社会学などの調査研究は、さまざまな民族、文化的背景をもつ人々、さまざまな社会階層に属する人々、異なる時代の人々、同じ科学者でも異なった分野の人々が、非常に異なった仕方で認知の作業（信念の形成と改訂）にたずさわっているという事実を明らかにしている。

このように人によってひどく異なる推論のやり方や認知スタイルは、周囲の文化から学ばれるものだろう。そうするとおそらく、何が正しい認知プロセスかについての日常的・直観的概念も、ローカルな文化的産物なのだから、それが評価しようとしている認知スタイルと同じように、文化的な差異を示さない保証はないはずだ。だとすると、分析的認識論はこうした異なる認知プロセスを、われわれじしんの直観的な認知評価の概念で一方的に裁断し、どの推論プロセスが自分の概念にしっくりするかを判断しているにすぎないことになる。別の文化に生まれ落ちたとするならば、自分が現に身につけているのとはずいぶん異なった認知スタイルを身につけることもできただろう。このように、自分も違った仕方でやろうと思えばやることができて、しかも他者は実際に違った仕方でやっているとするなら、自分のやり方にこだわる必要はないはずだ。

分析的認識論者は、われわれの認知プロセスがよいものであるかどうかを決定するために、われわれの正当化の概念を分析する。これってどこかおかしい。だって、分析的認識論者は、われわれの常識的な認識論的評価のための概念が他の文化のそれよりもすぐれているということは何一つ論証していない。自分たちのやり方が自分たちの基準に合致していることがわかったところでどうなるわけ？　それじゃ、自分たちのやり方はまずいかもしれないという不安を緩和することはできない。したがって、われわれはどのような認知プロセスを用いるべきかという規範的認識論が突きつけてくる問題に、分析的認識論は答えることができない。概念分析は、認知戦略を評価するというプロジェクトにとっては無用だったということになる。

3　認識における内在的価値と道具的価値

というわけで、分析的認識論しか規範的認識論の候補がないのだとするなら、われわれの見通しはかなり暗い。しかし、スティッチは何とか別の戦略を探し出そうとする。その過程で、認識論と真理との関係が問い直されてゆく。ここで、今後重要となるキーワードを導入しておこう。それは「道具的価値」と「内在的価値」という二つの語だ。われわれはいろいろなものに価値を見いだしている、ひらたく言えば大切に思う。たとえば、お金は大切だ。しかし、われわれがお金を大切に思うのは、お金そのものに価値があると考えるからではない。お金が、われわれにとって価値のある何か別のもの、たとえば、健康、おいしい食事、娯楽、学歴、世界の平和……を手に入れる手段だから、われわれはお金に価値があると考える。このように、何か他の価値あるものを獲得したり実現するための手段・道具としての価値を「道具的価値（instrumental value）」と言う。

これに対し、「内在的価値 (intrinsic value)」とは、他の価値の獲得手段としてもつ価値ではなく、そのものじたいがもっている価値を指す。こちらの具体例を挙げるのは難しい。というのも、人によって何に内在的価値を見いだすかは大きく異なるからだ。とりあえず最大公約数的に「幸せ」と言っておけばいいかもしれない。人々が幸せに価値を置き、それを手に入れようとするのは、幸せになることによって、何か別の大切なものを獲得するためではない。むしろ逆で、幸せという内在的価値を実現するために、健康、学歴、お金などの手段を手に入れようとするわけだ。以上の話は、「幸せ」の中身に立ち入らない限りは説得力があるだろう。ここで重要なのは、何が人間にとっての内在的価値かとか、内在的価値は究極的には一つか、それとも複数あるかというような問題ではなく、内在的価値と道具的価値という区別ができるということだ。

　読者によっては、こんな話が何で認識論に関係するのかいぶかしく思うだろうから、さっそく本題に戻ろう。何度も強調してきたように、「正当化されている」とか「信頼できる」といった認識論に現れる語は、「赤い」とか「丸い」といった語とは違って、信頼できるプロセスだからそっちを選ぶべきだとか、正当化されている信念だからそっちの方が良い、という具合に、明らかに価値評価に連動している。つまり、これらの認識論的な語彙は評価語なのである。認識論は、こうした価値評価の基準、つまり、どんな認知プロセスがより良いものなのか、どのような仕方で「正当化」された信念を選ぶべきなのかといったことを明確にすることを一つの課題にしていた。この課題に対して分析的認識論者は、いくつも考えられる認識プロセスの間でどれを選ぶべきかの基準が、われわれの直観的・日常的概念の中に埋め込まれているから、それを分析して取り出せば、われわれの認識論的な価値づけの基準を取り出すことができると考えたわけだ。

　しかしこの提案は、そうした日常概念に合致した認識プロセスや信念をもつことを、われわれが価値あるものとしているのでなければ意味がない。そして、それはかなり怪しいぞ、というのがスティッチの言いたいことだ。彼によれば、(1)たいていの人々は、事態をはっきり見極めることができるようになれば、たとえば「正当化された信念」のような日常言語に埋め込まれた評価概念によって是認される認知プロセスをもつことに内在的価値を見いださなくなるだろう。(2)さらに、正当化された信念に道具的価値があるとするような議論も成り立たないのではないか。ということになる。

まず、(1)から見ていこう。スティッチは、正当化された信念にはそれ自体として価値があると主張するような人にはお目にかかったことはないが、かりにそう言い張る人がいたとしても次のように説得できるだろうとしている。われわれが認識論的価値づけのために使っている概念は、二十世紀の英語圏という非常にローカルな領域でのみ使われるものにすぎない。このようにローカルな正当化概念を分析してとりだした基準は、どのような世界でも有効とは限らない。つまり、われわれのもっている「正当化」という概念は、認知プロセスの信頼性を評価するためのたくさんの類似の概念(justification-like concepts)のなす空間のごく一部を占める、非常に恣意的で局所的なものでしかない。こうした類似の概念のなかで、われわれはたまたま「正当化された信念」というやつを選んでるかもしれないが、他のを選んではいけなかったという理由はない。

確かに、似たようなたくさんの概念のごく一部にすぎないということが分かったからといって、すぐに正当化された信念に内在的価値を認めてはいけないということにはならないが、われわれの正当化概念が恣意的でごく局所的であることが理解されると、たいていの人はそれに内在的価値があるとは思わなくなるものだ。

次に、(2)に移ろう。正当化された信念を持つことは、もっと上位の内在的価値をもつものを手に入れるための道具として価値を持つだろうか？　スティッチはこれを立証する議論は二つのパターンしかないとした上で、どっちもダメだと斥ける。一つの方法は、われわれがもっている認知評価のための概念が進化の産物だということに訴えるものだ。いろいろな概念が試されて、生存に貢献するものだけが残されてきたはずだ、だから「正当化された信念」という認知評価概念はわれわれの生存という上位の目的のための手段として価値を持つ、というのはどうか。前章で紹介した進化論的議論はここに関係している。しかし、ちょっと考えるとこの手の議論はすぐダメであることがわかる。進化理論に対する誤解に基づいているからだ。まず第一に、この議論は、進化が長い目で見ると生存に有利な最良の解決に近いものを残すという前提にたっているが、これは成り立たない。まず、生物の進化を引き起こす動因は自然選択だけではない。遺伝子浮動、地理的隔離なども進化の動因として考えられている。つまり、必ずしも最適なものを選び出すプロセスだけによって生物は進化するわけではない。さらに、自然選択だけが働いているとしても、可能な選択肢の中から最良のものを選んでくれるとは限らない。さらに、進化によって認知に関して最良の解決がかりにえられているとしても、それが「正当化された信念」という概念であるという保証はない。前章で見たように、正当化された信念をもつということが必ずしも生存に最適とは限らないからだ。

4　信念の内容と心理意味論

正当化された信念の道具的価値を論証するためのもうひとつの方法は真理という概念にうったえることだ。正当化された信念をもつことは内在的価値をもたないかもしれないが、真なる信念を持つことは内在的価値をもっていそうだ。そして、正当化された信念をもつことは、真なる信念の獲得のための手段として道具的に価値があると言えるのではないか。確かにこれには、どうして正当化すると真なる信念につながるわけ？という難問がある。このギャップを埋めることが認識論の大問題だったわけだ。けれども、いまはそれはどうでもよい。というのは、そもそも真なる信念が内在的価値を持つということ、さらには道具的価値を持つということすら疑わしいからだ。もしこの疑いが正しいなら、正当化されていることも真理もそれだけでは価値があるとは言えず、認識には、あるとしてもすべて道具的な価値だけがあるというかなり破壊的な結論に至るだろう。破壊的だというのは、こういうことだ。真なる信念をもつことに内在的価値も道具的価値もないことがわかったとする。そうすると、知識は正当化された真なる信念だという定義を受け入れる人にとっては、知識そのものの価値がなくなってしまう。ということは、懐疑論に答えることも、知識に正当化を求めることがどうして真理の獲得につながるのかを説明するというメタ正当化も認識論の緊急課題ではなくなるということだ。スティッチによれば、懐疑論を扱う一番の方法は、知識を持つことは重要だという思いこみを捨てることだと言う。「知識は不可能だって？　そんなものはいらないから不可能でもいっこうにかまわないよ。」なるほど、確かにこれは懐疑論に対する最強の態度だろう。

とはいえ、多くの人が、「真なる信念を持つことは大切ですか？」と聞かれたなら「はい」と答えるだろう。しかし、「ところで、あなたが大切だと言う真なる信念って何なの？」という問いには誰も答えられないだろうとスティッチは言う。これは、真なる信念ということが分かりきったことだからではない。まさにその逆だ。心の哲学と言語哲学では、ここのところずっと、信念とは何か、信念の内容は何で決まるのか、信念のような心理状態がどうして真偽とか指示（ある人の信念が、「ティム・バートン監督についてのものである」というような性質）などの意味論的性質を持てるのかということが議論の的になってきた。こうした心理状態の内容についての理論を心理意味論 (psychosemantics) と言う。しかし、ここに一枚岩の共通見解があると思ったら大間違いなのだ。

スティッチの戦略は、信念が真であるということについてのいちばん見込みのありそうな説明を抽出して、その上で次のように問いかけることだ。「これが信念の真理ということだとするなら、きみは本当に自分の信念が真であることをそんなに大切と思うか？」このための彼の議論はとても複雑で長いうえに、たくさんの予備知識を必要とする。ここではできるだけ簡単にスケッチすることを試みよう。

まず、スティッチは信念を実在的な心理状態だと考える。実在的な心理状態ということは、ようするに信念は人の心の働きを解釈したり予測したりするために措定されるフィクションや道具ではなく、ある人がしかじかということを信じているということは、その人の頭の中にその内容をもった信念という状態が実現していると考える、ということだ。では、どんなものとして実現しているのか、と言えば、おそらく脳の物理的状態として実現しているのだろう。そうすると、自然に出てくる問いは、脳の物理的状態でしかないものが、何で内容をもったり、世界の中のある対象を指示したり、真や偽になったりというような意味論的性質を持てるの？というものだろう。これは考えてみると不思議なことだ。脳状態でしかない信念が内容をもち真とか偽になることができるためには、脳状態に、それがどのようなときに真になるかを定めた条件、つまり真理条件を対応させる必要がある。それぞれの信念（脳状態）には、それぞれ真理条件が対応していて、その条件が満たされたときに、その信念も真と考えるという具合に進んでいけばよい。したがって、どんな心理意味論をつくるにせよ、個々の信念＝脳状態に、真理条件を結びつける関数を決めて、その関数の本性を探らなければならない。この関数をスティッチは解釈関数（interpretation function）と呼ぶ。

さて、解釈関数の理論の詳細を展開することはとてもスペースが足りないし、またここでの議論のために必要でもない。議論に必要ないくつかのポイントだけを挙げておこう。

(1)　日本語とかシンハラ語、英語といった自然言語の文に意味論を与えるというのはわかる。しかし、ここで問題となっているのは心理状態の意味論だ。このギャップを埋めるもっともストレートなやり方としては、頭の中に文を入れ込んでしまうという戦略が考えられる。しかし、これは苦し紛れではない。認知科学では広く認められた考え方なのだ。現在主流となっている認知科学上の研究枠組みを「心の計算主義モデル（computational model）」と言うが、このモデルでは心の行う情報処理は次のように説明される。情報処理の直接の対象になるのは、統語論を持った言語みたいな記号列だ。「統語論を持っている」というのは、それが単語に相当するような単位からなる、ということと、それが一定の規則に従って並べられているということの二つを意味している。心の中で行われる情報処理は、こうした記号列を一定の手続き（アルゴリズム）に従って並べ替えたり複製したり逆転したりするといった、統語論的な操作に他ならない。こうした統語論的操作が計算と呼ばれる。ようするに、計算主義モデルとは、心の情報処理は心の中の記号列に対して計算を施すことにあるという考え方だ。ここで言う「言語みたいな記号列」は、思考の言語（Language of thought）とかメンタル語（Mentalese）と呼ばれる。

こうした考え方はとても自然だ。なぜなら、「かごめは桔梗を殴った」ということを考えたり信じたりすることのできる脳は、ふつう「桔梗はかごめを殴った」と考えることもできるだろう。ということは、「かごめは桔梗を殴った」という思考や信念は、「かごめ」と「桔梗」と「殴った」という要素が単位になって、それがしかるべき統語論的な規則に従って並んだものになっているはずなのだ。もちろん、頭の中を覗いても、そこに「かごめ」と書いてある札が見つかるわけではない。でも、こうした個々の要素は何らかの仕方で脳の中で物理的に実現されているに違いない。それを心的語（mental word）と呼ぶことにしよう。心的語が組合わさった心的文がある仕方で脳内に実現されていることが、信念を持つということだ。

(2)　このような思考の言語仮説にたてば、信念がどうやって意味論をもつのかという問いは、脳内の心的文にどうやって内容、ないし真理条件を与えるかという問題になる。次に、そうした信念の構成要素となっている心的語のどれが名前でどれが述語でどれが接続詞や量化子（「すべての」とか「多くの」とか「或る」などの語）であるかを決めてやる。

(3)　さて、次にすべての心的文にその真理条件を対応させるにはどうしたらよいかを考えよう。そのためには、自然言語の文を例にとるのがよい。たとえば、二〇〇一年のある日、ボストンに住むジョン少年が「Aardvarks are reptiles.」と言ったとしよう。彼のこの発言は真だろうか、偽だろうか。それはこの発言がどのような真理条件をもつかに依存する。この発言の真理条件は、日本語で言うならば、ツチブタが爬虫類であるということだ。で、ツチブタというのは哺乳類であって爬虫類ではないから、この発言の真理条件は満たされていない。ジョンくんの発言は偽だ。

(4)　しかし、こういった真理条件が述べられるためには、「Aardvark」はツチブタを指す、「reptile」は爬虫類を指す、というように、個々の語に対してそれが何を指示するかを与えておかなくてはならない。そこで、解釈関数の理論は、任意の言語（思考の言語も含む）の名前や述語が何かを名指すというのはどういうことであるかについての一般的な説明を含む必要がある。その最も有望な説明は指示の因果説と呼ばれるものだ。その基本的アイディアは次のように述べることができる。

【指示の因果説】　あるとき或る場所である人によって（これを状況Sと言おう）用いられた名前がしかじかの対象を指示するということは、その名前がその対象にはじめて結びつけられた最初の使用あるいは名づけの場面から、しかるべき因果の鎖によって、状況Sにおける使用にまでその名前が伝えられているということである。

英語に「aardvark」という語がはじめて導入されたのは、一八一〇年代のアフリカだったらしい。アフリカで探検家がシロアリを喰う奇妙な姿の夜行性哺乳動物にはじめて出会ったとき、現地の人々が「erdvark」と呼んでいるのをヒントに、その動物を「aardvark」と名づけた。その人から他の人へ、その他の人からまた別の人へとこの語は伝えられてゆく。それは口伝えだったり手紙だったり、書物だったりする。こうした因果連鎖が二〇〇年の時を隔てて、二十一世紀のボストンの子どもにまで届いたというわけだ。その因果連鎖のおかげでジョン君は、ツチブタを見たこともなくても、名前のイメージからワニかトカゲの一種だと誤解しているとしても、彼が使う「aardvark」はちゃんとツチブタを指すことができる。そうでなければ、ジョン君はツチブタについて、それが爬虫類だと言ったのだから、間違ったことを言ったのだ、ということがそもそも成りたたなくなってしまう。同じような説明が、こうした自然種を表す語だけでなく、「Albert Einstein」とか「アリストテレス」というような固有名詞にも当てはまる。現代日本人のわれわれが、実際に会ったことがなくても、かりにアリストテレスを古代エジプトの国王だとかんちがいしていても、「アリストテレス」という語でアリストテレスその人を指せるのは、こうした因果連鎖のおかげだ。

(5)　接続詞や量化子に関しては、因果説は役立たない。なぜなら、「or」という語が指すものなどないからだ。ここでは、文同士の相互関係が重要になる。「A」という文から「A or B」という形の文が出てくるとか、「A or B」という文と「not A」という文から「B」という文が出てくるというようなデータから、「or」は日本語で言うと「または」に相当する働きをする接続詞かな、ということがわかる。そこで、

「A or B」が真である ⇕ 「A」が真であるか「B」が真である

という具合に「or」を含む文に対して真理条件を与えることができる。心的文に関しても同じ手続きが使える。「A＊B」という形の心的文が他の心的文との間にもつ相互関係のパターンが、「＊」を「ならば」と考えると予想がつくようなパターンになっているなら、＊が「ならば」である。たとえば「A＊B」という心的文が生じると、それが原因となって「A」という心的文が生じるといったことが、ここで言う「相互関係のパターン」

だ。重要なのは、心的文がどのような論理形式をもつかということは、それが他の心的文との間に示す因果的相互作用のパターン、つまり因果的機能によるということだ。

5　真理は認識論の目標ではない？

スティッチは以上のような解釈関数についての理論を因果的・機能的解釈と呼ぶ。しかし、これで手に入る解釈関数は非常に部分的なものにすぎないということに注意しよう。つまり、解釈関数で真理条件が与えられる心的状態は、人間が持ちうる心的状態（信念）のごくごく一部に限られる。そうなってしまう理由は二つある。

(1)　解釈関数の部分性。まずは因果的・機能的解釈のうち、指示の因果説の部分にかかわる理由がある。重要なことは、語が対象を指示しているために存在しなければならない因果連鎖はどんな因果連鎖であっても良いというわけではないということだ。そこで、心的語の指示対象を固定するためにはどんな種類の因果連鎖が必要かを限定する必要がある。それは、「こんなふうにその語が名づけの場面から使用者まで届いたのなら、ちゃんとした因果連鎖があると言っていいだろう」というような常識と直観に基づいている。しかし、そのような直観によって限定された因果連鎖は、心的語がかかわることのできそうな因果関係のごく一部でしかない。そうすると、心的語は、指示の因果説が要求するような仕方では世界の事物に因果的結びつきをもっていないのにもかかわらず、話し手の心の中にいくらでも多様な仕方で現れることができるというわけだ。ところが因果説によれば、そうした心的語は何も指さず、その語を含む心的文、つまり信念は真理条件を持たないことになる。

接続詞や量化子に関しても同じような問題が生じる。思考の言語仮説によれば、心の情報処理は心的文の統語論的な変形なのだった。しかし、統語論的に特徴づけられる心的文同士の相互作用パターンのほとんどは、直観的に見て妥当な意味論的解釈を受けつけないようなものばかりだ。たとえば、「A」が「B」よりもたくさんの心的語を構成要素として含んでいるような場合、つまり文「A」のほうが「B」よりも、「長い」文であるときに「A♯B」という心的文が形成されるとしよう。これは、統語論的には可能な計算（つまり心的記号の変形過程）だけれども、これは直観的な意味論によって解釈することはできない。まして、その計算の規則を、「「A♯B」が真である ⇕ ……」という形の条件で、「……」の部分に「A」と「B」の真理に言及した言明がくるようなものによって与えようとすることは完全な的はずれだ。つまり、統語論的に可能な計算は、直観的な意味論によって解釈可能なものの範囲をはるかに超えてしまう。そして、認知の過程でわれわれの心の中で起きている情報処理に、そうした意味論的解釈が不可能な計算が含まれていないなどという保証はない。こうして、解釈関数の因果的・機能的説明は、可能な心的文のごく限られた一部を扱うものでしかないということがわかった。

(2) 解釈関数の恣意性。因果的・機能的説明は、このようにごく限定されたものだというだけでなく、非常に恣意的な解釈関数しか与えることができない。どういうことか。命名もその後の語の受け渡しもたしかに因果過程だけれど、「ウィノナ・ライダー」、「水」、「ブラックホール」などの命名に共通の因果的パターンなどありはしないと考えるべきだろう。ヒッピーの両親がコミューンの指導者に娘の名前をつけてもらうという出来事と、天体物理学者が高度に抽象的な理論の帰結として存在が予言できる未知の天体にとりあえず名前をつけておくという出来事の間に、自然現象として見た場合の共通点などあるはずがない。このように因果過程としての命名は、互いに少しずつ似ているが、全体をまとめる共通点のない（こういうのを「家族的に類似している」と言う）雑多な過程の集まりなのだ。これらを、「指示」の名に値する因果連鎖のパターンとして一つにまとめているのは、常識的直観がそれらをひとくくりにしているという事実以上にはない。「ツチブタ」とか「台風」とか「核分裂」というのは、われわれがそれをどのようにひとまとめにするかに関わりなく、すでに自然の側でひとまとまりになっているように思われる。こうしたまとまりを自然種（natural kind）と言う。いまわかったのは、「命名」や「指示」という現象は自然種ではないということだ。

このように「指示」が因果連鎖の雑多な集まりを常識によってひとくくりにしたものにすぎず、現象の側にはそれをひとまとまりにしている原理がないのだとするなら、いろんなくくりかたが可能になるはずだ。それには、心的語を常識とは異なる対象に結びつけるものもあるだろう。こうして、常識的判断とは異なる語と世界のリンクが何通りも可能になる。それらを、指示＊、指示＊＊……と呼ぶことにしよう。これらを斥ける理由は、常識に合わないということしかない。

たとえば、聖書に登場する人名に「ヨナ」というのがある。この人は実在の人物らしい。しかし、ヨナについて聖書に書かれていること、たとえば鯨に飲まれて腹の中で暮らしていたというようなエピソードはすべてフィクションだ。主流の因果説では、現在のわれわれが「ヨナ」という語にまったく間違った伝説を結びつけて使っていても、命名の場面からの因果連鎖がつながっている限り、われわれは「ヨナ」で紀元前のパレスチナに暮らしたある人物を指示していることになる。だからこそ、「われわれはヨナについて間違った伝説しか伝えられていない」などと言うことができるわけだ。しかし、この説では、「ヨナ」が何の名前なのかについてまで誤解してしまったら、しかるべき因果連鎖はもう切れてしまった、つまり指示は成り立たないと考える。私から「ヨナ」という語をならった人が、どういうわけだかそれを人名ではなく天体の名前だと思ってしまった。

このとき、その人の使う「ヨナ」はもはや何も指示していない。ところで、指示が成立しなくなるこの条件を少し強めて、次のような理論を考えることもできただろう。つまり、因果連鎖でつながっている対象について、半分以上は正しいことがらを信じていなければ指示しているとは言わない、というものだ。この新しい指示概念を指示＊とするなら、われわれの「ヨナ」は、ある人物を指示しているが指示＊はしていないことになる。こうしたオルターナティブは常識的直観に反するので間違いだという反応がありそうだ。しかし、われわれは子どもたちを違った直観をもつように育てることもできるだろう。そうしたら、ふつうの指示に基づく解釈関数が直観に反して、指示＊にもとづく解釈関数の方が直観にかなっているということだって起こるかもしれない。さらに、このようなオルターナティブを採用すると困ったことが生じるということも自明ではない。この意味で、解釈関数についての因果的・機能的説明は限界があるだけでなく恣意的なのだと言える。この場所、この時代の常識によって好まれる関数であるというだけの話だ。

以上の議論が正しいなら、認識においてわれわれが本当に何を価値あるものとしているのかについては、争いの余地があることがわかる。私がもつ信念の集まりには、通常の「指示」によって真理条件が与えられる真なる信念が五〇％、指示＊に対応する真＊なる信念が三〇％、指示＊＊に対応する真＊＊なる信念が二〇％含まれている。そして、真なる信念を増やすと、真＊なる信念は減ってしまうとしよう。もし、われわれが真なる信念を価値あるものとしているなら、真＊なる信念がどうなろうと知ったことではないはずだ。しかし、本当にそうなのだろうか？

そこで次に、真なる信念をもつことが内在的に価値のあることなのかについて考えてみよう。「俺は真なる信念をもつことに価値をおいているんだ。きみがバービー人形を集めることに内在的価値を見いだしているようにね。以上」と言い張る人には、これ以上話し合いの余地はないように思える。しかし、以上の議論が正しいなら、そういう人を説得するもう一つの方法が手に入るとスティッチは考える。信念と真理条件を結びつける解釈関数が部分的で恣意的なものだという発見は、真なる信念が価値あるものだとこだわることが、とても保守的な態度だということを帰結する。解釈関数の部分性が意味しているのは次のことだ。心の計算システムを構成している心的状態には、真理条件を持たず、それゆえそもそも真になりようがないものがたくさんありうる。そして、こうした心的状態の膨大な在庫には、われわれの幸せや適応性を高めるようなシステムが入っている可能性がある。しかし、そうした在庫のほとんどは解釈関数の領域外にある。だから、真なる信念にのみ内在的価値を認め、認識論の上位目標を真理への到達に限定する人は、そこには真なる信念が入っていないことが明らかだという理由で、そのような在庫を探索してみることに消極的になってしまうだろう。でも、これって非常に保守的なスタンスではないだろうか。

では、解釈関数を選ぶ決め手が常識的直観との合致という恣意的なものにすぎないということは何を意味するだろうか。自分がある特定の常識的直観をもっているのはなぜなのかを考えてみよう。遺伝的に決まっているというのも可能だがまずありそうにない。おそらくその答えは、礼儀正しさや道徳性の直観と同じように、この直観じたいが文化的に伝達され、周囲から学ばれたものだからということになるだろう。いずれにせよ、特定の解釈関数を支える直観がさまざまなオルターナティブの中から精査されて選ばれたものでないことだけは確かだ。こうして、直観的に是認された解釈関数には何も特別なところはないのだということ、つまりいろいろあるなかの任意の一つにすぎないことを認めると、真なる信念をもつということにも何も特別なところはないことになる。真なる信念に価値を置くことは依然としてできるけれど、それは非常にローカルな価値であり、自分の属する民族集団や社会階層の文化的実践に重きを置く態度と本質的にはそんなに変わらない。真なる信念に内在的価値があると考える人は、われわれの文化が残してくれた解釈関数を反省なしに受け入れて、それがわれわれの基本的な認識的価値だと頭ごなしに決めてかかるような人だ。こうすることによって、彼らは非常に保守的な選択をしていることになる。彼らは、伝統に自分たちの認識論的価値を決めるままにさせて、その伝統を批判的に評価しようとしない。

というわけで、どうやら真なる信念に内在的価値を認めることはできそうにない。では、真なる信念を持つことは道具的価値を持つと言えるだろうか。もちろん、人はいろいろとんでもない内在的価値を持つから、真なる信念がいかなる道具的価値も持ちえないと論じることは不可能だろう。そこで、スティッチはより穏健な結論を目指す。通常、真なる信念がもつ道具的価値は明らかで、真なる信念はさまざまなことに役立つとされている。これがそんなに自明ではないことを示そうとするわけだ。ここで重要なのは、真なる信念の道具的価値を何と比べているかを明確にしなければ議論は空回りしてしまうということだ。この比較対象を特定しないと、真なる信念と偽なる信念とを比べることになる。しかし、偽にくらべて真が何かに役立つと言うだけでは、真なる信念の道具的価値を論証するのにはまったく十分ではない。真＊なる信念とか真＊＊なる信念とか、その他目下のところ直観と伝統によって好まれてはいない解釈関数によって取り出される別のカテゴリーに比べて、やはり真なる信念は長い目で見て目標によく貢献すると言わなくてはならないはずだ。しかし、スティッチによれば、まだだれもそんな議論を提案していない。議論を必要とするのは明らかだが、その議論はなく、われわれは何となく真なる信念はいろいろ役立ちそうだと思っているだけなのだ。

以上の議論はスティッチ自身認めているように、決定的なものにはほど遠い。しかし興味深いのは、スティッチの議論は、伝統的認識論がヨーロッパ社会のある特定の伝統に根ざしたきわめてローカルな営みだということをあぶり出していることである。スティッチがおそらく見落としているのは、認識論は真理への到達に内在的価値を置く態度に支えられているというよりは、真理に内在的価値を置くような生き方の勧めでもあったという点だ。真理を見て取ることは、必ずしも世俗的な「幸せ」につながるわけではない。この意味で、真理への到達は道具的価値を持つわけではない。しかし、真理に到達することそれじたいに内在的価値を置くような生き方の方がよい生き方なのだから、それが何の役に立つのなどと言わず、真理に近づくことじたいに喜びと価値を見いだすような人になりなさい。伝統的認識論はこうしたメッセージを含む人格改造的な営みでもあった。しかし、ドライなスティッチは、認識論の目標を一八〇度変えてしまう。最後にそれを確認しておこう。

6　認知的プラグマティズム

分析的認識論への批判が明らかにしたのは、どの認知プロセスがよりよいものかを、文化によってわれわれに手渡された評価概念を分析して、それに合格するかどうかで決めるということはできないということだ。したがって、認知プロセスの評価は、そのプロセスを採用することによって、われわれの目的がうまく果たされるかどうかの結果を見て決めるしかない。でも、その目的が、これまで無批判に考えられていたような「真理への到達」でないとしたら、いったい何なのだろう？

スティッチはここで、プラグマティズム（pragmatism）の伝統から生じた道具主義的な認知観に訴える。プラグマティストによると、認知プロセスはまず第一に真理に到達することを目指すものではない。むしろ、認識は多種多様な目的を達成するための道具だと考えてみよう。認識を技術に喩える発想はすでにクワインに見られた。しかし、クワインはあくまでも認識を真理獲得のための技術と考えていた。しかし、この喩えを徹底するならば、認識という技術を評価する際に訴えるべき目的や価値は一つではないことがわかる。健康だったり、幸せだったり、生存だったり、自然のコントロールだったり、予測だったり、ものすごくいろいろあるはずだ。これらは多くの人によって価値あるものとされている。一方、ごくローカルな文化の文脈でだけ価値があるとされる目的もあるだろう。認知プロセスを道具や技術との類比でとらえることによって、それは人々が内在的価値を認めるさまざまなことがらに訴えることで多元的に評価されることになる。したがって、どのような認知プロセスを使うべきかは一つに決まらない。こうした考え方をスティッチは規範的な認識論的多元主義（normative epistemic pluralism）と呼んでいる。

認識論を「真なる信念」という概念へのこだわりから解放すべきだという点は、認識論の神経科学化を唱えるパトリシア・チャーチランドによっても強調されている。彼女は、真なる信念を獲得することにかならずしも進化上の利点はないという議論が自然化された認識論への反論に思えるのは、生物の情報処理がもっぱら真理へ到達するための道具だと考える限りにおいてでしかないと主張する。認知は生物の生態的地位と切り離せない。脳は汎用コンピュータとして進化してきたのではなく、特定の生存領域でその生物が出会う課題を果たすためのものだ。それが真理の発見である保証はない。したがって、脳はまず第一に心的文の形で真理を発見するためにあると考えるのは本末転倒だ。進化的観点からは、脳の働きは四つのF（餌をとること feeding；逃げること fleeing、戦うこと fighting、子孫を残すこと???）に生物を成功させることにある。

チャーチランドは認知理論としての思考の言語仮説を斥け、われわれの情報処理は文のような統語論的構造をもった心の中の対象を操作することではないとする考え方（コネクショニズムの「分散表象」という考え方）をとっている。かりに、「なぜ、どのようにしてわれわれは外部世界を表象できるのか」というのがプラトン以来の根本的な認識論的問いだとしても、その表象が文ではないとすると、認識論にとって真理は重要概念ではないかもしれない。文のような構造をもたない分散表象が評価されるとしたら、それは真理以外の観点だということになるはずだからだ。これまでの認識論の中心概念、つまり、知識、指示、真理、推論などなどはすべてこうした文モデルに依存している。しかし、彼女によれば、これらの概念はしだいに重要概念の座から滑り落ちようとしている。われわれは、認識論の目的とやり方を定義し直す局面にさしかかっているのかもしれない。

問題

(1)　スティッチの議論はたしかにラディカルで破壊的だが、それだけに乱暴なところがある。スティッチに批判された伝統的認識論の擁護者になったつもりで、彼の議論にできるかぎり抵抗することを試みてみよう。

(2)　指示の因果説に対して、逸脱因果を用いた変則例をつくってみよう。つまり、命名の場面から現在の使用までたしかに因果の鎖はつながっているのだが、その鎖が非常に変わったものであるために、常識的にみてとても現在のその語の使用が命名された対象を指示しているとは言えないような事例を考え出してみよう。

第11章　知識はどこにあるのか？　知識の社会性

1　認識論の個人主義的バイアス

われわれは自分では証拠を与えて正当化できないようなことがらをたくさん信じている。たとえば、喫煙は肺ガンの原因になるということ、火星には水があるということ、世界恐慌の引き金となったニューヨーク証券取引市場での株価大暴落は木曜日に起こったということ……。少なくとも私はこれらを信じるべき証拠をいますぐに挙げろといわれても困ってしまう。だとするなら、私のこうした信念はたかだか真なる信念にすぎず、正当化を欠くために知識とは言えない、ということになってしまうのだろうか。

知識についてむやみに厳しい基準をとる人なら、「その通り、キミはこうしたことについては知っていると言ってはいけない。他人から聞いたり、本で読んだりして、ただそのように信じているだけだ」と言うだろう。しかし、このように伝聞による信念は決して正当化されないという立場をとると、われわれはほとんど何も知らないことになってしまう。たとえば、自分の名前も、自分の両親が誰であるかも、自分の誕生日も知らないことになる。こうした自分自身についての基本的な属性のほとんどは、自分の目で直接確かめたわけではなく、誰かから聞かされたものにすぎないからだ。これではちょっとマズイ。こうしたことがらもりっぱな知識の仲間入りができるようにしてやるにはどのように考えたらよいのだろう。

……こんなふうにはじめると、読者のあきれかえった顔が目に浮かぶ。「親や教師に教わったり、本を読んだり、テレビで見たりするのは、知識を手に入れるいちばんスタンダードなやり方じゃん。哲学者はこんな当たり前のことがらを無視して認識論をやってきたわけ? 信じられない!」……まあ、そんなに哲学者を責めないでほしい。本書にここまでつきあってくれた読者なら、認識論は、近代の歴史のある時点で、懐疑論を克服して知識を基礎づけようという特殊な動機で始まったローカルなプロジェクトだということはわかってくれているだろう。だから、認識論はその問題設定に由来する強いバイアスに制約されている。それが今日まで引き継がれてきたということだ。この「バイアス」を一言で言えば、知識の個人主義(individualism)ということになるだろう。つまり、次の二つの考え方の合わさったものである。

【A:知識の実現についての個人主義】　知識はひとりひとりの個人の心に宿る心的状態=信念の一種として実現される。

【B:正当化についての個人主義】　それが知識であるための正当化も各個人が所有していなければならない。

デカルトの問題設定がまさに知識の個人主義の典型例となっている。第6章で紹介した『省察』の書き出しを思い出そう。あそこでデカルトは、彼自身が築きあげてきた知識の体系は疑わしいものであるかもしれないから、すべてを根こそぎくつがえし再構築しなければならない、と宣言していた。つまり、デカルトのプロジェクトで基礎づけの対象になるのは、デカルト自身の「私の知識」であって、公共的な「われわれの知識」ではない。そして、この知識の個人主義は、方法的懐疑によってさらに強化される。方法的懐疑のプロセスでは、夢論法によって世界の存在を疑うときに同時に他人の存在も疑ってしまうから、自分の信念が他人の証言によって正当化されるなんてことはありえない話になる。こうして、懐疑論に抵抗して知識の基礎づけをめざすには、他人から教わるのは知識のまともな獲得方法ではないことになってしまった。この個人主義的バイアスは、クワインの自然化された認識論にすら見いだすことができる。自然化された認識論の本体を心理学と考えていたクワインにとって、認識論の課題は、物理的システムとして捉えられた個人がいかにして「貧弱な入力」から「奔流のような出力」を生み出すのか、その心的メカニズムを明らかにすることだった。知識の個人主義は二十世紀になってもしっかり生き残っているというわけだ。

認識論の個人主義的バイアスによって、何が見えなくなるのだろう。いちばんの困ったことは、人類にとって最も重要な知識生産活動である科学、とりわけ自然科学に対して、認識論がまったくお手上げになるということだ。というのも、自然科学の研究は多数の科学者がさまざまな仕方でかかわる共同作業として営まれてきたし、この集団化の傾向はますます加速してきているからだ。こうした科学的知識を扱おうとするとき、知識を個人の心の入出力という観点から捉えようとする個人主義的認識論はまるで歯が立たないことは明らかだろう。

というわけで、認識論を自然化しただけではまだ足りない。認識論の根底に潜んでいる個人主義を批判し、知識のもつ集団的・社会的性格をきちんと視野に入れることのできるように、認識論を脱個人主義化・社会化する必要がある。本書の最後の課題は、このように自然化プラス社会化された認識論が具体的にはどのような営みになるのかを明らかにすることだ。

2　認識論的依存

われわれは、自分の持っている信念の多くを他人からの伝聞で獲得している。この信念のうちあるものは間違っているだろうし、あるものは真だろう。そして真であるもののうち、あるものは正当化のないまぐれあたりかもしれないし、またあるものは何らかの仕方で正当化されており、知識の名に値するかもしれない。このように、他者に教わることによって形成された信念は、しばしば「証言による信念（testimonial belief）」と呼ばれる。認識論において最も強い個人主義の立場に立つならば、ある信念が正当化されたものであるのは、主体がその信念内容が正しいと信じるべき合理的な証拠を直接もっているときだけであって、証言による信念は決して正当化されず知識と呼ぶことはできない、ということになるだろう。しかし、この主張はいくらなんでも強すぎる。すでに見たように、この立場に立つ限り、われわれは自分の名前も誕生日も知らないことになってしまう。そこで、個人主義を少しゆるめて、証言による信念のうち、あるものは正当化されていて「知識」と呼んでもかまわないということが主張できるかどうかを考えてみよう。あらかじめ答えを言っておけば、科学という非常に重要で興味深いケースで、証言による信念をきちんと扱うためには、個人主義を中途半端に弱めても無理で、もはや「個人主義」と呼べなくなるくらいまで弱める必要があるということだ。こうして、われわれは脱個人主義への最初の足がかりを手に入れることになる。

たとえば、個人主義者が次のように譲歩したとしよう。

【弱い個人主義(1)】　証言による信念も正当化されることがある。ただし、これは、証言者の証言が概して信頼できるという信念に基づいてであり、その信念は過去に当の証言者の証言が正しいものであったということを何度も直接に知覚することによって帰納的に正当化された信念でなければならない。あるいは次のような弱め方はどうだろうか。

【弱い個人主義(2)】　証言による信念も正当化されることがある。ただし、これは、かりに証言者と同じ状況で同じ立場に立ったなら、証言者が証言しているような信念を自分も直接の経験によって形成するだろうと考えるよい理由があるときに限られる。

(2)は次のようなケースを念頭に置いている。ミミヨが自室にいるナンシーと電話で会話している。回りに時計がないので、ミミヨがナンシーに「ねえ。いま何時？」と聞いたとしよう。ナンシーが「えっと。十時をまわったところ」と答える。このとき、ミミヨは、現在の時刻が十時であるということの直接の証拠をもっているわけではないけれど、ナンシーの部屋には時計があることを知っているので、もしかりに自分がナンシーのいる場所にいたとするならば、その時計をじかに知覚できることがわかっている。というわけで、(2)によれば、ミミヨがナンシーの証言によって形成した現在の時刻についての信念は正当化される。哲学的分析の常として、こうした証言による信念の正当化条件には細かな反例がたくさん考えられる。でも、その都度手直しをしていけばこのどちらかの路線で、知識の個人主義に立つ人にも受け入れられるような分析ができるのではないか、このように思うかもしれない。しかし、少し考えてみれば、このどちらの分析もかなり根本的な欠陥を抱えていることが明らかになる。

われわれは他者の証言ならどんなものでも信じてしまうわけにはいかない。その「他者」は、そのとき問題となっていることがらについては信頼のおける人、自分の知らないことも知っていると考える十分な理由のある人でなくてはならない。このような人をとりあえず「エキスパート」、その反対を「素人」と呼んでおこう。

ミミヨとナンシーの例では、時刻に関しては時計のそばにいるナンシーがエキスパート、ミミヨが素人となっている(近くに時計があるだけでエキスパートと呼ばれるというのは多少大げさだけれど)。エキスパートは素人にはない認識論的権威（epistemic authority）をもち、素人はそのことがらにかんしてはエキスパートに認識論的に依存しなければならない。こうした認識論的な地位に関する非対称性があるときだけ、人は他者の証言を頼りに合理的に信念を形成することができる。

エキスパートと素人の関係が最もはっきりとするのが科学者と非科学者の関係だ。しかしこの場合、エキスパートと素人との非対称性はミミヨとナンシーのケースとは比べものにならないほどラディカルなものであることに注意しよう。どんな分野であれ、科学のエキスパートになるためには、かなりの訓練と能力が要求される。たとえば、こんどはミミヨが素粒子物理学者のヒロミから、陽子や中性子のような素粒子（ハドロンと呼ばれる）はクオークというさらに小さな構成単位がそれぞれ三つずつ結合してできているのだということを教わったとしよう。物理学者のヒロミは、理論的予測やさまざまな実験結果など、このことを信じるべきよい理由をもっている。ミミヨにはそれが欠けているため、クオークに関してはヒロミに認識論的に依存せざるをえない。ここまでは時計のケースと同じだ。

しかし、素粒子物理学のトレーニングを欠いているミミヨには、ヒロミがもっているその「よい理由」の内容がそもそも理解できないし、よしんば理解できたとしても、なぜそれがハドロンがクオークからできていると考えるべきよい理由になるのかがわからない。このように高度な科学的知識の場合、素人はエキスパートが提供してくれる知識内容を証拠立てる実験などを自分で行ったことはないし、その実験を行う能力もないし、その実験の結果がなぜよい証拠となるのかも理解できない。したがって、弱い個人主義(1)の要求するように、ヒロミの証言が信頼できるという信念を自分の直接経験だけから帰納的に形成することも、(2)の要求するように、エキスパートの立場に立ったなら、その科学上の信念を自分で直接経験だけから形成することもできない。ミミヨはナンシーの部屋にいたなら確かに現在の時刻についての正当化された信念をもつだろう。しかし、ヒロミの研究室にいきなり連れていかれても、訳の分からない装置から吐き出される無意味な数字の列と、何枚もの不鮮明な写真を目にして気分が悪くなるのが関の山だ。

だとするなら、われわれ素人は高度な科学的研究の成果について、正当化された信念も知識ももてないと結論すべきなのだろうか。そうではないだろう。確かに、素人はエキスパートの言うことを、その根拠もわからないままにいわば「鵜呑みにして」、信念を形成せざるをえない。しかし、こうした信念形成の仕方を、他人の言うことを何でも信じてしまうことや、情報操作にひっかかること、そうだといいなと思っている「願望」をそうに違いないという「信念」にすり替えることといった非合理的な信念形成と同列に置くのはおかしなことだ。

たしかに、科学的知識は、原理的には誰でも自分の目で確かめることのできる事実からえられるものだと言われてきた。できる限り必要な能力を獲得し、しかるべき情報を集めて、エキスパートの話を鵜呑みにするのではなく、エキスパートの信頼性を自らチェックできるようになるまで自分を高めるべきだということ、つまり認識論的依存を脱して知的自律性（intellectual autonomy）を求めるべきだということは、たしかに理想としては正当だ。そして、知識についての個人主義はこうした知的自律性という啓蒙主義的理念によって支えられてきたこともわかる。しかし、ありとあらゆる科学的知識についてこの理想を実行しようとすることは、もはや非現実的であり非合理ですらあるということも理解しなければならない。われわれは非常に狭い特定の分野に関してはエキスパートへの認識論的依存を克服し、知的自律性を獲得することができる（つまり、自分自身がエキスパートになるということだ。これには才能と努力が必要だが）。しかし、すべての知識の領域に関してそれを行おうとすることは、かえって非合理だ。これだけ高度化し複雑化した科学文明の中で合理的な認識者であるためには、認識論的依存をやめるわけにはいかない。したがって、われわれに必要なのはエキスパートへの認識論的依存という事実をしっかりと組み込んだ認識論だ。その認識論によれば、人は、Pが真であると考えるべき根拠を自分ではいっさいもっていなくとも、Pであると信じることにおいて正当化されているということが積極的に認められることになる。

素人がエキスパートに頼って信念を形成することと、他の非合理的な信念形成との間にどのように線を引くか。このことを考えるにあたっては、知識の産出と伝達をとりまく社会制度が重要な要素になってくる。どういうことか。次のような疑問を考えてみよう。なるほど私たち素人は、エキスパートがPということを信じる際にもっている「よい理由・根拠」が何であるのかも、それがなぜよい理由になるのかもわからない。だからエキスパートの信頼性を自分でチェックできるような立場にはない。……ちょっとまって。エキスパートの信頼性をチェックできないということは、誰がエキスパートなのかもわからないということとほとんど同じじゃない。つまり、これこれの件については誰に認識論的に依存すればよいのかも素人にはわからないということになっちゃうんじゃない？

……たしかにその通り。しかし、たとえばＢＳＥ（牛海綿状脳症）の原因についてキミが知りたがっているとしよう。このとき、キミは『ネイチャー』に掲載されている論文の言うことと、『プレイボーイ』に掲載されている記事と、インターネット掲示板に投稿されたメッセージと、どれを信頼するのが合理的だろうか。答えは明らかだ。しかし、それはなぜか。『ネイチャー』には、論文がそれなりの基準を満たしたものであるかを同じ分野の複数の科学者がチェックするしくみがきちんと制度化されているが、ネット上の掲示板にはそれがないからだ。あるいは、新聞に科学記事が載るときにも『ネイチャー』からの引用は載るが、掲示板からの引用が記事になることはない。また、大学の図書館で『ネイチャー』は購読されているが、『プレイボーイ』はそうではない。こうした、学会、学会誌、査読、引用、科学ジャーナリズム、教育、図書館、データベース……といったお互いに入り組んださまざまな制度が、エキスパートの信頼性をある程度保証すると同時に、だれがエキスパートかを指し示して、われわれが伝聞によって合理的に信念を形成する手助けをしてくれているというわけだ。

伝統的な認識論は、一方に個人主義的に孤立して考えられた認識主体を置き、もう一方に「世界」あるいは「自然」を置く。そのうえで、前者がどのようにして後者についての知識を獲得できるか、そのための方法は何かを問題にしてきた。デカルトが典型的だったし、クワインだってそうだ。こうした認識論にとっては、知識の探求を取り巻く社会制度は、非本質的で余計なものどころか、しばしば探求の邪魔になるものと考えられてきた。しかし、どうやらそうではなさそうだ。本書でわれわれは自然化された認識論の立場に立つことになった。それは、どのように知識を獲得すべきかという問いを、われわれが現にどのように知識を得ているかという問いと独立には問えないとする立場だ。この立場に立つ限り、エキスパートへの認識論的依存という現実、そしてその依存を可能にしているさまざまな社会制度がどうしても視野に入ってくる。こうして自然化された認識論は、知識の社会的要因を認識論の重要な構成要素として位置づけることになる。認識論の自然化は認識論の社会化を含んでいるというわけだ。

3　知っているのは誰？　認知作業の社会的分業

認識論の社会化をもう一歩進めてみよう。前節の議論のように、エキスパートを科学者、素人を非科学者と決めつけるのは、科学研究の実際のあり方に照らす限り、あまり適切なことではない。もちろん科学者だって、自分の狭い専門領域以外に関しては素人だ。しかし、それだけではない。じつは、自分の専門領域で研究を進めていく際にだって、同領域の他の研究者が言うことを無条件に受け入れなければ（つまり他の研究者に認識論的に依存しなければ）、ほとんど何もできないというのが現実だ。たとえば科学者は、貴重な研究時間と研究材料、資金や人材を、たんに別の研究チームの出した結果をチェックするために費やすことはほとんどない。彼らは他の研究者の結果をほぼ無条件に受け入れる。したがって、エキスパートと素人の間の認識論的依存関係は、科学者と非科学者の間だけではなく、科学者共同体内部にもあるし、自分自身の専門領域ですら積極的に素人を演じ他の研究者に認識論的に依存することによってはじめて研究は前に進んでいくのだとさえ言える。このことは、ヒトゲノムの解読が典型例であるように、大人数の科学者がチームを作って研究にたずさわる傾向によってますます明らかになってきている。

一九八三年に、『フィジカル・レビュー・レターズ』という物理学の学術雑誌に九九人の著者名を連ねた論文が掲載され話題になった。これはスタンフォード大学の加速器を使って行われた素粒子物理学分野での実験結果を報告した論文だ。ハードウィッグはこの実験がどのように行われたかを調べて次の点を明らかにした。(1)約五〇名の実験家が装置の開発と加速器をこの実験のために改良する作業に従事した。(2)約五〇名がその実験装置を用いてデータを取る作業に従事した。(3)その後、実験にたずさわったメンバーは「西海岸グループ」など五つの地理的にも遠く離れたグループに分かれ、データの解析を行った。(4)解析した写真は総計二五〇万枚におよんだ。……これは極端な例だが、自分自身の研究プロジェクトにおいてすら、他のメンバーの分担する仕事についてはあえて素人の立場を選択し認識論的依存関係に立つということが、現実的な時間内に一つの研究を成し遂げるためにはほとんど不可欠になっているということを明らかにしている。つまり、現代科学における研究は、かなり広い範囲にわたる認知作業の分業（division of cognitive labor）によってはじめて可能になっている、ということだ。

このことから認識論について何が言えるだろう。九九人の共同研究はちょっと複雑すぎるので、ハードウィッグがつくってくれた小さなモデルを使うことにしよう。五人の科学者が手分けして共同研究を行い、その結果、次のような認識論的依存のネットワークが生じたとしてみよう。

(1)　アカメンバーはmということを知っている

(2)　アオメンバーはnということを知っている

(3)　ミドメンバーは

(i)　アカメンバーがmということを知っているということと

(ii)　mならばoであるということを

知っている

(4)　キメンバーは

(i)　アオメンバーがnということを知っているということと

(ii)　ミドメンバーがoであるということを知っているということと

(iii)　nかつoならばpであるということを知っている

(5)　モモメンバーは、キメンバーがpであることを知っているということを知っている

ここで生じていることをまとめると次のようになる。この研究の対象となっている世界では、(1)m、(2)n、(3)mならばo、(4)nかつoならばp、の四つの命題が成り立っている。この四つの命題を前提すると論理的にpが導かれるから、これら四つの命題は合わせてpであることの証拠になる。また、pを導くにはこの四つのうちどれが欠けてもいけない。というわけで、四つの命題はpであると信じるためのよい理由を与えていると言ってよいだろう。しかし、pを正当化する四つの証拠のすべてを直接所有しているメンバーは一人もいない。それぞれのメンバーは、その証拠の一部を直接知っているだけで、残りの証拠を他のメンバーに認識論的に依存している。

しかしながら、この研究を通してpということが知られたのは確かだろう。さもないと、分業を伴う科学研究は何も知識をもたらさないという結論を受け入れなくてはならなくなる。でも、pを知ったのは誰だろうか？　pという知識はいったい誰のものなのだろう？

pであることを知っているのはキメンバーとモモメンバーに決まっているじゃないか。これが考えられる一つの答えだ。しかし、キメンバーもモモメンバーも、自分の信じているpが真であるための証拠を自分では所有せずに、それをみな他人に依存している。したがって、この路線で答えるならば、あることpを知っていると言えるためには、その信念の正当化理由をその人は直接もっていなければならないという、正当化に関する個人主義（B）を捨てることになる。

一方、「知っている」と言えるためには、やっぱり直接証拠がすべてそろっていなくてはダメだと考える人も

いるだろう。この研究で、pであることを導くための直接証拠のすべてを所有しているのは他でもない、この研究グループ全体だ。したがって、pという知識はグループ内のどの個人でもなく、グループ全体にだけ帰属する、という考え方もできる。このとき、モモメンバーは「私はpということを知っている」とは言えなくなる。「私たちはpということを知っている」と言わなくてはならない。この路線を選ぶと、ある命題を知っているために認識者はそれが真であるための証拠を所有していなければならないという直観は保たれるけれど、知識は個人の心的状態だという知識の実現に関する個人主義（A）が成り立たなくなる。

どちらの路線をとるべきか。認識論的依存を大々的に許すか、個人的知識に還元されない集合的知識(collective knowledge)を認めるか。この問いについてはまだ決着がついていない。しかしいずれにせよ、知識の実現のされ方についても、知識の正当化のされ方についても、両方について個人主義をとるということはできない相談であって、何らかの形での認識論の社会化が避けられないということはわかる。私としては、知識の実現に関する個人主義も捨ててしまえという方向に傾いている。というのも、次節以降で見るように、知識を個人の心的状態として考えること自体がそもそもかなり怪しくなってきているからだ。

4　信念の内容は心の中だけで決まるのか

伝統的認識論では、知識は信念という心の状態の一種として考えられてきた。ところで、一口に心の状態と言ってもいろいろある。たとえば痛みのような感覚（feeling）や憂鬱さや壮快感のような気分（mood）も心の状態だ。では、痛みや気分と信念との違いはなんだろう。信念は他に欲求、意図などとひとくくりにされて

「命題的態度 propositional attitude」と総称されている。命題的態度のいちばんの特徴は内容（content）をもっているということだ。つまり、「〜ということを信じている」、「〜ということを望む」、「〜ということを意図する」といったように「〜」のところにどういうことを信じ、望み、意図するのかについての内容を表す命題がくるという構造をもっている。だから命題的態度と呼ばれているわけだ。これに対し、痛みや気分にはそういった内容に相当するものがない。

　内容をもつ命題的態度だからこそ、信念には真偽が言える。「地球は丸い」という内容をもつ信念は、その特定の内容を持っているからこそ、じっさいに地球が丸ければ真になる。「犬は卵を生む」という信念は、そのような内容を持っているから、この世界では偽になる。このように、内容をもつことは信念が真偽によって評価を受けるための最低限の条件だと言える。

　さて、問題はこの「内容」というやつをどう捉えるかだ。われわれは、自分が何を考え、何を望んでいるかは、自分の心の中の問題であり、世界のあり方とは無関係だと考えている。もちろん、世界がどうあるかは、われわれが何を信じるようになるかということに影響を与える。それはまた、信念が真かどうかにももちろん関係する。しかし、そうではなくて、信念の内容そのものは、世界のあり方とは無関係ではないだろうか。地球が丸かろうが丸くなかろうがあるいは地球がそもそも存在しなくても、地球は丸いと信じることは勝手だろう。このように、心的状態の内容が何であるかは、その状態の持ち主以外のいかなる個体（地球や犬や他の人々……）の存在も前提しないはずだ。言いかえれば、その人がどのような心的状態にあるかは、その人ひとりに関する事実だけで決まることがらであって、信念が心的状態の一種である以上、その信念の内容もその持ち主の心の中だけで決まっていなければならない。

　さらに言えば、心的状態は結局のところ脳の物理的状態によって実現されているのだから、私がいま「なぜ俺は女性にもてないんだろう」と考えているその瞬間に、私の脳とまったく物理的に等しい原子レベルでの正確な複製をポン！とつくったとしたら、その脳も「なぜ俺は女性にもてないんだろう」という具合に私とまったく同じ内容の悩みを持っているはずだ。このような考え方は、現代の認知心理学の隠れた前提となっており、方法的独我論（methodological solipcism）と呼ばれている。知識の個人主義もこの方法的独我論の一種であることは明らかだろう。

しかし本当に、心的状態の内容は心／脳のあり方だけで決まり、その他のものには左右されないのだろうか。そこで、ちょっとした思考実験を試みよう。それは「双子地球の議論（Twin Earth Argument）」と呼ばれている。

【双子地球の話(1)】　この宇宙のどこかに、地球と瓜二つの惑星があるとする。それを「第二地球」と呼ぼう。この第二地球は、そこに存在するもの、そこで起きる出来事すべてに関して、地球とまったく変わらない。ただし、一つだけ違う点がある。それは、地球上の水とそれに対応する第二地球上で「水」と呼ばれている物質が、見かけや感触のような表面的な性質については同じだが、分子構造が異なっているという点だ。つまり、地球上の水がH_2Oという分子構造をもつのに対し、第二地球上の「水」はある複雑な分子構造（「XYZ」と略記）をもつ。しかしそれらは、味、見た目、感触といった表面上の性質がそっくりなので、分子構造について何も知らない人には区別できない。したがって、物質の分子構造について何も知られていない時代には、地球の人々が水について経験することがらと、第二地球の人々が「水」について経験することがらはまったく同じということになる。

さてここで、地球上のキンさんと彼女に対応する第二地球上のギンさんという二人の人物を考える。この二人は、それぞれの惑星でまったく同じような時代に同じような場所で、そっくりの両親と家庭環境のもとに生まれ、能力も身体的特徴も区別がなく、まったく同じ生育歴をもつ。つまり、二人はつねに外界から同じ刺激を受け、同じ脳状態にあり、同じ身体運動をし、という具合につねにシンクロしているというわけだ。したがって、それぞれの時点で二人はつねに同じ心的状態にあると考えられる。いま地球のキンさんが「水は透き通っとるがね」と言ったとする。そうすると仮定により、第二地球上ではギンさんも「水は透き通っとるがね」と言っていることになる。

ところが、このとき二人が表明している信念は同じではない。キンさんの信念は、地球上で「水」と呼ばれている物質、すなわちH_2Oについての信念であり、H_2Oが透明であるときに真となるのに対し、ギンさんの信念は、第二地球で「水」と呼ばれる物質、つまりXYZについての信念であり、XYZが透明なとき真となる。両信念はたまたまどちらも真だけれど、かりにH_2Oが透明でありXYZが透明でないような状況では、キンさんの信念は真であるのに対し、ギンさんの信念は偽になってしまう。このように二人の信念は真理条件が異なり、したがって内容も異なる。キンさんとギンさんはまったく同じ脳状態・心理的状態にあるにもかかわらず、異なる内容の信念をもつことになる。ということは、信念の内容は、孤立させて考えた脳・心のあり方だけでは決まらず、それを取り巻く自然的環境のあり方にも依存していることになる。

また、同じような思考実験によって、信念内容が自然的環境ではなく言語的・社会的環境に左右されることも示せる。

【双子地球の話⑵】　地球と、それにそっくりな第二地球があって、それぞれにまったく同じ人生を歩んできたキンさんとギンさんがいるという設定は変わらない。しかしこんどは、地球と第二地球で異なるのが、ある一つの言葉の使用法になっている。キンさんのいる地球では、医者は「リューマチ」という言葉を免疫系が自分自身の組織を攻撃する結果生じる手足の関節の痛みを伴う病気（いわゆる自己免疫疾患）のことを指して使っている。一方、ギンさんのいる第二地球では、医者は「リューマチ」という語を、地球での「リューマチ」も含むもっと広い範囲の手足の関節痛を伴う病気全般に使っている。さて、キンさんは指の関節が痛くなった。仮定により、同じときにギンさんも同じ病気にかかり、指の関節の痛みを訴えることになる。二人は同じような医者にかかり、同じように「痛くてたまらんのだわ。何とかしてちょ」と訴える。どちらの医者もそれぞれ「これはリューマチだ」と診断し、それを聞いたキンさんもギンさんも同じ心的状態になって「いかんわ。リューマチにかかってしもうたがね」と家族に報告する。

しかし、キンさんがこの発言によって報告した信念内容とギンさんがこの発言によって報告した信念内容とは異なる。かりに二人が自己免疫疾患ではない関節の炎症にかかっていた場合、キンさんの信念は偽になるのに、ギンさんの信念は真のままになるからだ。

以上二つの思考実験が教えてくれるのは、同じ脳状態・心的状態にある二人の信念内容も、それぞれの個人が置かれている自然環境や言語環境の違いに応じて異なることがありうるということだ。そうすると、信念の内容は、自然環境や言語環境から孤立させて取り出した個人の脳の中、頭の中、心の中をどんなに詳しく特定しても、一つに決まらないということだ。信念内容が心の中だけで決まらないのなら、知識の内容だって心の中だけでは決まらないことになる。たしかに信念という心的状態は心の中にあると言ってよい。でもその内容は心をはみ出している。これが、知識実現についての個人主義を疑い、知識の社会性をまじめに考えなければならないより深い理由だ。

5　そもそも認識論は心の中の話なのか？

第10章で紹介したメタファーを用いて、伝統的な認識論の問題設定を多少マンガチックに描いてみよう。このメタファーによると伝統的認識論は個人の心を鏡のように考えている。世界の中にこの鏡を一枚だけ置いてみる。鏡は知覚を通して外界の様子を映しだすのだが、そのままでは鏡は曇っていたりゆがんでいたりして世界はうまく映らない。世界のありのままが映るように、鏡の歪みや曇りを取り除く正しい方法を示すことが認識論の役割だ。心という鏡に映った世界の様子は表象 (representation) と言われる。そしてさらに、この表象はほとんどの場合、言語のような構造をもったもの、つまり思考の言語と考えられているのだった。思考の言語で述べられた心の中の文章が、正しい方法で得られたものであり、なおかつ外界を正しく表象しているとき、それが「知識」と呼ばれる。人間はこの知識を使ってものを考える。古典的計算主義によれば、それは心の中で文章を並び替えたり変形したりすることによって行われる。科学者は、こうして得られた心の中の知識を外界の公共的な自然言語に翻訳して出力する。これがようするに学界発表や学術論文だ、というわけ。これを知識の「個人主義的文モデル」と呼ぼう。

双子地球の思考実験からわかったことは、こうした個人主義的文モデルでいつまでもやっていて大丈夫か？ということだ。かりに信念が心の中にある或る種の文みたいなものだとしても、その文の内容はちっとも心の中に収まってはくれない。だとすると、そもそも信念や知識を心の中の文としてモデル化するのでよかったのかという疑いが生まれてくる。

さらに、コネクショニズム（connectionism）という古典的計算主義に対立する新しい認知モデルがある。コネクショニズムは脳の神経回路網（ニューラルネットワーク）をモデルにして、たくさんのニューロンがつくりだす活性化パターンによって認知のメカニズムを研究しようという立場だ。個人主義的文モデルによる古典的な認知心理学では、「メアリーはジョンを愛している」という思考は、メアリーの表象、ジョンの表象、愛しているという関係の表象という三つの要素が、ある仕方で結合したものとして捉えられる。コネクショニズムではこれとは対照的に、外部からの情報はネットワーク全体に分散したかたちでコード化される。「メアリーはジョンを愛している」という思考は、どこからどこまでのニューロンがメアリーの表象で、どこからどこまでのニューロンがジョンの表象を担っているか、といったことに意味がないような仕方で実現されている。さらに、「ナンシーはミミヨを愛している」という思考もまったく同じニューロンたちのグループにやはり分散して、しかもメアリーについての思考と重なりあって実現される。こうしてコネクショニズムが捉えた表象は、古典的認知心理学での表象がもつとされた構文論的構造を欠くことになる。もし、このような認知モデルが正しいとするなら、われわれの頭の中では、思考の言語仮説が想定しているような「心的文の変形」などということは行われていないことになる。コネクショニズムによれば、認識するとは外界の様子を正確に心の中の文に写し取ることではないし、考えることは心の中で思考の言語を操作することでもない。

それどころか、コネクショニストの中には、そもそも心の状態としての信念などというものはなかったのだとまで言い出す過激派もいる。たとえばスティッチが双子地球の思考実験から導き出した結論を見てみよう。ある人がどんな信念を抱いているかが、その個人に関する事実だけで決まらないのだとするなら、信念は、脳の状態が一つに決まってもまだ一つに決まらない。一方、スティッチは、心理学が科学的な営みであるためには、その理論的存在としての心理的状態は「脳状態が全く同じならそのときの心理的状態も同じ」という条件を満たさなければならないと考える。そうすると、双子地球思考実験の結果は、信念は科学的心理学の扱うべき理論的対象ではありえないことを意味する。つまり、心理学には信念は必要ないということだ。このスティッチの考え方が正しく、さらに自然化された認識論は科学的心理学と何らかの仕方で接合されるべきだとするならば、認識論にも信念はいらないということになるだろう。いずれにせよ、信念という「心的状態」の理論的身分がこれだけ疑われはじめているのに、認識論だけが「信念があとどれだけの条件を満たせば知識になるのカナ？」と、いつまでも信念を基本的実体として問いをたてているのはいかにも能天気だと言われても仕方がない。

しかし、知識を信念から切り離すのに、何もコネクショニズムを持ち出す必要はない。生命科学系の論文には、さまざまな生物の遺伝子ＤＮＡの塩基配列を決定してそれを記載したものがある。そこには、何ページにもわたってAGT-CCA-ATG-…という具合に文字列が連なっている。この文字列は人類の獲得した貴重な知識であることは疑いない。そして、きわめて有用な知識だ。しかし、ときには数十ページにわたるこの配列が、たとえ一瞬でもある科学者個人の信念内容として実現していたと考えるのはばかげている。この塩基配列は、塩基配列を決定する装置の出力結果から、直接に論文の原稿にペーストされたものだ。つまり、この論文のいちばんメインの内容は、誰かの心の中にある知識を外化したものではない。学術論文、データベース、図書館はこの種の、誰の信念としても実現しようのない知識に満ちている。

こんなふうにして、知識がどこにあるのかがますます謎めいてくる。おそらく信念という心の状態は、かりにそのようなものがあるとしても、知識を実現する一つの仕方にすぎないと位置づけるべきだろう。このように知識をいったん個人の心に宿る信念と切り離してしまえば、集団的知識というアイディアを採用して、知識の個人主義に最後のさよならを言うことも簡単にできるはずだ。

問題

(1) 最も強い個人主義の立場に立って、他者からの伝聞に基づく信念をすべて知識から排除したとき、キミが知っていると思っていることがらのうちどのようなものが残るかを考えてみよう。それはキミが生きていくのに十分だろうか。

(2) ハードウィッグがつくってくれた認識論的依存のネットワークに倣って、同様のネットワークの具体的な例をつくってみよう。できれば、そこにでてくるｎ、ｍ、ｏ、ｐなどの命題も具体例を用いることができればよりすばらしい。

終章　認識論をつくり直す

伝統的認識論を良い意味でも悪い意味でも体現していた人物であるデカルトは、本当にものすごい知の巨人だったとつくづく思う。近ごろ大安売りをされている「知の巨人」という言葉は、本来、こうした人を指して使うために取っておかなくてはいけない。デカルトは数学者・物理学者・哲学者・解剖学者・生理学者と一人で何役もこなし、しかもそれぞれの分野で新しい学問のパイオニアになることができた。これはもちろん、デカルト個人の能力によるところも大きいけれど、彼の生きた時代が近代科学の成立という知識の大変動期（「科学革命」と言われている）だったことも見逃せない。こうした時代だったからこそ、教会のような宗教的権威やその他の世俗的権威が言っていることを鵜呑みにするのではなく、自分で自分の知識体系を根底からチェックし、確実な基盤の上に再構築すること、つまり知的自律性を獲得することを、達成可能なリアルな目標として置くことができたというわけだ。このように、伝統的認識論は、個人の知的自律性という理念にリアリティがあった時代の要請によって生まれ、そして逆にその時代のあり方によって大きく制約を受けてきた営みとして捉えるべきだろう。だからこそ、ひとりひとりの心に世界のありさまを正確に表象させるための方法を求めるという課題に価値が置かれたというわけだ。

　しかし、現代のわれわれはデカルトとは異なる時代に生きている。このことを忘れてはならない。科学は高度化・専門化・巨大化し、事実上エキスパートによる共同作業の形でしか行えなくなってきている。さすがに九九人の共著論文というものはめったにないけれども、自然科学の分野では、連名でない論文は探す方が難しいくらいだ。さらに、前章で見たように、ある局面ではある程度以上の正当化の追求を放棄して、他の研究者に認識論的に依存する方が合理的であるような場合も多い。ある分野のすべての知識を個人の心の中に置いておくこともできない相談だ。このように人類の知識生産活動が新しい局面に突入している現代においては、時代に即した新しい認識論が必要なのである。

　哲学者は、自分たちが古代ギリシアの昔からずっと同じ問題を考えてきているという具合に語りたがる。「知識とは何か」という問いを、プラトンもデカルトもカントもクワインも、そして自分も考えているという具合に。しかし、これはひどく雑な言い方だということに注意しよう。あるいは、「独自の問題を独自の方法で考え続ける独自の営み」として哲学の自律性と優越性を維持しようとする陰謀と思って、眉に唾をつけて聞いた方がよいかもしれない。私に言わせれば、哲学はもっと一貫性を欠いた、「何でもあり」のバラバラで雑多な活動だ。だからおもしろいんである。「知識とは何か」と問うときに、こうした古典的哲学者たちが一つの同じ問題にさまざまな立場から答えてきたのだと考えてはいけない。哲学史の研究に意味があるとしたら、それは、デカルトは何を考えていたのかを明らかにすることにあるのではなく、デカルトは何を問うことができなかったのか、そしてそれは彼を取り巻くどのような時代的制約に由来するのかを明らかにすることにある。もし、本書の読者に将来哲学史をやろうと思っている人がいたなら、こうした醒めた態度で古典的テキストに接してほしい。まちがっても、自分はカントの倫理学書を読んでいるから倫理について考えているとか、『省察』を研究しているから知識とは何かについて考えていると思ったりしないでほしい。

……なんだか説教モードに突入してしまった。読者にうんざりされる前に急いで本題に戻ろう。本書が目指したのは、古典的認識論は何を問おうとしなかったのか、それがどのような問題設定の仕方に由来するものなのかを明らかにし、現代の科学の水準と知識獲得活動のあり方に即して、認識論の課題を変えることだった。本書で私は古い認識論の批判と解体作業にばかりかかわっているように思われたかもしれない。申し訳ないけれど、それはある意味で仕方がない。というのも、ここで言う「新しい認識論」は、まだ教科書が書けるほど確固とした研究計画として成立しているものではないからだ。しかし、本書を通じて、新しい認識論はどのようなものでなくてはならないかの概略は示すことができたと思う。そこで本書の最後にそれをまとめ、大雑把な見通しを示しておくことにしよう。

1　新しい認識論は自然化された認識論である

新しい認識論も、われわれはどのように知識を獲得すべきか、どのように信念を形成すべきかについての規範を求めるという課題を捨てはしない。こうした認識論的規範の探求をやめてしまい、現にどのように人間が信念を形成しているかについての記述的研究に徹するという立場もあるだろう。それはそれで価値のある研究だろうが、それは自然化された「認識論」ではない。自然化された認識論は認識論である限り、どのように知識を獲得す*べき*かを問い続ける。ただし、その問いに対して提案される解答はつねに、われわれが現にどのように知識を獲得しているかについての経験的データによってテストされなくてはならないとする、これが認識論を自然化するということだった。

さて、認識論的規範についての提案を現実の知識獲得活動のありさまに照らしてテストする、と言うのは簡単だけれど、具体的にはどのようなデータを使ってどのようにテストすればよいのだろう。一つには科学史上の事例の活用が考えられる。現実にどのように科学者たちが、科学的仮説を正当化し科学的知識に達したかのケーススタディを、科学史から取り出すことによって、「知識を獲得したければしかじかの手続きに従うべし」という特定の提案が妥当なものであるかどうかを検証できるだろう。たしかにこれは貴重なデータになる。しかし、歴史的データに関しては次のような問題がどうしても生じてしまう。つまり、科学史家が手に入れることのできる歴史的証拠（学会誌に載った論文や、研究発表の記録、科学者がつけていた日記や研究ノート、その科学者に近い人々の証言など）からは、科学者が現に行った推論戦略、科学者が現に従った手続きは一つに決められない、という問題だ。

というわけで、科学史上のデータに頼ることは重要だが、それだけではどうもおぼつかない。そこでクワインが自然化された認識論の第一候補として念頭に置いていた心理学に助けを求めることにしよう。確かに、心理学、特に認知心理学的実験は科学史上のデータからの決定不全性を解消するための有力な手助けになる。認知心理学的手法を使って認識論的規範の適切性をテストするには、おおよそ三つの方法がある。

(1)　被験者に課題を与えてそれを解いてもらう。そのとき、被験者がどのような推論戦略や手続きに従って課題を解決したかを記録する。

(2)　特定の推論戦略や手続きを被験者に教え、その通りにやってもらう。これによって問題解決が上手になったかを見る。

(3)　科学者の参与観察。つまり、科学者たちが実際に研究を行っている現場（研究室）に出かけていって、科学者たちが実際にどのように研究を進めて科学的発見に至るのかをことこまかに記録する。

(1)や(2)では、うまく実験をアレンジするのが大変なうえ、そのように人工的にアレンジされた実験室状況で確認された戦略や手続きに、われわれが普段じっさいに従っているのだろうかという疑問が残ってしまう。また、(3)では、実際の科学者の実際の動きを観察するので、コントロールが難しい、というより事実上ほとんど不可能だ。

2 新しい認識論の研究手法としてのコンピュータ

そこで、「計算論的科学哲学（computational philosophy of science）」と呼ばれる立場が注目されることになる。これは、認識論的規範として或る戦略が推奨されている場合に、コンピュータ上の人工知能にその戦略をプログラムし、適切さをテストしようとするものだ。その「適切さ」でとりわけ注目すべきなのは、計算量や計算の現実的な実行可能性（tractability）という評価軸だ。たとえば、n個の仮説があり、それらのどの組み合わせなら整合的かについてフルに計算しようとすると、2のn乗の可能性を考えなくてはならなくなる。これは途方もない計算になるため、実際にわれわれがそのような計算をして信念形成をしているとは考えにくい。実際、バイランダーらは最良の説明を選び出すというアブダクション問題は、計算量の観点からするとNP問題になるということを示した。これは原理的には計算可能だけれど、現実的に実行可能ではないと多くの数学者が考えているタイプの問題だ。

哲学者は様々な認識論的戦略を提案する。それらが計算量上の制約から人間にはとても実行できそうにない規範であった場合、それにどんな意味があるというのだろうか。コンピュータ科学者は計算量の問題に敏感なので、計算ステップの数をできるだけ小さくするにはどうしたらよいかに頭を悩ませる。しかし、哲学者はこうした問題に比較的鈍感だったために、現実離れしたモデルが次々に提案されてきたのである。

こうして、コンピュータを用いた計算機実験は認識論の研究手段としてますます重要になってきている。計算論的科学哲学の中心的研究者であるサガードの言うように、哲学者は何をやっているのかという問いには、二〇年前だったら概念分析だと答えておけばよかっただろう。コンピュータのプログラムを書いているなどというのはおよそ考えられない答えだったはずだ。しかし、いまはそうした哲学者はそれほど珍しい存在ではなくなってきている。

人工知能のプログラミングといういかにも「理科系」っぽい作業が含まれるようになったことを見ると、コンピュータは認識論の自然化に不可欠の重要なファクターだと考えたくなる。ところが、そうとも言い切れないということが、なかなかおもしろいところなのである。人工知能研究の目的は、たんに認知心理学の補助手段として人間の思考をモデル化することだけにあるわけではない。心理学的な妥当性には目をつぶり、科学者の頭の中がどうなっているかとは独立に、人間には実行できないがもっと「合理的」で効率的な科学的発見と正当化のアルゴリズムをつくることも人工知能を作ることのもう一つの重要な工学的目標だ。こうした人工知能のアプローチが認識論と結びつくと「アンドロイド認識論（android epistemology）」と呼ばれるものになる。たとえば、リンゼイらは、おそらく人間にはまねのできないような仕方で、化学分析スペクトルのデータから未知の物質の分子構造を決定するプログラムDENDRALを開発した。

こうしたアプローチは、認識論として見た場合、ある意味で自然化された認識論と反対の方向を向いていると考えることができる。つまり、現に科学者はそのようにやっていないし、できもしないのだけれど、しかじかの認識論的課題を果たすためには、そもそもこのプログラムのような手続きに従う方が合理的なのだから、人間が真に合理的なエージェントであろうとする限り、本当はこのようにやるべきなのだ。……という具合に、現に人間がどのように知識を獲得しているかとは切り離された形で、認識論的規範の探求が可能だし、それに意味があることになるからだ。じっさいスティーブ・フラーなどは、アンドロイド認識論を、科学的方法・科学的合理性とは何かを現実の科学者のやっていることから切り離してアプリオリに探求できると考えていた論理実証主義的な科学哲学の末裔として位置づけて、保守的なアプローチだと見なしている。最新のテクノロジーを用いた研究が、ものの考え方の点でも新しいとは限らないということだ。このようにアンドロイド認識論を自然化への反動と捉えた上で、その問題提起にどのように答えたらよいだろう。それについては後でもう一度触れることにする。

3　新しい認識論は社会化された認識論である

科学を典型とするわれわれの意味ある知識生産活動は、ほとんどの場合、認知作業の社会的分業を通して行われている。この事実を新しい認識論は無視してはならない。したがって、知識獲得のための方法論・認識論的規範には、どのようなグループでどのようにコンセンサスをとればそれを信用してよいか、研究グループをどのように組織化したらよいか、どのように認知作業を分配すればよいか、研究グループ内外でどのようにコミュニケーションをとればよいか、どのようなジャーナルシステムを採用すべきか、どのような引用のルールをもつべきか……といった観点が含まれてくる。

ところが従来、こうした社会的ファクターは、非合理的で非認識論的なものと考えられてきた。つまり、科学者は認識論が命じる手続きにきちんと従う限り、科学的真理に到達できるはずなのに、社会からの影響を受けるとその真理への道から外れてしまう、というのが古典的認識論・科学哲学の基本的な考え方だった。たとえば、X線を発見したドイツ物理学への対抗意識と愛国心のせいで、フランスの物理学者ブロンロには、実在しない放射線（N線）が「見えて」しまったとか、スターリン政権下で、メンデル遺伝学がブルジョア的と批判・弾圧され、獲得形質の遺伝を認め種内での生存競争を否定するなど誤りに満ちたルイセンコの遺伝学が公式の遺伝学として幅を利かせたといった「科学スキャンダル」が引き合いに出され、社会的ファクターは科学を歪め、誤りに導くものとしてのみ位置づけられてきた。これに対し、新しい認識論は、社会的ファクターを科学の認知上の本質的構成要素と見なす。

哲学者たちはずっと、それに従うことが科学的真理の獲得につながる認識論的規範（これを科学的合理性基準と言う）を追求してきた。しかし、そのプロジェクトは現実の科学者の実践から乖離してしまった。現実の科学者の振る舞いについての歴史的・社会学的研究の結果明らかになったのは、現実の科学者は哲学者たちが夢想してきたほどには厳密に認識論的規範に従ってはいないということだった。しかし、このことから、「ほれ見ろ。科学的合理性なんてないんだ。科学はたまたまミサイルやバイオテクノロジーみたいな技術と結びついたから、真理に近いとみんなが思っているだけで、本当は占星術や神話や宗教と並ぶ信念体系の一つにすぎないんだ」と短絡的に科学的合理性への懐疑へと落ち込んでしまうというのも、これまたバカ丸出しだ。個々の科学者はつねに認識論的規範に従うわけではないが、科学は全体としてまったく合理性を欠いた営みというわけでもない。社会化された新しい認識論の一つの課題は、現実の科学者集団の振る舞いと科学全体のもつ合理性との橋渡しをすることにある。

もう少し詳しく述べてみよう。たとえば、一つの研究チームがあったとする。彼らは、ある仮説をもってそれをテストしている。いまのところその仮説をくつがえすだけのデータは得られていない。そして、その仮説は、彼らの研究をさらに先に進めるためにはなくてはならないものだとしよう。さて、この仮説をこれ以上のテストにかけるには莫大な時間と費用がかかる。研究時間も研究費もいくらでもあるというわけではない。そこで彼らは相談の結果、このへんでテストは打ち切って、仮説が確かめられたことにして論文を投稿しようと決断した。古典的な認識論では、決定的になるまでテストを繰り返すことを正当化の方法の一部として推奨しただろう。こうした視点では、テスト打ち切りは、研究時間とか予算といった認識論的な考察の範囲外にある恣意的な決定としてしか見ることができない。しかし、この科学者たちは非合理なのだろうか? 短期的にみれば彼らの判断はまったく合理的だ。自分の人生と周囲の人材、費用のすべてをつぎ込んで、最後の最後まで反証の試みを繰り返すことの方が、合理的な行為とは言えない。これが明らかにしているのは、短期的な意志決定においては、真理への到達という目的を直接追求することはできないということだ。社会学の言い方で表現するなら、科学者は「限定的な合理的エージェント (bounded rational agent)」だということになる。科学はこうした短期的な合理性しかもたないような決断の積み重ねで進んでいく。

われわれは短期的には合理性があるような判断を積み重ねたあげく、長期的に見るとまったく愚かなことをしでかしてしまうことがある。しかし、なぜか科学の場合には、うまくいっているようだ。つまり、短期的な意志決定ではある程度合理的に判断するが、それでもときには偏見や社会的圧力に支配されざるをえない科学者からなる集団が、長期的に見れば科学の目的(真理)を実現しているように見える。これはいったいなぜだろう。カギは、こうした短期的意志決定が社会的に互いに組み合わされる仕方にあるのだろう。どのように組織づけられどのような交渉過程を実現している科学者集団なら、長期的に科学の目的にかなった選択を行うことができるのかを、認知科学・科学史・社会学的なさまざまなデータを材料にして探求することが、新しい認識論の課題となる。

4　新しい認識論は「信念」を中心概念にしない

伝統的認識論は、信念という心的状態にさらに何が加わると知識になるかという問いの立て方をする。これがようするに「知識の定義」の問題と言われていたものだ。しかし、前章で指摘したように、この問題設定は、伝統的認識論に特徴的な知識の個人主義の帰結として現れたものにすぎない。新しい認識論はこうした問いの立て方をとらない。知識は或る条件を満たした信念の一種ではないと考えるからだ。むしろ事態は逆で、信念の方を、知識のさまざまな実現の仕方の一つだと位置づけなければならない。ホモ・サピエンスのDNA配列についての知識がどの個人の信念としても実現していないことからも明らかなように、知識はさまざまな形でこの世界に実現しうる。たしかに、個人の心の中に信念という心的状態として実現している知識もあるだろう。しかし、それだけではなく、集団を担い手として考えざるをえない知識もあるし、データベース中にしかない知識、図書館に蓄えられた知識など、個人の信念ではない知識がたくさんある。新しい認識論はこうした知識を視野に入れなくてはならない。したがって、新しい認識論は、現代科学における知識産出の特徴を論文産出システムとしてとらえようとするジャーナルシステム論や、図書館やデータベースが科学的知識産出においてどのような役割を果たしているかを研究する図書館情報学をその一部として含むことになる。

しかし、そのためにはまず、こうした雑多な「知識」を統一的に扱うための土台となる基礎概念を探し求める必要がある。その有力候補は「情報」だと思う。すでにドレツキは、知識を「信念という形で保持されている情報」と定義していた。この定義は、まだ知識を信念に強く結びつけている点で不十分だが、このアイディアを拡張して用いることは有効だろう。つまり、「どのような形で保持され使用されている情報が知識なのか」という問いが、「どのような条件を満たす信念が知識なのか」という伝統的な問いに代わる新しい問題になる。

もう一つ付け加えておこう。知識を信念から切り離すということは、ある意味で知識を心から切り離すことだと言ってよい。とするなら、知識を得るための手続き（アルゴリズム）も、人間の心から切り離してもよいことになる。つまり、そのアルゴリズムが人間の心という計算機で実行可能なものであるかどうかはあまり重要な問題ではなくなる。アンドロイド認識論は、認識論を行う新しいやり方でもあるけれど、人間に代わって人間にはできない仕方で、発見や仮説の評価を行う機械をつくるということでもある。電子顕微鏡や電波望遠鏡が人間の目では見ることのできないものを代わりに「見て」くれることによって、われわれの知識産出の方法を拡張するのと同様に、人間の脳では実行できないアルゴリズムで認識論的作業を行うことによって、こうした人工知能は知識産出の方法を拡張してくれる。データ・マイニング（data mining）という人工知能の急速に進歩した分野の一つで開発されたアルゴリズムは、じっさいに天文観測で得られたテラバイト単位の画像データから規則性を発見するために実用化されている。こうした事例を考えると、先に触れたアンドロイド認識論と自然化された認識論の対立は、あまり意味のないものになる。人間には実行不可能な認知アルゴリズムをつくりだして科学研究を進めるということは、「われわれが現にどのようにして知識を獲得しているか」の一部になってゆくからだ。

5　新しい認識論は「真理」を中心概念としなくなる（かもしれない）

すでに指摘したように、古典的認識論は、知識の個人主義だけでなく、知識と思考の文モデルにも依存していた。これは、アンドロイド認識論の一部にも共有されている。なぜなら、人工知能のメインストリームは今でもやはり古典的計算主義だからだ。したがって、アンドロイド認識論では、言語的な構造をもった表象を、あらかじめ設定されたひとそろいのアルゴリズムに従って変形・操作することによって、認知を実現しようという方法論に基づいて研究を進めることが多い。

これに対し新しい認識論は、認知科学・脳科学の最新の知見との整合性を保とうとする。かりに、これらの研究の成果として、思考の言語仮説は間違っており、コネクショニズムの言うとおり、人間は思考の言語を操作して認知を行っているのではないことがわかったとしよう。このときは、スティッチの言うとおり、信念というものも心理的実体としては存在しないことになる。だとしたら、外界を心の中に正確に表象すること、つまり真理への到達が認知活動の目的ではないかもしれないという可能性を受け入れる必要が生じてくる。そのとき新しい認識論は、「じゃあ、真理が目的ではないのだったら、何が認知活動の目的なのか」という問いに答えなくてはならない。その上で、認識論的規範と方法論の道具的価値をその目的に照らして再検討しなければならなくなるだろう。つまり、すでに第10章で確認したように、認知活動の目指す内在的価値について、新しい認識論は真理に代わるオルターナティブを用意する必要があるかもしれないということだ。

しかし一方、思考の言語説が認知モデルとして心理的現実性がないことがわかったとしても、集団的な科学的探求においては自然言語が用いられ、科学者同士が、無矛盾性、真理、整合性などによって命題を評価しあうという営みが現に成立していることは否定できない。そこで、新しい認識論は、自然言語や人工言語といった外部表象が、なぜ認知活動で用いることができ、そしてそれが真になるようにつとめることが、なぜ人間の認知活動の本来の目的（それは真理ではないかもしれない）に照らして有用であるのかを説明しなくてはならない。つまり、言語的表象とその真理がもつ道具的価値を説明するという課題が新しく生じてくる、というわけだ。

6　認識論の再構築に向けて

こういうわけで認識論はがらりと変わる。読者は、私がここまで描いてきた新しい認識論の姿にずいぶん雑多な分野の寄せ集めという印象を持ったことだろう。その通り。新しい認識論には、少なくとも認知心理学、コンピュータ科学、神経科学、社会学、科学史学、図書館情報学などが含まれることになるからだ。おそらく新しい認識論はこうしたたくさんの分野が協力しあって進めていく「学際的（interdisciplinary）」な分野としてスタートしていくしかないだろう。

新しい認識論という単独の研究プログラムはまだ存在しない。しかしわれわれは「最初の土台から新たに」認識論を再構築すべき時代に生きている。読者のみなさんはそれを寄る辺なく心細く思うだろうか。それともとてつもなくエキサイティングだと思うだろうか。私はわくわくしている。新しい学問を生み出すことに哲学者として関わることができるという体験はめったにあることではないからだ。

参照文献と読書案内

本書を書くために参考にした文献、本書で扱った文献、さらに進んだ勉強をするために読むべき文献を挙げておこう。なるべく日本語で読めるものを中心に選んだが、知識の哲学についての日本語の文献は意外に少ない。というわけで、とくにこれから哲学を専門にしようとしている学生諸君！　いやがらずに英語の本にも挑戦すること。また、ここに挙げた日本語の本のうちには絶版になっているものも含まれている。図書館を利用しよう。

知識の哲学の全体像をつかむための本

知識の哲学全体に対する入門書で日本語で読めるものは残念ながらほとんどない。英語の本だったらいいものがいくらでもあるのにねえ。まず第一に読むべきなのは次の本。

●R・M・チザム（上枝美典・訳）『知識の理論』世界思想社、二〇〇三年

チザムは内在主義者の代表。本著とは逆の立場から認識論の重要なポイントをきっちり押えている。上枝さんの解説も丁寧で必読。あるいは、

●神野慧一郎（編）『現代哲学のフロンティア』勁草書房、一九九〇年

の第一部に収められた三つの論文を読むと、現代の認識論のおおよその問題状況が理解できる。洋書なら、いい教科書やアンソロジーがたくさんある。

●Laurence BonJour, *The Structure of Empirical Knowledge*, Harvard University Press, 1985

このボンジャーの本の第一部は、認識論の目標、認識論的正当化とその他の正当化の区別、遡行問題と基礎づけ主義、内在主義と外在主義といったテーマに関しては、現在のところ最高のレビューだ。これらのテーマ同士の論理的なつながりが実にすっきり再構成されている。本書の第一章から第三章を書くにあたって、私は「ボンジャー超えてやろう」と意気込んだが、結局、ボンジャーの見事なレビューの焼き直しを超えることができなかった。残念。とにかく、認識論をやろうという人の必読書。

●Louis P. Pojman, *What can we Know ?*, Wadsworth, 1995

この本も本書を書くときにずいぶん参考にさせてもらった。重要なテーマをもれなく扱ったバランスのよい教科書。また、哲学を専門にするつもりなら、次の事典はとても便利なツールになる。もちろん、私も使いまくった。

●Jonathan Dancy & Ernest Sosa (eds.), *A Companion to Epistemology*, Blackwell, 1992

第1章

「正当化された真なる信念」という古典的な知識の定義については、やはり次の古典が大切。

●プラトン（田中美知太郎・訳）『テアイテトス』岩波文庫、一九六六年

●プラトン（藤沢令夫・訳）『メノン』岩波文庫、一九九四年

以上は、岩波書店刊の『プラトン全集』でも読める。また、二十世紀になってもこの定義は健在だ。それを知るには次を読むとよい。

●A・J・エイヤー（神野慧一郎・訳）『知識の哲学』白水社、一九八一年

本書で扱わなかった「どのようであるかについての知識」に関しては、心の哲学との関連でおもしろい話題がある。

●トマス・ネーゲル（永井均・訳）『コウモリであるとはどのようなことか』勁草書房、一九八九年

に所収の、書名と同タイトルの論文を読むべし。ちなみに、この本に載っているどの論文も知的刺激に満ちた第一級の傑作だ。

第2章

トートロジーとは何か、トートロジーと情報量の関係、トートロジーは情報量0なのに、なぜ論理学での重要概念なのかといったことに興味を持ったら、

●野矢茂樹『論理学』東京大学出版会、一九九四年

●戸田山和久『論理学をつくる』名古屋大学出版会、二〇〇〇年

がよい。また、帰納的推論にまつわる厄介な問題については、次の本に収められている「帰納法の新しい謎」に思いっきり頭を悩ますのが楽しい。

●ネルソン・グッドマン（雨宮民雄・訳）『事実・虚構・予言』勁草書房、一九八七年

この本は、「*Fact, Fiction, Forecast*」という頭韻を踏んだイカした原題なのだけど、日本語に訳すとおもしろくない題になっちゃう。

穏健な基礎づけ主義については、次のものが古典的。

●バートランド・ラッセル（鎮目恭夫・訳）『人間の知識』、バートランド・ラッセル著作集、みすず書房、一九六〇年

第3章

センス・データ論については、

●A・J・エイヤー（竹尾治一郎・訳）『哲学の中心問題』法政大学出版局、一九七六年

の第四章がよい。あるいは、

●A・J・エア（神野慧一郎ほか・訳）『経験的知識の基礎』勁草書房、一九九一年

も詳しい。ちなみに、「エイヤー」と「エア」は同一人物。センス・データ論には次のようなユニークな批判がある。

●J・L・オースティン（丹治信春ほか・訳）『知覚の言語：センスとセンシビリア』勁草書房、一九八四年

センス・データだけでなく、経験論哲学にしょっちゅう現れる「所与の神話」を徹底的に批判したセラーズの著作は、同じくアメリカ分析哲学のパパの一人であるクワインとは対照的に、日本語でほとんど紹介されていない。仕方ないから、がんばって次を読もう。

●Wilfrid Sellers, *Empiricism and the Philosophy of Mind*, Harvard University Press, 1997

これは、一九五六年に書かれた長大な論文をセラーズの死後本の形にしたもの。かなり難解。歯が立たないと思った人は、

●藤本隆志・伊藤邦武（編）『分析哲学の現在』世界思想社、一九九七年

の第二部第二章がよい解説を与えている。

ゲティア問題を提起したエドマンド・ゲティアの論文「正当化された真なる信念は知識だろうか」には翻訳（柴田正良・訳）がある。次の本の付録に収められている。

●森際康友（編）『知識という環境』名古屋大学出版会、一九九六年

信頼性主義の代表的な著作は次の二つ。

●D. M. Armstrong, *Belief, Truth and Knowledge*, Cambridge University Press, 1973

●Alvin Goldman, "What is Justified Belief?", in G. Pappas (ed.), *Justification and Knowledge*, Reidel, 1979

知識の因果説については、同じゴールドマンの

●Alvin Goldman, "A Causal Theory of Knowing", *The Journal of Philosophy*, 64, 1967

が古典的論文である。また、反事実的分析の例は次を見よう。もちろん第7章でとりあげたノージックの定義も反事実的分析の一種だ。

●Fred Dretske, "Conclusive Reasons", *Australasian Journal of Philosophy*, 49, 1971

第4章

内在主義者の代表的著作は次のもの。「人間温度計くん」はこの本に出てくる。もとの名前は、Mr. Truetemp という。

●Keith Lehrer, *Theory of Knowledge*, Westview, 1990

次のものは、情報の流れという世界観の中に知識を位置づけて、外在主義をさらにラディカルなものにした記念碑的著作。私はこの本を読んで、認識論もエキサイティングでおもしろいじゃないのと目から鱗が落ちた。

●Fred Dretske, *Knowledge and the Flow of Information*, Basil Blackwell, 1981

ドレツキの情報論的知識論は、次の雑誌のドレツキ特集号でよってたかって批判された。ドレツキ自身の回答も収録されている。認識論や心の哲学をやろうとしている人にとっては、この雑誌は要チェックだ。

●*The Behavioral and Brain Sciences*, 6, 1983

ドレツキについての日本語で読める論文は、

●戸田山和久「知識と情報——動物は信じない」、森際康友（編）『知識という環境』名古屋大学出版会、一九九六年所収。

がある。この論文が第4章の原型となった。

第5章

懐疑主義の歴史についてもっと包括的に知りたいよ、という人には次がお勧め。

●R・ポプキン（野田又夫・訳）『懐疑』紀伊國屋書店、一九八一年

懐疑論をもっと勉強してみたいという人がまず読むべき本は次のもの。

●Barry Stroud, *The Significance of Philosophical Skepticism*, Oxford University Press, 1984

「培養槽の中の脳」はもともとは懐疑論のための議論ではない。最初に培養槽の中の脳がどんな文脈で哲学の議論の中に現れたのかを知りたい人は、次の本の第一章を読むとよい。

●H・パトナム（野本和幸ほか・訳）『理性・真理・歴史』法政大学出版局、一九九四年

培養槽の中の脳を懐疑論的議論として再構成し、それを批判したのがロバート・ノージックの次の本の第三章だ。本書第7章で紹介したノージックの懐疑論論駁のための議論も、この本による。

●R・ノージック（坂本百大・訳）『考えることを考える・上』青土社、一九九七年

ヒュームの懐疑論は、やっぱりヒューム自身の原典に当たるのが最も近道。

●D・ヒューム（木曾好能・訳）『人間本性論・第一巻・知性について』法政大学出版局、一九九五年

第6章

デカルトの『省察』は次のコンパクトな本で読める。

●野田又夫（編）『世界の名著27・デカルト』中央公論社、一九七八年

本書で引用したデカルトの翻訳はこの本からのものである。また、これには『哲学原理』も『方法序説』も収録されていてたいへんお得。

デカルトの哲学について、研究書、解説書はたくさん書かれているが、私のお薦めは次のもの。

●小林道夫『デカルトの自然哲学』岩波書店、一九九六年

●小林道夫『デカルト哲学の体系─自然学・形而上学・道徳論』勁草書房、一九九五年

『省察』を、なぜ自然は数理的に探求できるのかという問いについての科学哲学として読み直すことができるのではという魅力的なアイディアは、小林道夫さんとの議論から学んだ。あと、ちょっと古いが、学生時代にお世話になった、

●桂寿一『デカルト哲学とその発展』東京大学出版会、一九六六年

も明晰な本だと思う。

私はデカルト哲学の研究者ではない。そんな私がデカルトについて書くときに頼りになったのは次の事典だ。

●John Cottingham, *A Descartes Dictionary*, Blackwell, 1993

これはデカルトの重要な用語がわかりやすく解説されていて、本当に役に立つ。

第7章

反事実条件法を可能世界意味論をもちいて分析したパイオニア的著作。

●David Lewis, *Counterfactuals*, Blackwell, 1973

この本は、分析哲学を勉強する人なら一度は読んでおくべき重要な本だ。可能世界意味論についてもう少し詳しく知っておきたいという人には、

●飯田隆『言語哲学大全Ⅲ：意味と様相（下）』勁草書房、一九九五年

●三浦俊彦『可能世界の哲学—「存在」と「自己」を考える』NHKブックス、一九九七年

あるいは『論理学をつくる』の第一一章をお勧めする。

知識の反事実的分析に対するハーマンの反例は次の本にある。

●Gilbert Harman, *Thought*, Princeton University Press, 1973

また、ダンシーによるノージックへの批判は、次の本で展開されたものである。

●Jonathan Dancy, *Introduction to Contemporary Epistemology*, Blackwell, 1985

第8章

自然化された認識論についての最も包括的なアンソロジーは、

●Hilary Kornblith (ed.), *Naturalizing Epistemology*, The MIT Press, 1985

この本についている網羅的な文献リストは、自然化された認識論を勉強するときにたいへん役立つ。でも、何といってもまず第一に読むべきなのはクワイン自身の論文だろう。幸い、これには翻訳がある。

●クワイン（伊藤春樹・訳）「自然化された認識論」、『現代思想：特集クワイン』青土社、一九八八年八月号　所収。

また、

●日本科学哲学会（編）『科学哲学』二五号、早稲田大学出版部、一九九二年

は自然化された認識論の特集号となっている。

●丹治信春「哲学の身分と『自然化された認識論』」、飯田隆ほか（編）『ウィトゲンシュタイン以後』東京大学出版会、一九九一年　所収。

は認識論が自然化されたときに哲学者はどうなってしまうのか（失業してしまわないか）を考察したもの。

●戸田山和久「自然主義的転回の果てに科学哲学に何が残るか」、岡田猛ほか（編）『科学を考える――人工知能からカルチュラル・スタディーズまで14の視点』北大路書房、一九九九年　所収。

は、この丹治論文を「そんなに甘いものやおまへんで」と批判したもの。私がこれまでに書いたうち最も評判の悪かった論文（無視されたものは除く）。

認識論の自然化だけでなく、クワイン哲学の全体像を理解したい人は、ぜひ

●丹治信春『クワイン：ホーリズムの哲学』講談社、現代思想の冒険者たち、一九九七年

を読もう。入門書だからといって水準を落とすことなく、……名著です。

クワインにこてんぱんにやられた観のあるカルナップだが、彼は何をやろうとしていたのだろうか。『世界の論理的構築』を中心にして、カルナップの哲学的プログラムを解説したのは、

●W・シュテークミュラー（中埜肇ほか・訳）『現代哲学の主潮流2』法政大学出版局、一九七五年

の第七章、あるいは

●竹尾治一郎『分析哲学の発展』法政大学出版局、一九九七年

の第二章である。

デュエムが決定実験の不可能性を主張したのは、次の大著の中。

●ピエール・デュエム（小林道夫ほか・訳）『物理学の目的と構造』勁草書房、一九九一年

この決定実験の不可能性から知識の全体論を導いたクワインの議論も、日本語で読むことができる。

●クワイン（飯田隆・訳）『論理的観点から』勁草書房、一九九二年

に所収の「経験主義の二つのドグマ」がそれだ。この論文は、もし読んでいない哲学者がいたら、そいつはモグリだ、というほどの超必読文献である。このクワイン論文を読んで、よくわからなかったら、

●飯田隆『言語哲学大全II：意味と様相（上）』勁草書房、一九八九年

の第三章か、すでに紹介した丹治信春『クワイン：ホーリズムの哲学』に助けを求めるとよい。

第9章

コーンブリスによる自然化された認識論の定義は、すでに紹介したアンソロジー Hilary Kornblith(ed.), *Naturalizing Epistemology* のイントロダクションから引いたものである。このイントロダクションは、自然化された認識論の全体像を理解するのにとてもよいサーヴェイを与えている。

進化論を引き合いに出して認識論的規範を自然化しようというクワインの議論は

●W. V. O. Quine, “Natural Kinds”, in W. v. O. Quine, *Ontological Relativity and Other Essays*, Columbia University Press, 1969

にある。また、認識論的規範を工学になぞらえる視点は、

●W. V. O. Quine, “Reply to Morton White”, in L. E. Hahn & P. A. Schilpp(eds.), *The Philosophy of W. v. Quine*, Open Court, 1986

で示された。

進化論に訴えてもだめなのさ、というスティッチの批判は、次の論文で展開されたものである。

●Stephen Stich, “Could Man be an Irrational Animal? Some Notes on the Epistemology of Rationaltiy”, *Synthese*, 1984

クワインの一九六九論文、スティッチ論文は、ともにコーンブリスのアンソロジーに再録されている。

第10章

この章では、次の本の議論を再構成することを目指したものだ。

●Stephen Stich, *The Fragmentation of Reason*, The MIT Press, 1990

この本は、もっと注目されるべきだと思う。一歩一歩考えを深めていって、真理がわれわれの認知システムの目的ではないかもしれない、というとんでもない結論に至る議論は、そんじょそこらのポストモダンものよりもよっぽどスリリングだ。

スティッチの議論で重要な役割を果たしている指示の因果説については、これもまた、二十世紀哲学の最重要著作のひとつ、

●S・クリプキ（野家啓一ほか・訳）『名指しと必然性』産業図書、一九八五年

を見るとよい。

思考の言語仮説はジェリー・フォーダーにより、次の本で提案された。

●Jerry Fodor, *The Language of Thought*, Harvard University Press, 1975

第11章

本章の参考文献としてまず挙げなくてはならないのは、

●大沢秀介「知識の個人主義―近代哲学の神話」、森際康友（編）『知識という環境』所収。

である。本章をこの論文と読み比べてもらうと、私が大沢さんの議論から学んだことの大きさがわかる。認識論的依存についてのハードウィッグ論文の存在と、双子地球の思考実験を用いて知識の社会性の主張をもう一段深めるというアイディアは、大沢論文によって教えられた。

知識の社会性を正面から扱おうとする認識論を社会認識論（Social Epistemology）と言う。社会認識論の基本文献を挙げておこう。

●Alvin Goldman, *Pathways to Knowledge : Private and Public*, Oxford University Press, 2002

この本の第九章は、社会認識論の扱うべき課題は何か、どのような問題点があるのかを知る上で、現在のところ最もまとまったサーヴェイだ。また、ゴールドマンの次の本と、シュミットの編集したアンソロジーも重要。

●Alvin Goldman, *Knowledge in a Social World*, Clarendon Press, 1999

●F. F. Schmitt, *Socializing Epistemology*, Rowman & Littlefield, 1994

でも、何といっても社会認識論と言えば、スティーヴ・フラーでしょう。主著は、

●Steve Fuller, *Social Epistemology 2nd ed.*, Indiana University Press, 2002

しかし、フラーの英語はめちゃくちゃ読みにくいから要注意。英語は苦手という人には、幸いなことに、次の本がある。

●S・フラー（小林傳司ほか・訳）『科学が問われている─ソーシャル・エピステモロジー』産業図書、二〇〇〇年

この本は、*Social Epistemology* の翻訳だと思うでしょ。でも、*Science* というタイトルの別の本の翻訳。

「認知的依存」という考え方は、最初に次の論文に現れた。本章で扱ったのはこの論文である。

●J. Hardwig, Epistemic Dependence, *The Journal of Philosophy* 82, 1985

双子地球の思考実験もパトナムによって提案された。

●Hilary Putnam, “Meaning of “Meaning””, in Hilary Putnam, *Mind, Language and Reality*, Cambridge University Press, 1975

これを、命題的態度の内容は自然的環境に左右されるだけでなく、言語的環境にも依存するという論点に拡張したのは、タイラー・バージの着想だった。

●Tyler Burge, “Individualism and the Mental”, *Midwest Studies in Philosophy* 4, 1979

双子地球の思考実験をめぐるさまざまな話題を集めた、しゃれたタイトルのアンソロジーが出た。

●Andrew Pessin & Sanford Goldberg (eds.), *The Twin Earth Chronicles*, M. E. Sharpe, 1996
心的内容の文脈依存性は、
●土屋俊『心の科学は可能か』東京大学出版会、一九八六年
の第三章以降でも詳しく論じられている。

コネクショニズムの認知モデルがどのようなものかということを本書では十分に説明することができなかった。ぜひ次の本を読んで、理解を補っておいてほしい。
●柴田正良『ロボットの心：7つの哲学物語』講談社現代新書、二〇〇一年、第五章
●アンディ・クラーク（野家伸也ほか・訳）『認知の微視的構造』産業図書、一九九七年
ポールとパトリシアのチャーチランド夫妻は、コネクショニズムの認知モデルが認識論や哲学のあり方をがらっと変える、と主張する。第10章末尾のパトリシアさんの勇ましい宣言は、
●Patricia Churchland, "Epistemology in an Age of Neuroscience", *The Journal of Philosophy*, 84, 1987
から引用した。コネクショニズム以降の哲学の姿をもっと詳しく知りたい人は、次の本を読むべし。
●ポール・M・チャーチランド（信原幸弘ほか・訳）『認知哲学』産業図書、一九九七年
コネクショニズムが認識論や科学哲学にどのようなインパクトをもたらすかについては、第8章で紹介済みの次の論文に書いた。
●戸田山和久「自然主義的転回の果てに科学哲学に何が残るか」

終章

認知心理学者はどのように（科学の）認識論にアプローチしているのだろう。
●岡田猛ほか（編）『科学を考える―人工知能からカルチュラル・スタディーズまで14の視点』北大路書房、一九九九年

の第一部に収められた論文を見ると、おおよその全体像がつかめるだろう。他には、

●Ronald N. Giere, *Cognitive Models of Science (Minnesota Studies in the Philosophy of Science* vol.15), University of Minnesota Press, 1992

がよいアンソロジーである。また、計算論的科学哲学の代表著作は、

●Paul Thagard, *Computational Philosophy of Science*, The MIT Press

アンドロイド認識論についてのアンソロジー。

●Kenneth M. Ford et al. (eds.), *Android Epistemology*, The MIT Press, 1995

二十世紀前半から科学哲学者が追求してきた科学的合理性の定式化の試みは挫折したとされている。現実の科学者は彼らが想定したほどには明確な方法論的規則につねに従っているわけではないということがわかってきたからだ。そこで、合理性も非合理性も同じタイプの社会的説明が可能だという仮定に基づく「ストロング・プログラム」が提案された。ストロング・プログラムの代表的著作は次の二冊である。

●D・ブルア（佐々木力ほか・訳）『数学の社会学―知識と社会表象』培風館、一九八五年

●D・ブルア（戸田山和久・訳）『ウィトゲンシュタイン―知識の社会理論』勁草書房、一九八八年

次の論文は、ストロング・プログラムに代えて、科学の成功例と失敗例のどこが異なるのかまで社会学的に説明することを提案し、科学社会学の中に認識論的規範を取り戻そうとした試みの一環である。認識論の自然化と規範性をどのように調停するかについての私の考え方は、この論文からの影響が大きい。紀要論文なので入手しにくいが、一読の価値あり。

●伊勢田哲治「科学的合理性と二つの『社会』概念」、名古屋大学情報文化学部『情報文化研究』第一四号、二〇〇一年所収。

科学者を限定的な合理的エージェントとして捉える視点は、次の本で学んだ。

●Steve Fuller, *Philosophy of Science and its Discontents 2nd ed.*, The Guilford Press, 1993

図書館情報学や、ジャーナルシステム論が新しい認識論でどのように貢献しうるのかを具体的に知りたい人は、

●岡田猛ほか（編）『科学を考える』

に所収の、藤垣裕子論文と倉田敬子論文を読むとよい。

外部表象の役割をどのようにコネクショニズム的な認識論に組み込むかについての私の考え方は、次の論文を見てほしい。

●戸田山和久「科学哲学のラディカルな自然化」日本科学哲学会編『科学哲学』32-1、一九九九年

最後に、日本人の手になる個性的な知識の哲学の本を紹介しておこう。

●一ノ瀬正樹『人格知識論の生成』東京大学出版会、一九九七年

●丹治信春『言語と認識のダイナミズム』勁草書房、一九九六年

む

め

も

ゆ

よ

ら

り

る

れ

ろ

わ

な

に

の

は

ひ

ふ

へ

ほ

ま

索　　引

〈著者略歴〉

戸田山《とだやま》　和久《かずひさ》

昭和 57 年　東京大学文学部哲学科卒業
平成元年　東京大学大学院人文科学研究科博士課程満期退学
現　　在　名古屋大学情報科学研究科教授

哲学教科書シリーズ
知識の哲学

2002 年 6 月 20 日　初　版
2017 年 6 月 30 日　第 9 刷

著　者　戸田山和久
発行者　飯塚尚彦
発行所　産業図書株式会社
〒 102-0072 東京都千代田区飯田橋 2-11-3
電話 03(3261)7821(代)
FAX 03(3239)2178
http://www.san-to.co.jp

ISBN978-4-7828-0208-3 C3310

印刷・製本 平河工業社

「哲学教科書シリーズ」発刊にあたって

このシリーズの趣旨

「哲学」、「倫理学」、「論理学」などの授業科目名で、これまで、「一般教育科目」として大学の前期課程の学生にたいして教授されてきた一群の科目は、専門的な知識、技能の習得をはなれ、人間として、市民として身につけるべき高度ではあるが基本的な背景を各学生に与えるために、欠くことができない分野である。

現在日本の大学が経験している、大きな変革の中でも、これらの科目群の重要性は減るどころか、ますます増えているように思われる。同世代人口の半分近くが、高等学校卒業後もなんらかの形で教育を受ける社会が到来し、大学では何を、どのように教えるべきかという問題にたいして具体的な解決が求められている今、人文社会科学と自然科学のような異なる分野のあいだに分かりやすさを作り出すことのできる、哲学の役割はきわめて重要なものであろう。

今なによりも必要なものは、「哲学」という科目がもつまさにこの重要性を自覚し、しかも、現代の学生の背景、関心を十分に考慮して、この科目が学ぶに値するものであることを知らせるための「教科書」である。何度も参照され、議論の基盤となる教科書を学生の手許に届けてやることこそ、哲学教育の第一歩であろう。残念ながら、現在までの日本の哲学教科書の著者たちは、そのような自覚を鮮明にする必要がなかった。しかし、まず良い教科書を作ることが、現在の大学改革の進行の中で、哲学者たちが果たすべき義務であり、哲学の研究の進歩も、このような基礎的な教育にかかっていると考えられる。

以上が、このシリーズを構想し、その内容を構成するときに基本となった考え方である。

編集の方針

以上の趣旨を踏まえて、本シリーズでは、「教科書として使える」ということを主眼として、以下のような工夫を試みた。

- 今後、各大学で半年（セメスター）で完結する授業予定（シラバス）が一般的になることを想定して、イントロダクション、試験、予備日以外に1時間半12コマの授業の実施計画に適合しやすい構成とした。
- まったく予備知識のない高等学校卒業生に理解できることを目指して平易な記述と図示をこころがけただけでなく、他分野にわたる専門知識についても解説を行ない、使用している教科書だけで基本事項に理解が自己完結するようにした。
- 索引、用語解説等を完備するだけでなく、各章に「練習問題」を付し、授業での演習の効果をあげられるように、また、復習、自習の一助となるように、はかった。

加藤尚武
土屋　俊
門脇俊介